Paul Krugman
Nach Bush

Schriftenreihe   Band 743

Paul Krugman

Nach Bush

Das Ende der Neokonservativen und die Stunde der Demokraten

Aus dem Englischen von Friedrich Griese

bpb:
Bundeszentrale für politische Bildung

Paul Krugman, geboren 1953, lehrt an der Princeton University und ist einer der bedeutendsten und bekanntesten Wirtschaftswissenschaftler der Welt. 2008 erhielt er den Nobelpreis für Wirtschaftswissenschaften.

Die amerikanische Originalausgabe erschien 2007 unter dem Titel *The Conscience of Liberal* bei W. W. Norton & Company, New York. Copyright © 2007 by Paul Krugman.

Bonn 2008
Lizenzausgabe für die Bundeszentrale für politische Bildung
Adenauerallee 86, 53113 Bonn

Copyright © 2008. Alle deutschsprachigen Rechte bei Campus Verlag GmbH, Frankfurt am Main

Umschlaggestaltung: Michael Rechl, Kassel
Umschlagabbildung: © picture alliance / dpa / Oliver Berg

Satz: Campus Verlag, Frankfurt am Main
Druck und Bindung: Freiburger Graphische Betriebe

ISBN 978-3-89331-918-3

www.bpb.de

Für meine Eltern

Inhalt

Kapitel I

Wie es früher war

Ich bin 1953 geboren. Wie meine Generationsgenossen habe ich das Amerika, in dem ich aufgewachsen bin, für eine Selbstverständlichkeit gehalten – genauer gesagt, ich habe wie viele meiner Generation mit den ganz realen Ungerechtigkeiten unserer Gesellschaft gehadert, gegen die Bombardierung Kambodschas demonstriert und für liberale Kandidaten Werbung an der Haustür gemacht. Erst im Rückblick erscheint die politische und wirtschaftliche Umwelt meiner Jugend als ein verlorenes Paradies, als ein außergewöhnlicher Abschnitt in der Geschichte unseres Landes.

Das Amerika der Nachkriegszeit war vor allem eine Mittelschichtgesellschaft. Der starke Lohnanstieg, der mit dem Zweiten Weltkrieg einsetzte, hatte Millionen von Amerikanern, darunter auch meine Eltern, aus städtischen Elendsvierteln und ländlicher Armut befreit und ihnen ein Leben mit Hausbesitz und beispiellosem Komfort ermöglicht. Die Reichen hatten dagegen an Boden verloren: Sie waren wenige und, gemessen an der wohlhabenden Mitte, nicht gar so reich. Die Armen waren zahlreicher als die Reichen, aber sie waren immer noch eine relativ kleine Minderheit. Die Folge war ein bemerkenswerter Eindruck von wirtschaftlicher Gemeinsamkeit: Die meisten Menschen in Amerika lebten in erkennbar ähnlichen und sehr anständigen materiellen Verhältnissen.

Der Ausgeglichenheit unserer wirtschaftlichen Bedingungen entsprach Mäßigung in der Politik. Während eines Großteils meiner Jugendzeit bestand zwischen Demokraten und Republikanern ein breiter Konsens in der Außenpolitik und in vielen innenpolitischen Fragen. Die Republikaner versuchten nicht mehr, die Errungenschaften des New Deal rückgängig zu machen; nicht wenige unterstützten sogar Medicare, die öffentliche Krankenversicherung für Senioren. Und die Zusammenarbeit beider Parteien war kein leeres Gerede. Trotz des Aufruhrs wegen Vietnam und der Rassenfrage, trotz der finsteren Machenschaften Nixons und seiner Handlanger war der politische Prozess überwiegend von einer Zwei-Parteien-Koalition von Menschen bestimmt, die in ihren grundlegenden Wertvorstellungen übereinstimmten.

Wer sich in der Geschichte auskannte, wusste, dass Amerika nicht immer so gewesen war, dass unser Land früher von ungeheurer wirtschaftlicher Ungleichheit geprägt und von erbittertem politischen Streit zerrissen war. Doch aus der Sicht der Nachkriegsjahre erschienen die extreme Ungleichheit und die schroffe politische Zerrissenheit wie eine vorübergehende, unreife Phase, die zu den rauen Bedingungen eines Landes in den Anfängen der Industrialisierung dazugehörte. Jetzt, da Amerika erwachsen geworden war, eine relativ gleiche Gesellschaft mit einer starken Mittelschicht und einer ausgeglichenen politischen Szene, hielten wir das für seinen Normalzustand.

Doch in den achtziger Jahren des vorigen Jahrhunderts wurde nach und nach deutlich, dass die Entwicklung Amerikas zu einer politisch gemäßigten Mittelschichtgesellschaft nicht das Ende der Geschichte war. Ökonomen wiesen nach, dass die Ungleichheit rasch zunahm: Eine kleine Minderheit setzte sich weit von den anderen ab, während die Mehrheit der Amerikaner nur geringe oder gar keine wirtschaftlichen Fortschritte machte. Politikwissenschaftler belegten eine wachsende politische Polarisierung: Politiker neigten zu den Extremen des Links-Rechts-Spektrums, und es sprach immer mehr dafür, »Demokrat« und »Republikaner« mit »liberal« und »konservativ« gleichzusetzen. Diese Entwicklung ist bis heute ungebrochen: Die Ungleichheit der Einkommen ist so hoch wie in den zwanziger Jahren des vorigen Jahrhunderts,[1] und die politische Polarisierung ist so scharf wie noch nie.

Die sich verschärfende politische Polarisierung bedeutet nicht, dass beide Parteien sich den Extremen genähert hätten. Man wird schwerlich behaupten können, dass die Demokraten nennenswert nach links gerückt seien: Was Wirtschaftsfragen betrifft – ob es nun um Sozialhilfe oder um Steuern geht –, kann man durchaus sagen, dass Bill Clinton nicht nur rechts von Jimmy Carter, sondern auch rechts von Richard Nixon regiert hat. Andererseits liegt es auf der Hand, dass die Republikaner nach rechts gerückt sind: Man braucht nur den kompromisslosen Konservatismus eines George W. Bush mit der maßvollen Haltung eines Gerald Ford zu vergleichen. Manches von dem, was Bush betreibt, zum Beispiel die Abschaffung der Erbschaftsteuer, würde Amerika nicht nur in die Zeit vor dem New Deal, sondern in die Zeit vor der Progressiven Ära [1890–1913 – Anm. d. Ü.] zurückversetzen.

Wenn wir weiter zurückblicken, sind sowohl der Anfang als auch das Ende der Ära der Zusammenarbeit von grundlegenden Veränderungen in der Republikanischen Partei geprägt. Die Ära begann, als Republikaner, die den New Deal erbittert bekämpft hatten, entweder aus dem Amt schieden oder das Handtuch warfen. Nach dem Überraschungssieg Harry Trumans im Jahr 1948 fand die Führung der Grand Old Party sich mit der Vorstellung ab, dass der New Deal sich als eine bleibende Idee durchgesetzt hatte, und gab um ihrer politischen Selbsterhaltung willen die Bemühungen auf, die Uhr auf die zwanziger Jahre zurückzustellen. Das Ende der Ära der Zusammenarbeit und der Beginn einer neuen Ära des erbitterten Parteienkampfes trat ein, als in der Republikanischen Partei eine radikale neue Kraft der amerikanischen Politik zu Einfluss gelangte, die Konservative Bewegung, die in diesem Buch eine große Rolle spielen wird. Die einseitige politische Ausrichtung erreichte ihren Höhepunkt nach der Wahl von 2004, als ein triumphierender Bush versuchte, die Sozialversicherung, das Kronjuwel der Institutionen des New Deal, zu demontieren.

In der modernen amerikanischen Geschichte gab es also zwei große Bögen – einen wirtschaftlichen Bogen von großer Ungleichheit zu relativer Gleichheit und zurück und einen politischen Bogen von extremer Polarisierung zur Zusammenarbeit beider Parteien und wieder zurück. Diese beiden Bögen verlaufen parallel: Das Goldene Zeitalter der wirtschaftlichen Gleichheit entsprach grob dem Goldenen Zeitalter der politischen Zusammenarbeit. Wie die Politikwissenschaftler Nolan McCarty, Keith Poole und Howard Rosenthal darlegen, kann man in der Geschichte so etwas wie einen »Tanz« beobachten, bei dem wirtschaftliche Ungleichheit und politische Polarisierung sich im Einklang bewegen.[2] Sie haben mit einem ausgefeilten statistischen Verfahren die politischen Positionen von Kongressmitgliedern ermittelt. Danach sind die Republikaner nach links gerückt, näher zu den Demokraten, als die Ungleichheit der Einkommen zurückging, und so kam es zur Zwei-Parteien-Koalition der fünfziger und sechziger Jahre. Als dann die Ungleichheit der Einkommen zunahm, rückten die Republikaner nach rechts, woraus der erbitterte Parteienkampf von heute erwuchs. Woran liegt es aber, dass die Tanzpartner zusammenbleiben?

Eine Möglichkeit ist, dass die Initiative von der Ungleichheit ausgeht, dass also mit einem anderen Bild der Ursachenpfeil von der Wirtschaft auf die Politik verweist. Aus dieser Sicht ließe sich die Geschichte der letzten 30 Jahre folgendermaßen beschreiben: Unpersönliche Kräfte wie technischer Wandel und Globalisierung bewirkten, dass die Einkommensverteilung Amerikas immer ungleicher wurde, wobei sich eine kleine Elite vom Rest der Bevölkerung absetzte. Die Republikanische Partei zog es vor, sich um die Interessen dieser aufsteigenden Elite zu kümmern, vielleicht weil die Elite ihre geringe Zahl wettmachte durch die Fähigkeit und Bereitschaft, große Wahlkampfspenden beizusteuern. Und so tat sich zwischen den Parteien eine Kluft auf: Die Republikaner wurden zur Partei derer, die von der wachsenden Ungleichheit Vorteile hatten, während die Demokraten die Verlierer vertraten.

Das ist in etwa die Geschichte, an die ich glaubte, als ich an diesem Buch zu arbeiten begann. Für sie spricht einiges. Nehmen

wir zum Beispiel die Kampagne für die Abschaffung der Erbschaftsteuer. Sie wurde, wenn man genauer hinschaut, von einer Handvoll von Familien finanziert, die riesige Vermögen vor der Steuer
retten wollten. Vor 40 Jahren gab es nicht viele Riesenvermögen,
und die Superreichen von damals waren nicht reich genug, um eine
solche Kampagne zu finanzieren. Dies ist also ein Fall, in dem die
wachsende Ungleichheit dazu beigetragen hat, die Republikaner
nach rechts zu ziehen.

Ich bin dann jedoch immer mehr zu der Überzeugung gelangt,
dass der Ursachenpfeil in die andere Richtung zeigt, dass politischer Wandel in Gestalt zunehmender Polarisierung eine bedeutende Ursache der wachsenden Ungleichheit war. Ich würde daher
für die letzten 30 Jahre eine andere Geschichte vorschlagen, die
folgendermaßen geht: Radikale von der Rechten, die entschlossen
waren, die Errungenschaften des New Deal wieder abzuschaffen,
übernahmen im Laufe der siebziger Jahre die Republikanische Partei und schufen eine Kluft zu den Demokraten, die zu den wahren
Konservativen wurden, zu Verteidigern der bewährten Institutionen der Gleichheit. Die Machtübernahme der harten Rechten er-
mutigte die Wirtschaft, einen Großangriff auf die Gewerkschaftsbewegung zu starten, der die Verhandlungsmacht der Arbeiter
entscheidend schwächte; sie befreite die Wirtschaftsführer von den
politischen und sozialen Zwängen, die exorbitanten Vorstandsbe-
zügen bisher Grenzen gesetzt hatten; sie senkte drastisch den Steuersatz auf hohe Einkommen; und sie förderte auf vielfältige sonstige Weise die wachsende Ungleichheit.

Die neue Ökonomie der Ungleichheit

Kann die politische Umwelt wirklich einen so entscheidenden Einfluss auf die wirtschaftliche Ungleichheit haben? Es klingt nach öko-
nomischer Ketzerei, aber immer mehr wirtschaftliche Forschungser-
gebnisse sprechen dafür. Ich möchte vier Beispiele hervorheben.

Erstens: Aufgerüttelt durch die wachsende Ungleichheit, untersuchten Ökonomen die Anfänge der amerikanischen Mittelschichtgesellschaft und machten die überraschende Entdeckung, dass der
Übergang von der Ungleichheit des Goldenen Zeitalters zur rela-
tiven Gleichheit der Nachkriegsjahre keine allmähliche Entwicklung war. Die Mittelschichtgesellschaft der Nachkriegszeit wurde
vielmehr innerhalb weniger Jahre *geschaffen*, und zwar durch die
Entscheidungen der Regierung Roosevelt, speziell durch die Lohnkontrolle während des Krieges. Die Wirtschaftshistoriker Claudia
Goldin und Robert Margo, die diese überraschende Realität als
Erste dokumentierten, tauften sie »the Great Compression«, die
Große Kompression.[3] Nun hätte man erwarten können, dass die
Ungleichheit nach der Aufhebung der kriegsbedingten Kontrollen
wieder auf das vorherige Niveau zurückkehrt. Es zeigte sich jedoch, dass die von Franklin D. Roosevelt geschaffene relative gleiche Einkommensverteilung über 30 Jahre lang fortbestand. Das
deutet entschieden darauf hin, dass Institutionen, Normen und die
politische Umwelt einen großen Einfluss auf die Einkommensverteilung haben – und dass unpersönliche Marktkräfte eine geringere
Rolle spielen, als ein Einführungskurs in die Volkswirtschaftslehre
Sie glauben machen könnte.

Zweitens: Aus dem zeitlichen Ablauf der politischen und wirtschaftlichen Veränderungen kann man entnehmen, dass die Initiative nicht von der Wirtschaft, sondern von der Politik ausging. Bis
in die achtziger Jahre hinein hat die Ungleichheit nicht nennenswert zugenommen – noch 1983 oder 1984 konnte man sich darüber streiten, ob die Daten auf eine klare Trendwende hindeute-
ten. Aber die Machtübernahme des rechten Flügels innerhalb der
Republikanischen Partei vollzog sich Mitte der siebziger Jahre,
und die Institutionen der Konservativen Bewegung, die diese
Machtübernahme ermöglichten, entstanden überwiegend Anfang
der siebziger Jahre. Der zeitliche Ablauf legt entschieden den
Schluss nahe, dass der politische Wandel zur Polarisierung zuerst
da war und die wachsende wirtschaftliche Ungleichheit folgte.

Drittens: Früher nahmen die meisten Ökonomen an, Hauptursache der wachsenden Ungleichheit in Amerika sei der technische Wandel, der vermeintlich die Nachfrage nach hoch qualifizierten Mitarbeitern erhöht und die Nachfrage nach gering qualifizierten Arbeitskräften vermindert, doch bei genauerer Prüfung der Daten bleibt von dieser orthodoxen Auffassung wenig übrig. Am schlagendsten dürfte die Beobachtung sein, dass auch von den Hochqualifizierten die allermeisten keine großen Einkommenszuwächse verzeichneten. Die großen Gewinner gehörten vielmehr einer ganz schmalen Elite an, die das oberste eine Prozent der Einkommenspyramide (oder weniger) ausmachte. Deshalb sind die Forscher zunehmend der Überzeugung, dass es nicht in erster Linie an der technischen Entwicklung liegen kann. Viele sind zu der Ansicht gelangt, dass eine letztlich von der Rechtsverschiebung der amerikanischen Politik verursachte Erosion der sozialen Normen und Institutionen, die früher die Gleichheit förderten, für die zunehmende Ungleichheit verantwortlich war.[4]

Schließlich bieten internationale Vergleiche so etwas wie einen kontrollierten Test. Die scharfe Rechtswendung der amerikanischen Politik ist ein absoluter Einzelfall unter den hochentwickelten Ländern; das thatcheristische Großbritannien, am ehesten mit ihr vergleichbar, war allenfalls ein schwacher Abglanz. Von den Kräften des technischen Wandels und der Globalisierung sind dagegen alle betroffen. Falls die zunehmende Ungleichheit politische Ursachen hat, sollten die Vereinigten Staaten sich von anderen abheben; falls sie hauptsächlich auf unpersönlichen Marktkräften beruht, hätte die Ungleichheit sich in allen hoch entwickelten Ländern ähnlich entwickeln müssen. Tatsächlich findet sich nirgendwo in der hoch entwickelten Welt eine Entsprechung zu dem Anstieg der Ungleichheit in Amerika. In den Thatcher-Jahren nahmen die Einkommensdisparitäten in Großbritannien stark zu, aber nicht annähernd so stark wie in den USA, und in Kontinentaleuropa und Japan hat die Ungleichheit, wenn überhaupt, nur maßvoll zugenommen.[5]

Demnach scheint politischer Wandel für die Entwicklung verantwortlich zu sein. Wie kam es zu diesem politischen Wandel?

Die Politik der Ungleichheit

Die Geschichte, die George W. Bush und Dick Cheney an die Spitze des Landes brachte, reicht ein halbes Jahrhundert zurück, in die Zeit, als die *National Review,* herausgegeben von einem jungen Mann namens William F. Buckley, das Recht des Südens verteidigte, Schwarze am Wählen zu hindern – »die weiße Gemeinschaft darf das, weil sie unter den gegenwärtigen Umständen die fortgeschrittene Rasse ist« –, und Generalissimo Francisco Franco, der eine demokratisch gewählte Regierung im Namen der Kirche und der Besitzenden gestürzt hatte, als »einen echten Nationalhelden« feierte. Die kleine Bewegung, die damals unter dem Namen »neuer Konservatismus« lief, war weitgehend eine Reaktion auf die Entscheidung von Dwight Eisenhower und anderen führenden Republikanern, mit der Hinterlassenschaft von Franklin D. Roosevelt ihren Frieden zu machen.

Im Laufe der Jahre wurde aus dieser kleinen Bewegung eine einflussreiche politische Kraft, die von Unterstützern und Gegnern als »*movement conservatism*« bezeichnet wird und im Deutschen am besten mit dem Ausdruck »Konservative Bewegung« zu bezeichnen ist. Es handelt sich um ein Netz von Menschen und Institutionen, das weit über den Bereich hinausgeht, den man üblicherweise dem politischen Leben zurechnet: Die Konservative Bewegung umfasst über die Republikanische Partei und republikanische Politiker hinaus Medienkonzerne, Denkfabriken, Verlage und mehr. In diesem Netz können Leute eine komplette Karriere machen – und machen sie auch –, in dem sicheren Wissen, dass politische Loyalität belohnt wird, was immer auch geschehen mag. Ein Liberaler, der einen Krieg verpfuscht und dann gegen Ethikregeln verstoßen hat, um seine Geliebte zu belohnen, könnte hinsichtlich seiner künftigen Beschäftigungschancen Probleme haben; auf Paul Wolfowitz wartete eine Stelle am American Enterprise Institute.

Früher gab es eine beträchtliche Zahl republikanischer Politiker, die nicht der Konservativen Bewegung angehörten, aber von ihnen sind nur noch wenige übriggeblieben, vor allem weil das Leben für solche, die nicht als politisch zuverlässig gelten, sehr schwierig wird. Fragen Sie einfach Lincoln Chafee, den gemäßigten ehemaligen Senator von Rhode Island, der im Jahr 2006 bei den Primaries auf hässlichste Weise von der Rechten angegriffen wurde, was dazu beitrug, dass er in der Wahl gegen einen Demokraten unterlag, obwohl klar war, dass die Republikaner auf ihn angewiesen sein würden, um die Mehrheit im Senat zu behaupten.

Geld ist der Kitt der Konservativen Bewegung, die überwiegend von einer Handvoll extrem reicher Privatpersonen und von einer Reihe von Großkonzernen finanziert wird, die allesamt von wachsender Ungleichheit, einem Ende der progressiven Besteuerung und einem Rollback des Wohlfahrtsstaates, kurz, von einer Umkehrung des New Deal profitieren würden. Und letztlich geht es der Konservativen Bewegung nur darum, im Hinblick auf wirtschaftspolitische Maßnahmen, welche die Ungleichheit begrenzen, die Uhr zurückzustellen. Grover Norquist, eine der führenden Gestalten der Bewegung und aktiver Kämpfer gegen den Steuerstaat, hat einmal bekannt, dass er Amerika wieder dorthin zurückbringen möchte, wo es war: »bis zu Teddy Roosevelt, als die Sozialisten an die Macht kamen. Die Einkommensteuer, die Erbschaftsteuer, die Regulierung und all das.«[6]

Weil es der Konservativen Bewegung letztlich darum geht, Maßnahmen zurückzuschrauben, die einer kleinen, begüterten Elite wehtun, ist sie fundamental antidemokratisch. Aber mögen die Gründer der Bewegung die Art und Weise, wie Generalissimo Franco die Sache anging, auch noch so sehr bewundert haben – in Amerika führt der Weg zur politischen Macht über Wahlen. Es käme nicht annähernd so viel Geld zusammen, wenn potenzielle Spender noch immer glauben würden – wozu sie nach der ver-

nichtenden Niederlage Barry Goldwaters im Jahr 1964 allen Anlass hatten –, dass man mit der Propagierung wirtschaftspolitischer
Maßnahmen, die die Ungleichheit verstärken, keinen Blumentopf
gewinnen kann. Vom Status einer Randgruppe gelangte die Konservative Bewegung zu einer zentralen Rolle in der amerikanischen
Politik, weil sie sich als fähig erwies, Wahlen zu gewinnen.

Ronald Reagan hat mehr als jeder andere gezeigt, wie man das
macht. Seine Rede »A Time for Choosing«, mit der 1964 seine
politische Karriere begann, und die Reden, die er 1966 in seinem
erfolgreichen Wahlkampf um das Amt des Gouverneurs von Kalifornien hielt, deuteten politische Strategien an, die sich für ihn und
andere bewegte Konservative während der nächsten 40 Jahre auszahlen sollten. Spätere Hagiographen haben Reagan als Ausbund
hochgesinnter konservativer Prinzipien dargestellt, aber er war
nichts dergleichen. Seine ersten politischen Erfolge verdankte er
dem Appell an kulturelle und sexuelle Ängste, dem Spiel mit der
Furcht vor dem Kommunismus und vor allem der stillschwei-
genden Ausbeutung der weißen Gegenreaktion auf die Bürgerrechtsbewegung und ihre Folgen.

Das Rassenproblem – und das ist eine der wesentlichen Aussagen dieses Buches, die vielen Lesern nicht behagen wird – liegt
dem zugrunde, was mit dem Land passierte, in dem ich aufgewachsen bin. Die Hinterlassenschaft der Sklaverei, der Erbsünde
Amerikas, ist der Grund, warum wir die einzige hoch entwickelte
Volkswirtschaft sind, die ihren Bürgern keine medizinische Versorgung garantiert. Die weiße Gegenreaktion auf die Bürgerrechtsbewegung ist der Grund, warum Amerika das einzige hoch
entwickelte Land ist, in dem eine bedeutende Partei den Wohlfahrtsstaat wieder abschaffen möchte. Ronald Reagan eröffnete
seinen Wahlkampf 1980 mit einer Rede über die Rechte der Bundesstaaten – ein Lieblingsthema weißer Rassisten –, und zwar
ausgerechnet in der Nähe von Philadelphia (Mississippi), wo drei
Bürgerrechtsaktivisten ermordet worden waren; Newt Gingrich
gewann die Mehrheit im Senat wie im Repräsentantenhaus, weil

die Weißen in den Südstaaten, die vorher überwiegend Demokraten gewählt hatten, umschwenkten und überwiegend für die Republikaner stimmten.

Ein neuer New Deal

Einige Monate nach der Wahl von 2004 bedrängten mich Journalistenkollegen, ich solle aufhören, ständig an der Regierung Bush und den Konservativen insgesamt Kritik zu üben. »Die Dinge sind doch durch die Wahl geklärt«, sagte man mir. Heute scheint mir jedoch, dass die Wahl von 2004 der letzte Triumph der Konservativen Bewegung war.

Bei den Zwischenwahlen von 2002 errangen die Republikaner einen fantastischen Sieg, weil sie das Thema Terrorismus bis zum Gehtnichtmehr ausschlachteten. Es spricht alles dafür, dass Bush uns auch deshalb in den Krieg gegen den Irak führte, weil er wünschte, die Kampfstimmung zu verlängern, und weil er sich von einem Sieg in einem glorreichen kleinen Krieg gute Aussichten für seine Wiederwahl versprach. Wahrscheinlich hat der Irak Bush tatsächlich geholfen, die Wahl von 2004 zu gewinnen, obwohl der Krieg bereits schlecht lief.

Dass der Krieg schlecht lief, war kein Zufall. Als Bush ins Weiße Haus einzog, befand sich die Konservative Bewegung endlich an allen Hebeln der Macht – und bewies rasch, dass sie regierungsunfähig ist. Dadurch, dass die Bewegung alles politisiert und politische Loyalität über alles stellt, ist eine Kultur der Vetternwirtschaft und der Korruption entstanden, die alles durchdringt, was die Regierung Bush in die Hand nimmt, vom gescheiterten Wiederaufbau des Irak bis zur unsäglichen Reaktion auf den Hurrikan Katrina. Die zahlreichen Misserfolge der Regierung Bush sind das, worauf man sich einstellen muss, wenn eine Bewegung an die Macht kommt, deren Politik sich gegen die Interessen der meisten Amerikaner richtet und die versuchen muss, diese inhärente Schwäche durch Täuschung, Ablenkung und das Verteilen großzügiger Geschenke an ihre Anhänger wettzumachen. Die zunehmende Verachtung, die das Land Bush und seiner Regierung entgegenbrachte, hat dann auch dazu beigetragen, dass die Demokraten bei den Zwischenwahlen von 2006 einen glänzenden Sieg errangen.

Ein Wahlsieg ist noch kein Trend. Die politische Taktik, derer sich die Konservative Bewegung bediente, seit Ronald Reagan sich um das Amt des Gouverneurs von Kalifornien bewarb, wird jedoch von tiefer reichenden Kräften untergraben. Entscheidend ist, um es ganz offen zu sagen, dass der Anteil der Weißen an der amerikanischen Wählerschaft abnimmt. Die republikanischen Strategen versuchen, einen Unterschied zwischen Afroamerikanern und den hispanoamerikanischen und asiatischen Wählern zu machen, die bei Wahlen eine wachsende Rolle spielen – aber wie die Debatte über die Einwanderung gezeigt hat, sind die weißen Backlash-Wähler, auf die die Republikaner heute angewiesen sind, nicht bereit, diesen Unterschied zu machen. Ein anderer, nicht so ins Auge springender Faktor ist der progressive Einstellungswandel der Amerikaner: Umfragen zufolge sind die Wähler seit den neunziger Jahren in innenpolitischen Fragen beträchtlich nach links gerückt, und die Rassenfrage ist nicht mehr so bewegend in einem Land, bei dessen Bürgern der Rassismus tatsächlich immer mehr zurückgeht.

Noch hat die Konservative Bewegung das Geld auf ihrer Seite, aber das allein hat noch nie den Ausschlag gegeben. Bei der Wahl von 2008 ist alles möglich, aber man kann vernünftigerweise davon ausgehen, dass Amerika im Jahr 2009 einen demokratischen Präsidenten und einen Kongress mit einer soliden demokratischen Mehrheit haben wird. Diese neue Mehrheit, wenn sie denn zustande kommt, wird zudem ideologisch geschlossener sein als die demokratische Mehrheit der beiden ersten Amtsjahre von Bill Clinton, die eine nicht ganz geheure Allianz zwischen Liberalen aus dem Norden und Konservativen aus dem Süden war.

Die Frage ist: Was soll die neue Mehrheit tun? Wenn man mich fragt, sollte sie um des Landes willen beherzt ein liberales Programm verfolgen, indem sie das Netz der sozialen Sicherheit erweitert und die Ungleichheit verringert, mit einem Wort: einen neuen New Deal. Der Ausgangspunkt dieses Programms – das Gegenstück der Sozialversicherung im 21. Jahrhundert – sollte die allgemeine Krankenversicherung sein, die es in allen anderen hoch entwickelten Ländern schon gibt. Doch bevor wir darüber reden können, wie wir dahin kommen, sollten wir uns ein gründliches Bild davon machen, woher wir kommen. Davon – von dem großen Bogen der modernen amerikanischen Geschichte – handeln die nächsten acht Kapitel.

Kapitel 2

Das Lange Goldene Zeitalter

Schaut man sich die politische Ökonomie der Vereinigten Staaten vor dem New Deal aus der Sicht der Bush-Jahre an, glaubt man unwillkürlich, eine Sepia getönte Fotografie seines Großvaters vor sich zu haben, und man erkennt, dass der Großvater einem sehr ähnlich war, ja, dass man seinem Großvater in mancher Hinsicht mehr ähnelte als seinem Vater. Leider sind die familiären Merkmale, die nach dem Überspringen einer Generation im eigenen Gesicht wieder aufgetaucht zu sein scheinen, sehr unvorteilhaft.

Das Amerika vor dem New Deal war, wie das Amerika des beginnenden 21. Jahrhunderts, ein Land, in dem Reichtum und Macht sehr ungleich verteilt waren, ein Land, in dem ein vorgeblich demokratisches politisches System es nicht fertigbrachte, die wirtschaftlichen Interessen der Mehrheit zu repräsentieren. Auch hinsichtlich der Faktoren, die es einer reichen Elite erlaubten, das politische Leben zu bestimmen, gibt es deutliche Übereinstimmungen: die erdrückende finanzielle Benachteiligung, mit der populistische Kandidaten antraten; die Spaltung der Amerikaner mit gemeinsamen wirtschaftlichen Interessen nach rassischen, ethnischen und religiösen Kriterien; die kritiklose Übernahme einer konservativen Ideologie, die vor jedem Versuch warnte, den weniger Begünstigten zu helfen, weil das in die wirtschaftliche Katastrophe führen würde.

Sie werden dem vielleicht entgegenhalten wollen, dass ich die Ähnlichkeiten übertreibe und dass Amerika nicht so ungleich sei wie vor dem New Deal. Die Zahlen sprechen jedoch eine andere

Sprache. Die Einkommen sind heute, wie Tabelle 1 zeigt, genauso in den Händen einer schmalen Elite konzentriert wie in den zwanziger Jahren des vorigen Jahrhunderts.

Tabelle I: Anteil hoher Einkommensgruppen am Gesamteinkommen, ausgenommen Kapitalerträge

	Oberste 10% aller Einkommen	Oberstes 1% aller Einkommen
Durchschnitt 1920er Jahre	43,6%	17,3%
2005	44,3%	17,4%

Quelle: Thomas Piketty und Emmanuel Saez, »Income Inequality in the United States, 1913–1998«, *Quarterly Journal of Economics* 118, Nr. 1 (Februar 2003), S. 1–39. Aktualisierte Daten abrufbar unter http://elsa.berkeley.edu/~saez/.

Gewiss ist der oligarchische Charakter des politischen Systems heute nicht mehr so extrem wie vor dem New Deal, und es kommt nicht mehr wie früher zum oft blutigen Einsatz der staatlichen Macht zum Schutz von Besitzinteressen. Während die Ungleichheit der Einkommen nicht größer war als heute, herrschte eine weit stärkere Ungleichheit hinsichtlich der Lebensverhältnisse, denn es gab keines der Sozialprogramme, die heute für die weniger Begünstigten ein Sicherheitsnetz schaffen, mag es auch noch so unvollkommen sein. Trotzdem ist die Familienähnlichkeit zwischen damals und heute auffällig und beunruhigend.

Doch ehe ich mich zu dieser Ähnlichkeit ausführlicher äußere, brauche ich für den zu erörternden Zeitabschnitt einen besseren Namen als »vor dem New Deal«, der die Ära ja nur durch das definiert, was sie nicht war. Historiker sprechen für gewöhnlich davon, dass das Goldene Zeitalter um 1900 von der Progressiven Ära abgelöst wurde, und da ist etwas dran. Um 1900 kam es zu einem beträchtlichen Wandel der kulturellen und politischen Stimmung. Theodore Roosevelt, der 1901 Präsident wurde, stand nicht mehr so verlässlich auf Seiten der Plutokraten wie seine Vorgänger; im Jahr 1906 wurde die »Food and Drug Administration« geschaffen; 1913 wurde die Einkommensteuer wieder eingeführt, und zugleich wurde die Verfassung um eine Bestimmung ergänzt, die den Obersten Gerichtshof daran hinderte, diese Steuer, wie zuvor geschehen, für nicht verfassungsmäßig zu erklären. Auf die Ungleichheit von Einkommen und Besitz und auf die verschwindende Rolle der US-Regierung bei der Dämpfung der Folgen dieser Ungleichheit wirkten sich diese Änderungen jedoch kaum aus. Amerika war in den zwanziger Jahren, obwohl reicher als am Ausgang des 19. Jahrhunderts, fast genauso ungleich und fast genauso unter der Fuchtel einer reichen Elite.

Auf die Gefahr hin, bei den Historikern Anstoß zu erregen, werde ich daher die gesamte Zeit vom Ende der Rekonstruktion in den siebziger Jahren des 19. Jahrhunderts bis zum Beginn des New Deal in den dreißiger Jahren des 20. Jahrhunderts als das Lange Goldene Zeitalter bezeichnen. Es war eine Zeit, die vor allem durch einen anhaltend hohen Grad wirtschaftlicher Ungleichheit gekennzeichnet war.

Die Fortdauer der Ungleichheit im Goldenen Zeitalter

Für den längsten Teil des Langen Goldenen Zeitalters haben wir keine genaueren statistischen Daten über die Verteilung von Einkommen und Besitz in Amerika. Doch gibt es hinreichende Anhaltspunkte dafür, dass Amerika um 1900 eine sehr ungleiche Gesellschaft war – was niemanden überraschen wird. Der Grad der Ungleichheit – und diese Feststellung wird vielleicht eher überraschen – blieb praktisch unverändert bis in die zwanziger Jahre hinein.

Das zu wissen ist wichtig. Die Fortdauer extremer Ungleichheit bis ins Zeitalter des Jazz hinein ist ein erstes Beweisstück für eine der zentralen Thesen dieses Buches: Mittelschichtgesellschaften entstehen nicht von selbst mit der Reifung einer Volkswirtschaft, sondern müssen durch politisches Handeln *geschaffen* werden. In den Daten, die uns für die Anfänge des 20. Jahrhunderts zur Verfügung stehen, deutet nichts darauf hin, dass Amerika sich spontan zu der relativ gleichen Gesellschaft entwickelt hätte, in der ich aufgewachsen bin. Diese Gesellschaft ist erst durch Roosevelt und den New Deal entstanden.

Was spricht dafür, dass das Goldene Zeitalter in gewichtiger Hinsicht bis in die zwanziger Jahre fortdauerte? Eine brauchbare Zahl, die wir trotz des Mangels an eingehenden statistischen Daten berechnen können, ist die Anzahl der extrem reichen Amerikaner. J. Bradford DeLong, Ökonom und Wirtschaftshistoriker in Berkeley, hat die Zahl der »Milliardäre« ermittelt, die er als Personen definiert, deren Vermögen größer war als der jährliche Arbeitsertrag von 20 000 durchschnittlichen amerikanischen Arbeitnehmern. (Er betrug um 1995, als DeLong das Maß definierte, etwa eine Milliarde Dollar, liegt heute aber bei knapp zwei Milliarden Dollar.) Im Jahr 1900 gab es nach DeLongs Zählung 22 amerikanische Milliardäre. Im Jahr 1925 waren es 32, sodass die Zahl der Milliardäre während der gesamten Progressiven Ära in etwa mit dem Bevölkerungswachstum Schritt hielt. Erst mit dem New Deal verschwanden die Milliardäre mehr oder weniger von der Bildfläche, denn 1957 gab es nur noch 16 und 1958 nur noch 13.[1] (Heute sind es rund 160 Amerikaner, die DeLongs Kriterium erfüllen.)

Die Milliardäre des Goldenen Zeitalters waren genau die, die Sie vermuten: die *Robberbarons*, die Männer, die mit Eisenbahnen, Fabriken und der Förderung von Erdöl und Kohle ein Vermögen machten. 1915 stand John D. Rockefeller an der Spitze der Liste, gefolgt von zwei Stahlmagnaten, Henry C. Frick und Andrew Carnegie, und diversen Eisenbahnbauern und Finanziers sowie Henry Ford.

Die Zahl der Milliardäre passt mit anderen Anhaltspunkten zusammen, beispielsweise dem Umfang großer Vermögen, sodass man sagen kann, dass die Vermögenskonzentration in der kleinen Spitzengruppe am Ende der zwanziger Jahre ungefähr derjenigen im Jahr 1900 entsprach. Mit dem Beginn des New Deal ging diese Konzentration drastisch zurück. In den ersten Jahrzehnten nach dem Zweiten Weltkrieg wurden die Ungleichheiten des Goldenen Zeitalters zu etwas Mythischem, und niemand glaubte, dass es eine solche Gesellschaft jemals wieder geben würde – aber heute haben wir sie wieder.

Der hohe Grad der Ungleichheit während des Langen Goldenen Zeitalters war wie die große Ungleichheit heute auch eine Folge der schwachen Verhandlungsposition der Gewerkschaften. Während des längsten Teils dieser Ära konnten große Arbeitgeber Löhne und Arbeitsbedingungen je nach Lage des Arbeitsmarktes eigenmächtig festsetzen, ohne eine organisierte Gegenwehr ernsthaft fürchten zu müssen. Streiks wurden oft mit Gewalt gebrochen – gewöhnlich durch Streikbrecher, die die Arbeitgeber anheuerten, zuweilen aber auch – wie beim Streik von 1892 bei den Homestead-Stahlwerken Carnegies und dem Pullman-Streik von 1894 – durch einzelstaatliche Milizen oder durch Bundestruppen. Der gewerkschaftliche Organisationsgrad und der Einfluss der Gewerkschaften, der nach 1900 allmählich stieg, erreichten kurz nach dem Ersten Weltkrieg einen zeitweiligen Höhepunkt. Doch ein Gegenangriff der Arbeitgeber zwang die Gewerkschaften wieder in die Defensive. Hatte die Gewerkschaftszugehörigkeit 1924 bei über 17 Prozent der Beschäftigten gelegen, so ging sie bis Ende der zwanziger Jahre wieder auf unter 11 Prozent zurück, ähnlich wie heute.

Hochgradige Ungleichheit hieß nicht, dass die Arbeitnehmer nicht an den Früchten des Fortschritts teilgehabt hätten. Das Niveau der Ungleichheit war zwar hoch, aber mehr oder weniger stabil, und so kam das Wachstum der amerikanischen Wirtschaft während des Langen Goldenen Zeitalters allen Schichten zugute: Den meisten Amerikanern ging es in den zwanziger Jahren des vorigen Jahrhunderts besser als 50 Jahre zuvor. Zu dem Rückgang

des Realeinkommens, den viele amerikanische Arbeitnehmer nach
1970 erlebt haben, gibt es kein Gegenstück während des Langen
Goldenen Zeitalters. Besonders in den Städten hat sich die Lebensqualität für Arbeitnehmer im Laufe des Langen Goldenen
Zeitalters enorm verbessert: Die Ernährung und der Gesundheits-
zustand besserten sich, selbst in Mietshäusern wurden Sanitärein-
richtung und Stromversorgung zur Norm, und durch das Aufkommen von öffentlichen Verkehrsmitteln erweitert sich der
persönliche Horizont.*

Diese Verbesserungen sollten uns aber nicht dazu verleiten, den
Fortbestand realer Mängel zu beschönigen. Ende der zwanziger
Jahre lebten viele amerikanische Arbeiter noch immer in bedrü-
ckender Armut. Den Glücklosen – jenen, die ihre Arbeit verloren,
die einen Arbeitsunfall erlitten oder die einfach alt wurden, ohne
Kinder zu haben, die sie unterstützen konnten – war inmitten des
Überflusses für die wenigen ein Leben im Elend beschieden. Vor
den dreißiger Jahren gab es nämlich keine nennenswerte staatliche
Einkommensumverteilung in Gestalt von Sozialhilfe oder Lebens-
mittelkarten, und es gab auch keine staatlichen Sozialversiche-
rungsprogramme wie Social Security oder Medicare. Die öffentliche Verwaltung war auf allen Ebenen, vom Bund bis zur
Gemeinde, völlig unbedeutend, und daher waren die Steuern für
alle außer den Reichsten extrem niedrig. Mitte der zwanziger Jahre
konnte man zum Beispiel für 10 000 Dollar genauso viel kaufen
wie heute für 120 000 Dollar, und wer ein Jahreseinkommen von
10 000 Dollar hatte, gehörte zum obersten 1 Prozent der Einkommensverteilung, aber er zahlte weniger als 1 Prozent seines Einkommens an Einkommensteuer, während ähnlich situierte Leute
heute rund 20 Prozent zahlen. Für Reiche war es also eine sehr
gute Zeit. Anders sah es für die Ärmsten aus: Bezieht gegenwärtig
das ärmste Fünftel der Amerikaner den größten Teil seines Ein-

---

* Wie sich die Qualität selbst in Elendsvierteln besserte, erkennt man, wenn
  man die rekonstruierten Wohnungen aus verschiedenen Epochen im Lower
  East Side Tenement Museum in New York miteinander vergleicht.

kommens von der Sozialhilfe, war es in den zwanziger Jahren weit härter, arm zu sein.

Damit ergibt sich eine naheliegende Frage: Wie erklärt man sich angesichts des großen Reichtums, der während des Langen Goldenen Zeitalters geschaffen wurde, der großen Einkommensunterschiede und eines demokratischen Systems, in dem schlechtbezahlte Arbeitnehmer der nur minimal besteuerten Elite zahlenmäßig weit überlegen waren, dass es so gut wie keine Forderungen gab, der Staat solle die Reichen schröpfen und den weniger Begüterten helfen?

Es war ja nicht so, dass die Ideen der progressiven Besteuerung und des Wohlfahrtsstaates erst noch hätten erfunden werden müssen – in anderen Ländern gab es das schon. Otto von Bismarck hatte in Deutschland die Altersrente, die Arbeitslosenversicherung und in den achtziger Jahren des 19. Jahrhunderts sogar die allgemeine Krankenversicherung eingeführt. Bismarck tat das aus politischer Berechnung, nicht aus Mitleid – er wollte potenziellen Gegnern der Herrschaft des Kaisers das Wasser abgraben. Damit bewies er jedoch, dass ein Staat mit mehr Mitgefühl möglich ist. In den Vereinigten Staaten war das nach dem Bürgerkrieg eingeführte System der Renten für ehemalige Kriegsteilnehmer und ihre Hinterbliebenen in mehr als einer Hinsicht ein Vorläufer der Sozialversicherung. Das Wahlprogramm der Populisten von 1896 forderte eine progressive Einkommensteuer und ein Programm öffentlicher Bauvorhaben, um in Krisenzeiten Arbeitsplätze zu schaffen – was sich qualitativ nicht sonderlich von dem unterschied, was Franklin D. Roosevelt schließlich fast 40 Jahre später unternehmen sollte.

Auch war Amerika nicht ein zu armes Land, um sich solche Programme leisten zu können. Die Vereinigten Staaten waren in den zwanziger Jahren erheblich reicher als europäische Länder, und doch hatten Frankreich, Deutschland und das Vereinigte Königreich staatliche Sozialsysteme, die das in Amerika um ein Mehrfaches übertrafen.[2] Tatsächlich waren die Vereinigten Staaten 1925 etwa so reich, wie Großbritannien es in den ersten Jahren nach dem Zweiten Weltkrieg sein sollte, in einer Zeit, als dort ein richtiger Wohlfahrtsstaat geschaffen wurde, einschließlich eines nationalen Gesundheitsdienstes, ein Wohlfahrtsstaat, der in mancher Hinsicht umfassender war als das, was die Vereinigten Staaten heute haben.

Warum also wurde praktisch nicht gefordert, um die spätere Formulierung von Huey Long zu zitieren, »die Reichen zu schröpfen und dem kleinen Mann zu helfen«?

Die Politik der Plutokratie

Die Republikaner, die als die Partei der nicht organisierten Arbeiterschaft begonnen hatten, aber bis 1870 unleugbar zur Partei des Big Business und der Reichen geworden waren, gewannen zwölf der 16 Präsidentenwahlen zwischen dem Bürgerkrieg und der Weltwirtschaftskrise. Noch beständiger war ihre Vorherrschaft im Senat, denn nur in fünf von 32 Wahlperioden des Kongresses errangen die Demokraten eine Mehrheit. Im Repräsentantenhaus war die Vorherrschaft stärker umstritten, aber auch dort hatte die Republikanische Partei gewöhnlich die Mehrheit.

Außerdem kommt durch einen Vergleich der Parteienstärke die politische Vorherrschaft der Konservativen während dieser Ära nicht richtig zum Ausdruck. Ein bedeutender Flügel der Demokratischen Partei – die sogenannten Bourbon-Demokraten, zu denen sowohl reaktionäre Südstaatler als auch wirtschaftsfreundliche Nordstaatler gehörten – unterstützte die Interessen der Begüterten und wehrte sich gegen staatliche Hilfe für die Armen genauso entschieden wie die Republikaner. Es gab einige Punkte, in denen die Bourbon-Demokraten von den Republikanern abwichen: Sie waren für Freihandel statt für hohe Schutzzölle, und sie beklagten die Korruption im politischen System. Dennoch wäre es verkehrt, die Bourbons als links von der Grand Old Party zu bezeichnen. Und wenn einmal – selten genug – ein Demokrat ins Weiße Haus zog, war es stets ein Bourbon: Grover Cleveland, der einzige Demokrat, der zwischen dem Bürgerkrieg und dem Sieg Woodrow Wilsons im Jahr 1912 die Präsidentschaft erringen sollte,[3] war ebenso ein Bourbon wie andere Demokraten, die es beinahe ins Weiße Haus geschafft hätten, wie etwa Samuel Tilden im Jahr 1876.

Wie erklärt sich diese anhaltende konservative Vorherrschaft in einem Land, in dem, wenn man nur nach den Zahlen geht, Forderungen nach Besteuerung der Reichen und Hilfe für die Bedürftigen auf breiten Widerhall hätten treffen müssen? Daran sind mehrere Faktoren beteiligt, die uns aus der heutigen politischen Realität allzu vertraut sind, die damals aber ganz andere Dimensionen hatten.

Zunächst hatten viele amerikanische Arbeitnehmer praktisch kein Wahlrecht. 1910 waren fast 14 Prozent aller volljährigen Männer nicht eingebürgerte Einwanderer, die nicht wählen durften. Die Schwarzen im Süden waren durch die Rassendiskriminierung de facto ihres Wahlrechts beraubt. Den Einwanderern und den Schwarzen, zusammen etwa ein Viertel der Bevölkerung – und im Großen und Ganzen das ärmste Viertel –, wurde jede Beteiligung am politischen Prozess schlicht verweigert. Das Problem der Wahlrechtsverweigerung ist, wie wir im Laufe dieses Buches noch sehen werden, im heutigen Amerika wiedergekehrt, aufgrund der massenhaften illegalen Einwanderung und der nach wie vor geringen Wahlbeteiligung der Schwarzen – unterstützt durch eine systematische Wahlbehinderung, die heute mit subtileren Mitteln arbeitet als zu Zeiten der Rassendiskriminierung, die aber gleichwohl bei knappen Wahlen entscheidend sein kann.

Außerdem gab es das Problem der Wahlkampffinanzierung, deren Wirkung bei den Wahlen von 1896 sehr klar wurde. Das war wohl das einzige Mal zwischen dem Bürgerkrieg und 1932, dass ein Herausforderer der herrschenden Wirtschaftselite des Landes eine ernsthafte Chance hatte, ins Weiße Haus einzuziehen. Die Reichen hatten Angst vor dem, was der Populist William Jennings Bryan anrichten könnte, aber sie schlugen ihn nicht an ein Kreuz aus Gold – sie begruben ihn unter einem Berg aus Gold. William McKinleys Wahlkampf 1896 kostete 3,35 Millionen Dollar, fast doppelt so viel, wie die Republikaner 1892 ausgegeben hatten, und das Fünffache dessen, was Bryan zur Verfügung stand. Dabei muss man bedenken, dass drei Millionen Dollar 1896 eine Menge Geld waren: Gemessen am Bruttoinlandsprodukt entsprechen sie einer heutigen Summe von über drei Milliarden Dollar, und das ist das Fünffache dessen, was Bush 2004 für seinen Wahlkampf ausgab. Der Riesenunterschied, der 1896 beim Wahlkampfaufwand zwischen den Parteien bestand, war eine Ausnahme, aber auch sonst hatten die Republikaner einen beträchtlichen finanziellen Vorteil. In der Zeit zwischen dem Bürgerkrieg und der Wahl Woodrow Wilsons im Jahr 1912 konnten die Demokraten finanziell nur dreimal in etwa mit der Konkurrenz Schritt halten: 1876, als der Demokrat Samuel Tilden tatsächlich die Mehrheit der Stimmen gewann (aber um die Mehrheit im Wahlmännergremium betrogen wurde, weil Rutherford B. Hayes durch einen Deal ins Weiße Haus gelangte, denn er versprach, im Fall seiner Wahl Bundestruppen aus dem Süden abzuziehen), und bei den beiden Siegen Grover Clevelands in den Jahren 1884 und 1892. Nicht zufällig waren Tilden und Cleveland Bourbon-Demokraten. Wenn die Demokratische Partei jemanden nominierte, der kein Bourbon war, bekam sie regelmäßig nur ein Drittel der Mittel, die den Republikanern zur Verfügung gestellt wurden.[4]

Und schließlich war da der allgegenwärtige Wahlbetrug.[5] Beide Parteien taten es, auf mannigfaltige Weise. Geheime Abstimmungen waren während eines Großteils des betrachteten Zeitraums die Ausnahme: Die meisten Wähler benutzten Stimmzettel, die von den Parteien selbst gedruckt worden waren und durch Größe und Farbe leicht zu unterscheiden waren. Dadurch wurde der Stimmenkauf machbar, einfach – es ließ sich leicht nachprüfen, dass die Stimmen tatsächlich so abgegeben wurden, wie man sie eingekauft hatte – und zur verbreiteten Praxis. 1888 erwarb die *New York Times* einen Brief, den William Dudley, der Schatzmeister des republikanischen Nationalkomitees, an republikanische County-Vorsitzende in Indiana geschickt hatte. Hier ein Auszug daraus:

> Ihr Komitee wird vom Vorsitzenden Huston gewiss die erforderliche Unterstützung erhalten, um unsere Zugvögel und unschlüssige Wähler bei der Stange zu halten [...] teilen Sie die Zugvögel in Fünfergruppen ein und sorgen Sie dafür, dass ein vertrauenswürdiger Mann mit den nötigen Mitteln sich um diese fünf kümmert, und machen Sie ihn dafür verantwortlich, dass keiner sich davonmacht und dass alle für unsere Liste stimmen.[6]

Im Leitartikel schrieb die *Times*, dieser Brief sei »eine offene Anstiftung zu strafbaren Handlungen [...] ein offizielles Handbuch für die Stimmenkäufer und Bestechungstrupps der Republikaner in Indiana«. Und das war nicht ungewöhnlich. Es gibt durchaus Grund zu der Annahme, dass eine hohe Wahlbeteiligung im Goldenen Zeitalter zum großen Teil eine Folge finanzieller Anreize war. Unvermeidlich war der Stimmenkauf am häufigsten in jenen Bundesstaaten, in denen mit einem knappen Wahlausgang gerechnet wurde: Einer häufig zitierten Schätzung zufolge nahm in New Jersey, das damals ein solcher unsicherer Staat war, während des Goldenen Zeitalters und der Progressiven Ära fast ein Drittel der Wähler Geld für die Stimmabgabe.

Eine verbreitete Praxis bestand außerdem darin, Wahlurnen mit gefälschten Stimmzetteln zu füllen – und zwar nicht nur in Gegenden, wo ein großstädtischer Parteiapparat den Ton angab. Die meisten Fälscher waren allerdings zu schamhaft, um offen zu sagen, was William Marcy Tweed aussprach: »Die Stimmzettel waren nicht ausschlaggebend; den Ausschlag gaben die Zähler.« Vielfach arbeitete man auch mit Einschüchterung, um die Wähler der anderen Partei von der Abstimmung fernzuhalten. Und als letztes Mittel setzten etablierte politische Gruppen sich einfach über den Willen der Wähler hinweg. So nahm das Parlament von Indiana 1897 mehreren Populisten einfach ihren Parlamentssitz, obwohl sie in ihrem jeweiligen Wahlbezirk offiziell anerkannt die Mehrheit der Stimmen gewonnen hatten.

Dieser Mittel bedienten sich, wie gesagt, beide Parteien, doch darf man annehmen, dass die Republikaner im Wettstreit um die Korrumpierung der Politik dank ihres finanziellen Vorteils besser abgeschnitten haben. Die mit Geld und Organisation verbundenen Vorteile wurden in der Regel durch Wahlbetrug noch verstärkt: Oft war nicht das attraktivere Programm ausschlaggebend, sondern die besseren Vorkehrungen zur Manipulation der Wahl. Dadurch schrumpften zugleich die Wahlchancen eines Programms, das die Interessen der Mehrheit der Bevölkerung artikulierte.

Dennoch wäre es falsch, anzunehmen, während des Langen Goldenen Zeitalters seien die egalitären Regungen der Volksmasse bei hitzigen Zusammenstößen von den Kräften der Elite mit Gewalt unterdrückt worden. Tatsächlich war die dem System innewohnende Abneigung gegen jeden Form von Populismus (und nicht nur gegen die spezifischen Forderungen der Populistischen Partei, auf die ich noch eingehen werde) so stark und selbstverständlich, dass Politiker nicht einmal den Versuch machten, die Ungleichheit der wirtschaftlichen Ordnung in Frage zu stellen.

Die extreme Schwäche des Populismus im Amerika des Goldenen Zeitalters hatte ironischerweise zur Folge, dass es in der Politik entspannter zuging als heute. Die konservativen Kräfte, die das Goldene Zeitalter stützten, waren für ihre Durchsetzung zumeist nicht auf jene Disziplin angewiesen, wie wir sie heute an der Konservativen Bewegung beobachten. Es bedurfte keines verschachtelten Systems spezieller, in ihrer Forderung nach Loyalität mafiaartiger Institutionen, um konservative Gedanken zu verbreiten, die Treuen zu belohnen und die Presse sowie sonstige Andersdenkende einzuschüchtern. Es bestand keine Notwendigkeit, mit religiösen Fundamentalisten Bündnisse einzugehen oder Fragen der Moral und des Lebensstils auszuschlachten. Und es war nicht nötig, die Außenpolitik verzerrt darzustellen oder sich auf gelegen kommende Kriege in fernen Ländern einzulassen, um die Öffentlichkeit abzulenken.

Von dem gewohnten Bild einer entspannten Oligarchie wich man bei der Wahl von 1896 auffällig ab. Es hatte kurzfristig den

Anschein, als stelle der Populismus eine ernsthafte Herausforderung für die plutokratische Herrschaft dar. Doch der Populismus scheiterte, und nicht nur an einem politischen System, das diejenigen, die über Geld und eine entsprechende Organisation verfügten, begünstigte. Es fehlte ihm an einer Führung, die imstande war, die Meinungsverschiedenheiten zwischen den einzelnen Gruppen, die von einem Wandel profitiert hätten, zu überbrücken. Was ihn scheitern ließ, waren die Untiefen der ethnischen und geografischen Verschiedenheit.

Die Probleme des Populismus

Wirtschaftsinteressen und die Reichen hatten 1896 allen Grund, erschrocken zu sein: Viele Amerikaner waren mit ihrer Lage äußerst unzufrieden. Farmer, die unter sinkenden Preisen und der Schuldenlast litten, waren in Aufruhr. Dasselbe galt für viele Industriearbeiter, die in der Baisse, die auf die Panik von 1893 folgte, entweder ihre Arbeit verloren hatten oder mit Lohnkürzungen rechnen mussten. Der Homestead-Streik und der Pullman-Streik wurden mit einer Brutalität niedergeschlagen, die selbst für eine Zeit, in der es nicht unüblich war, mit Gewalt gegen Arbeiter vorzugehen, ungewöhnlich war.

Doch schließlich wurde William Jennings Bryan, ein Demokrat, der auch von der Populistischen Partei nominiert worden war, geschlagen. Geldmangel und ausgedehnter Wahlbetrug trugen erheblich zu seiner Niederlage bei. Klar ist aber auch, dass Bryan es nicht schaffte, die Unzufriedenen zu einer wirklichen Koalition zu vereinen.

Das ist nicht erstaunlich. Was die Verlierer der Wirtschaftsordnung des Goldenen Zeitalters – jene Gruppen, die dann vom New Deal ungeheuer profitieren sollten – spaltete, waren drei Bruchlinien, die 1896 möglicherweise unüberbrückbar waren. Jedenfalls konnte einer wie Bryan sie nicht überbrücken.

Die erste und wichtigste dieser Scheidelinien war die zwischen Stadt und Land. Zwar waren die Vereinigten Staaten 1896 schon eine industrielle Macht, doch die Mehrheit der Bevölkerung lebte in ländlichen Verhältnissen. 1890 wohnten 64 Prozent der Amerikaner in ländlichen Gebieten, und weitere 14 Prozent wohnten in Städten mit weniger als 25 000 Einwohnern. Zwar wuchs der politische Einfluss der Stadtbewohner im Laufe der Zeit, aber noch 1930 war die große Mehrheit der Wähler dem ländlichen und kleinstädtischen Amerika zuzurechnen.

Gleichwohl war eine schlagkräftige progressive Koalition auf die städtischen Arbeiter angewiesen – um das Weiße Haus zu erobern, reichte die Kraft einer rein ländlichen Bewegung nicht aus. Die Populisten kamen aber aus dem ländlichen und kleinstädtischen Amerika, und kaum einer verstand es, den potenziellen städtischen Bundesgenossen die Hand zu reichen. Bryan beschloss, seinen Wahlkampf fast ausschließlich auf die Frage des »Freien Silbers« zu konzentrieren, womit er sich faktisch für eine inflationäre Politik aussprach, die die Schuldenlast der Farmer verringern würde. Damit konnten die städtischen Arbeiter nichts anfangen.

Dass Farmer und städtische Arbeiter nicht zusammenfanden, lag auch an der kulturellen und sozialen Kluft zwischen Einwanderern und gebürtigen Amerikanern. 1910 erreichte der Bevölkerungsanteil der Einwanderer den Spitzenwert von 14,7 Prozent, und die überwiegende Mehrheit lebte in städtischen Gebieten und war besonders in den größten Städten konzentriert. 41 Prozent der New Yorker waren in jenem Jahr im Ausland geboren.[7] Und diese Einwanderer waren den Amerikanern des Herzlandes in der Tat fremd. Die Iren galten bis weit ins 20. Jahrhundert als Ausländer: Die Kandidatur des irisch-amerikanischen Katholiken Al Smith für das Präsidentenamt wurde 1928 mit brennenden Kreuzen aufgenommen. Dabei waren die Iren damals längst ein etablierter Bestandteil der ethnischen Mischung Amerikas – anders als die Italiener, die Polen, die Juden und andere, die einen Großteil der Einwanderung um die Wende vom 19. zum 20. Jahrhundert stellten. Diesen Einwanderern begegnete man mit derselben Abscheu, mit denselben Behauptungen, sie könnten niemals echte Amerikaner werden, die man heute in extremen Fällen den mexikanischen Einwanderern entgegenhält.

In den zwanziger Jahren kam ein Faktor hinzu, der das gegenseitige Unverständnis zwischen dem ländlichen Amerika und den Einwanderern noch verstärkte: die Prohibition. Man kann sich heute kaum noch vorstellen, dass die Angst vor dem Alkohol so tief ging, dass sie zum Anlass für einen Verfassungszusatz wurde. (Man sollte niemals vergessen, dass die großen Fragen, von denen wir meinen, sie hätten eine bestimmende Rolle in der amerikanischen Politik spielen *müssen*, oftmals aus der öffentlichen Debatte verdrängt wurden durch Streitfragen, die uns heute abwegig vorkommen.) Und die Temperenzlerbewegung blühte in der Regel genau dort, wo die Revolte der Farmer ihren Ausgang nahm: Kansas war die Wiege des Populismus und zugleich die Wiege der Prohibition. Man könnte sagen, die Prohibition sei der erste »Werte«-Streit gewesen, ideal darauf zugeschnitten, einen Keil zwischen arme protestantische Farmer und arme städtische Arbeiter zu treiben, die vielfach aus katholischen Kulturen stammten, in denen Alkohol ein normaler, anerkannter Teil des Alltags war. Ehrlicherweise muss man jedoch sagen, dass die beiden großen Parteien innerlich zerrissen waren, was die Prohibition betrifft.

Am fatalsten war die Spaltung zwischen armen Weißen und Schwarzen. Ein praktisches Problem war das nur für die Populisten im Süden, denn bis zu den zwanziger Jahren waren die Schwarzen außerhalb des Südens eine winzige Minderheit. Im Süden stellten die Schwarzen – überwiegend verarmte Farmer – jedoch ein Drittel der Bevölkerung. War es weißen Farmern, die viele wirtschaftliche Interessen mit den Schwarzen teilten, möglich, mit Andersfarbigen gemeinsame Sache zu machen?

Auf die Dauer erwies es sich als unmöglich. Ein Thema dieses Buches werden die weitreichenden, verderblichen Auswirkungen des Rassengegensatzes auf die amerikanische Politik sein, die vornehmlich den Konservativen zugute kamen. Man hätte aber auch einen anderen Weg beschreiten können. Tom Watson aus Georgia, Führer der Populisten im Süden, forderte 1892 in dem bemerkenswerten Artikel »The Negro Question in the South« ein Bündnis zwischen den Rassen:

Warum sollte der Farbige immer zu hören bekommen, dass der Weiße von nebenan ihn hasst und ein Nordstaatler, der jeden Fetzen, den er am Leib hat, besteuert, ihn liebt? Warum sollte mein Pächter mich nicht als seinen Freund betrachten können, statt des Fabrikanten, der uns beide ausplündert? Warum sollten wir eine Politik fortsetzen, die den Schwarzen in die Arme des Nordstaaten-Politikers treibt? [...] In den letzten 20 Jahren hätte der Süden die Macht des Geldes jederzeit in den Staub werfen können, wenn er dem Neger geduldig erklärt hätte, dass es auch uns unter einem System, das ihn gleichermaßen peinigt, elend ergeht, dass es uns nicht wohlergehen kann unter einem Gesetz, dessen Segnungen nicht auch ihm zuteil werden. [...]

Daraus ergibt sich für mich die Folgerung: Die erdrückenden Bürden, die heute auf beiden Rassen im Süden lasten, werden beide Seiten veranlassen, sich anzustrengen, um sie abzuwerfen. Sie werden einsehen, dass die Ursache dieselbe und die Abhilfe dieselbe ist. Sie werden erkennen, dass sie einander helfen sollten in dem Bemühen, schlechte Gesetze abzuschaffen und gute Gesetze zu erlassen. Sie werden zu politischen Verbündeten werden, und keine Seite kann der anderen schaden, ohne dass beide geschwächt werden. Es wird im Interesse beider liegen, dass jedem Gerechtigkeit widerfährt. Und nach diesem allgemeinen Grundsatz des beiderseitigen Interesses, der gegenseitigen Nachsicht und der gegenseitigen Unterstützung wird die Gegenwart zum Sprungbrett für künftigen Frieden und Wohlstand.[8]

Das von Watson vorgeschlagene Bündnis kam jedoch nie zustande. Bryan schaffte es, 1896 sowohl von der Populistischen als auch von der Demokratischen Partei als Kandidat nominiert zu werden, sodass er sich auf zwei Parteilisten gleichzeitig um die Wahl bemühen konnte, aber Watson wurde nur auf der Liste von Bryans Populisten als Kandidat für das Amt des Vizepräsidenten geführt. Für die demokratische Liste suchte Bryan sich als Kandidaten für die Vizepräsidentschaft einen konservativen Südstaatler aus. Damit war die Chance für eine populistische Koalition, welche die Kluft zwischen den Rassen überbrückt, für Jahrzehnte auf Eis gelegt. Watson selbst wurde später zu einem schroffen Rassisten, Katholikenhasser und Antisemiten.

Die Gegensätze, die den Populismus in den neunziger Jahren des 19. Jahrhunderts lähmten, wirkten sich noch bis in die zwanziger Jahre hinein lähmend auf die Reformer aus. Das zeigt schon ein Blick auf die Präsidentenwahlen von 1924 und 1928. 1924 konnte sich der Konvent der Demokraten erst nach 103 Wahlgängen auf einen Kandidaten einigen, wegen des erbitterten Gegensatzes zwischen Stadt und Land. Al Smith, der irisch-katholische Gouverneur von New York, repräsentierte die Zukunft der Partei. Doch auf dem Konvent trat ihm William Gibbs McAdoo entgegen, der Schwiegersohn von Woodrow Wilson und Hausjurist eines Unternehmens, der sich nach einem Muster, das uns heute nur allzu vertraut ist, zum kulturellen Populisten stilisiert hatte. Arthur M. Schlesinger, Jr., schrieb über ihn: Er »machte sich zum Abklatsch von William Jennings Bryan. […] Er unterwarf sich den religiösen Leidenschaften des Bibelgürtels. Er scheute sich nicht einmal, gegenüber dem Ku Klux Klan einen vorsichtigen Agnostizismus an den Tag zu legen.« Der Konvent verwarf dann auch – mit einer Stimme Mehrheit – einen Antrag, eine Verurteilung des Klans in sein Wahlprogramm aufzunehmen.[9] Zum Schluss wurden weder Smith noch McAdoo nominiert, sondern der Kompromisskandidat John W. Davis aus West Virginia. Als Kandidat für die Vizepräsidentschaft wurde William Jennings Bryans jüngerer Bruder nominiert. Die Kandidaten erlitten natürlich eine schmachvolle Niederlage.

Vier Jahre später errang Al Smith die Nominierung mühelos im ersten Wahlgang – aber sofort traten die alten Gegensätze wieder zutage. Ein Demokrat aus Tennessee schrieb an McAdoo, Smith habe vor, sich »an die Ausländer (zu wenden), in deren Augen das ältere Amerika, das Amerika angelsächsischer Herkunft, etwas

Hassenswertes ist, das gestürzt und gedemütigt werden muss; an die Neger im Norden, die es nach sozialer Gleichheit und rassischer Überlegenheit gelüstet; an die Katholiken, denen man eingeredet hat, sie hätten einen Anspruch auf das Weiße Haus, und an die Juden, denen ebenfalls beigebracht werden soll, dies sei die Gelegenheit für Gottes auserwähltes Volk, das Amerika von vorgestern zu züchtigen.« Im Wahlkampf schürte der Ku Klux Klan anti-katholische Gefühle – während Smith im Zug durch Oklahoma fuhr, sah er Kreuze brennen. Normalerweise war der Süden fest in der Hand der Demokraten, aber Smith verlor alle Randstaaten [Staaten, die während des Bürgerkriegs zur Union, zum Norden, gehörten, in denen aber die Sklaverei erlaubt war – Anm. d. Ü.] und fünf Staaten der einstigen Konföderation.[10]

Kurz gesagt, während des Langen Goldenen Zeitalters verhinderten wie im heutigen Amerika kulturelle und rassische Gegensätze zwischen Menschen mit gleichen wirtschaftlichen Interessen, dass die extreme wirtschaftliche Ungleichheit ernsthaft politisch in Frage gestellt wurde. Im Unterschied zu heute waren die Gegensätze während des Langen Goldenen Zeitalters jedoch sehr viel schärfer. Gleichzeitig gab es auch unter führenden Politikern weniger Menschen mit dem Weitblick, über die Gegensätze hinwegzusehen. Damit sind wir bei einem weiteren Merkmal des Langen Goldenen Zeitalters: der geistigen Vorherrschaft einer konservativen, staatsfeindlichen Ideologie.

Die geistige Vorherrschaft der Konservativen

Die *New York Times* brachte am 7. Januar 1923 einen Sonderartikel unter der Seiten füllenden Schlagzeile: »Wachsende nationale Steuerlasten bedrohen das Wohl des Landes.« In der Kurzzusammenfassung hieß es: »Steigerungsraten aus anderen Ländern zum Vergleich – Bundessteuern pro Kopf in den Vereinigten Staaten sechsmal so hoch wie vor dem Krieg – Staatsausgaben ziehen ruck-

artig an.« Im Artikel wurde zwar eingeräumt, dass die Ausgabensteigerungen der letzten zehn Jahre überwiegend eine Folge des
Ersten Weltkriegs waren, aber dann hieß es ominös: »Als der Donner der Geschütze verstummt war, hielten sich die Staatsausgaben
weiterhin auf hohem Niveau. Infolgedessen sind schwere Steuerlasten nach wie vor eine riesige Belastung für die Ressourcen des
Landes.« Der Artikel wurde auffälligerweise nicht als Meinungs-
beitrag, sondern als Nachricht präsentiert; er referierte die Ergebnisse einer Untersuchung des National Industrial Conference
Board über das Übel einer exzessiven Besteuerung, ohne die ge-
ringste Andeutung, dass man vielleicht auch anderer Meinung sein
könnte als die Studie.

Die Realität, die sich hinter der Schlagzeile verbarg, war übrigens ein Anstieg der Bundesausgaben von 2 Prozent des Bruttosozialprodukts (BSP) vor dem Krieg auf 4,7 Prozent danach. Das
meiste davon war kriegsbedingt: Auch nachdem »der Donner der
Geschütze verstummt war«, mussten die Kriegsschulden bedient
und Kriegsopferleistungen gezahlt werden. Die nicht kriegsbedingten Ausgaben waren tatsächlich gestiegen, aber nur von 0,6
Prozent des BSP (Bruttosozialprodukts) vor dem Krieg auf 0,9 Prozent danach. Und Ende der zwanziger Jahre, nach einem Jahrzehnt
neuerlicher republikanischer Herrschaft, war der Anteil der nicht
kriegsbedingten Ausgaben am BSP fast wieder auf dem Vorkriegs-
niveau.[11]

Heute klagen Liberale darüber, dass die Konservative Bewegung es geschafft hat, eine staatsfeindliche Ideologie unters Volk
zu bringen. Sie werden in diesem Buch noch einiges von diesen
Klagen lesen. Doch im Langen Goldenen Zeitalter war die Herrschaft einer staatsfeindlichen Ideologie weit ärger – und ihren Zielen näher als die konservativen Propagandisten von heute. Unter
ehrbaren Leuten galt es als Selbstverständlichkeit, dass die Besteuerung sich verheerend auf die Wirtschaft auswirke, dass jeder
Versuch, Armut und Ungleichheit zu bekämpfen, höchst unverantwortlich sei, und dass jeder, der zu verstehen gab, der unein-

geschränkte Kapitalismus sei ungerecht und könne verbessert werden, ein gefährlicher, von europäischen Ideen angesteckter Radikaler sei.

Wir dürfen nicht unbeachtet lassen, dass es eine ganze Menge wirklich gefährlicher Radikaler gab. Insbesondere gab es in Amerika während des Langen Goldenen Zeitalters, speziell nach der Russischen Revolution, auf jeden Fall weit mehr Kommunisten und Anarchisten als heute. Für eine Revolution waren es nicht genug, aber sie reichten aus, um den Konservativen eine weitere Waffe zu liefern, mit der sie die Reform abwehren konnten. Nachdem 1919 vor dem Haus des Justizministers A. Mitchell Palmer eine Bombe explodiert war, begann die amerikanische Regierung mit den berüchtigten Palmer-Razzien, bei denen Tausende verhaftet wurden, die man radikaler Umtriebe verdächtigte. Wie die Paranoia, von der das Land nach 9/11 erfasst wurde, hatte die Rote Gefahr nach dem Ersten Weltkrieg die Nebenwirkung, dass gewöhnliche Liberale, die daran glaubten, dass der Kapitalismus gerechter gemacht werden kann, ohne ihn abzuschaffen, diskreditiert oder eingeschüchtert wurden. Und von ihnen gab es ohnehin reichlich wenige.

Es war ein eigentümlich amerikanischer blinder Fleck. Bismarck hatte die Begründung dessen, was wir heute Wohlfahrtsstaat nennen würden, schon 1881 formuliert: Er sah darin ein Mittel, die unteren Klassen zu befrieden und die Herrschaft des Kaisers zu sichern. Staatserhaltende Politik, sagte er, »[hat] das Ziel zu verfolgen (…), auch in den besitzlosen Klassen der Bevölkerung, welche zugleich die zahlreichsten und am wenigsten unterrichteten sind, die Anschauung zu pflegen, dass der Staat nicht bloß eine notwendige, sondern auch eine wohltätige Einrichtung sei. Zu dem Ende müssen sie durch erkennbare direkte Vorteile, welche ihnen durch gesetzgeberische Maßregeln zuteil werden, dahin geführt werden, den Staat nicht bloß als eine lediglich zum Schutz der besser situierten Klassen erfundene, sondern als eine auch ihren Bedürfnissen und Interessen dienende Institution aufzufassen.«[12] Nachdem Bis-

marcks Deutschland vorangegangen war, beschritten die Europäer
Wege, die an den New Deal gemahnen, und zwar lange bevor das
politische System Amerikas bereit war, etwas Derartiges auch nur
in Erwägung zu ziehen. So führte Großbritannien 1906 eine begrenzte Rentenversicherung und 1911 eine Krankenversicherung
ein.[13] Schon vor dem Ersten Weltkrieg gaben Großbritannien,
Deutschland und Frankreich, die jeweils ihre spezifische Form des
Wohlfahrtsstaats entwickelten, einen so großen Anteil ihres BSP
für Sozialprogramme aus, wie ihn die Vereinigten Staaten erst
Ende der dreißiger Jahre erreichten.

Doch in den Vereinigten Staaten galt weiterhin das Evangelium
des freien Unternehmertums, und zwar so unangefochten, dass es
zu einem weiteren Faktor wurde, der die Demokratische Partei
lähmte. Dass Al Smith 1928 unterlag, lag zu einem großen Teil an
Intoleranz. Aber die Populisten in seiner Partei hatten einen weiteren Anlass, enttäuscht zu sein: Nach seiner Nominierung hatte
Smith nämlich nichts Eiligeres zu tun, als seine Treue zur herrschenden wirtschaftlichen Ideologie zu geloben. Zu seinem Wahl-
kampfleiter machte er John J. Raskob, einen republikanischen Industriellen, der erkennbar nur in einem Punkt mit den Liberalen
übereinstimmte: der Ablehnung der Prohibition; vier weitere Mil-
lionäre wurden in Führungspositionen seines Wahlkampfteams
berufen. Im Wahlkampf versuchte Smith tatsächlich, die Unterstützung der Wirtschaft zu gewinnen, indem er Herbert Hoover als
einen Mann mit der gefährlichen Neigung beschrieb, die Wirtschaft staatlicher Regulierung zu unterwerfen. Praktisch kandi-
dierte Smith als Bourbon-Demokrat. Wie frühere Bourbons konnte
er es finanziell mit der Konkurrenz aufnehmen: Die Demokraten
gaben für den Wahlkampf 5,3 Millionen, die Republikaner 6,3
Millionen Dollar aus. Weil Smith aber nichts Besonderes zu bieten
hatte, erlitt er eine vernichtende Niederlage.[14]

Mit den Jahren zog Smith sich noch stärker aufs konservative
Dogma zurück. Als er sich 1932 chancenlos um die Nominierung
durch die Demokraten bemühte, war er das Sprachrohr der Wirt-

schaft, ein Gegner von Wandel und Reformen. H.L. Mencken brachte es auf die für ihn typische prägnante Formel: »Sein Umgang mit den Reichen hat ihn offenbar schwankend gemacht und verändert. Er ist Golfspieler geworden.«[15]

Die Wurzeln des New Deal

Bei einem modernen Beobachter der politischen Stimmung in Amerika nach der Wahl von 1928, als die Konservativen überall zu triumphieren schienen und der Liberalismus als eine verlorene Sache erschien, werden jüngere Erinnerungen wach: die Stimmung nach der Wahl von 2004, als Kommentatoren eilends den Tod des Liberalismus und die Geburt einer permanenten republikanischen Mehrheit verkündeten. Dabei schienen die Kommentatoren von 1928 sehr viel eher im Recht zu sein: Herbert Hoover hatte Al Smith bei den Wählerstimmen mit 58 zu 41 Prozent geschlagen. Sogar New York stand auf Hoover, auch wenn Franklin D. Roosevelt beim Kampf um den Gouverneursposten einen hauchdünnen Sieg erringen konnte, mit einem Vorsprung von nur 25 000 von insgesamt 2,2 Millionen Stimmen. Es schien, als würde das Lange Goldene Zeitalter bis in alle Ewigkeit weitergehen.

Was dann natürlich alles veränderte, war die Weltwirtschaftskrise, die den New Deal möglich machte. Im Rückblick erkennt man jedoch, dass bescheidene Schritte in Richtung einer Gesellschaft mit mehr Gleichheit bereits im Gange waren, bevor die Krise zuschlug – nicht auf der Bundes-, aber auf der einzelstaatlichen Ebene. Maryland hatte schon 1901 ein Arbeiterentschädigungsgesetz beschlossen, das Arbeitern, die sich am Arbeitsplatz verletzt hatten, Anspruch auf Zahlungen gab, die aus Zwangsbeiträgen der Arbeitgeber finanziert wurden – allerdings wurde es für nicht verfassungsgemäß erklärt. Das entsprechende Gesetz des Staates New York von 1919 wurde ebenfalls von den Gerichten verworfen. Doch von 1911 bis 1913 schafften es 13 Bundesstaaten, elementare

Entschädigungssysteme für Arbeiter zu schaffen. In derselben Zeit schuf eine Reihe von Staaten grundlegende Unterstützungsprogramme für verwitwete Mütter mit Kindern.

Es folgte die Hilfe fürs Alter. Montana, Pennsylvania und Nevada schufen 1923 die gesetzliche Altersrente. In den beiden letztgenannten Staaten wurden die Gesetze rasch von den Gerichten außer Kraft gesetzt. Gleichwohl hatten elf Bundesstaaten bis 1928 so etwas wie ein Rentenprogramm, also eine Art Vorläufer der Sozialversicherung. Und am Ende des Jahrzehnts, als die Krise sich bemerkbar machte, gab es einen Vorstoß für die Arbeitslosenversicherung, wobei Wisconsin 1932 das erste entsprechende Programm schuf. Diese Programme verfügten über bescheidene Mittel und schlossen nur wenige Menschen ein, dennoch verschafften sie dem Grundsatz der sozialen Sicherung Geltung, und mit ihnen wurden Erfahrungen gewonnen, die der New Deal sich zunutze machen konnte.

Es ist schon bemerkenswert, über wie viele Jahre sich die Krise hinziehen musste, ehe die Bundesregierung bereit war, ähnliche Maßnahmen zu ergreifen. Herbert Hoover hatte sich nach dem Krieg mit Hilfsmaßnahmen für Europa einen Namen gemacht, aber er stellte sich auf die Hinterbeine, als es angesichts der nationalen Krise galt, den Menschen im eigenen Land Unterstützung zu gewähren.

Doch schließlich war beides vorhanden, der politische Wille und die Führungspersönlichkeit für ein wirklich liberales Programm. War Bryan, dessen letzter größerer Auftritt darin bestand, im Scopes-Prozess die Evolutionstheorie zu brandmarken, der falsche Mann für die Aufgabe gewesen, das Amerika des Goldenen Zeitalters zu verändern, so war Franklin D. Roosevelt genau der richtige Mann zur rechten Zeit. Und unter seiner Führung änderte sich die amerikanische Gesellschaft sehr zu ihrem Vorteil.

Kapitel 3

Die Große Kompression

Das Magazin *Time* schrieb 1953: »Die wahren Nachrichten über die politische Zukunft des Landes und seine wirtschaftliche Richtung findet man bei Menschen, die selten einen Reporter empfangen«, und schickte einen seiner freien Mitarbeiter, Alvin Josephy, auf eine Reise durch das Land. Seine Aufgabe war, sich einen Eindruck von Amerika zu verschaffen.

Das Bild, das er zeichnete, hatte wenig Ähnlichkeit mit dem Amerika von 1929. War das Amerika der zwanziger Jahre ein Land der Extreme gewesen, des ungeheuren Reichtums für wenige und der schweren Not für viele, so war Amerika in den fünfziger Jahren aus einem Guss. »Selbst in den kleinsten Städten und in den abgelegensten Gegenden«, begann die *Time*-Reportage, »tragen die Vereinigten Staaten den Tuchanzug einer sehr wohlhabenden Mittelschicht. [...] Die Leute werden nicht gerade reich, aber mehr von ihnen als jemals zuvor kommen gut zurecht.« Und war Amerika in den zwanziger Jahren ein Land der politischen Polarisierung, der scharfen Gegensätze zwischen einer dominierenden Rechten und einer belagerten Linken gewesen, so war es in den fünfziger Jahren ein Ort des politischen Kompromisses: »Zwischen Republikanern und Demokraten besteht eine erstaunliche Übereinstimmung in den Ansichten und im politischen Denken.« Die Gewerkschaften waren zu gesetzten Institutionen des Establishments geworden. Von Farmern bekam der Mann von *Time* die vergnügte Auskunft, wenn Agrarsubventionen Sozialismus seien, dann seien sie Sozialisten.[1]

Zwar stützte sich der Eindruck des *Time*-Mitarbeiters, Amerika sei eine gemäßigte Mittelschichtgesellschaft geworden, nicht auf unumstößliche Beweise, doch wurde dieser Eindruck von vielen geteilt. Als John Kenneth Galbraith seiner Kritik an den Wertvorstellungen des Nachkriegsamerika den Titel *The Affluent Society* gab, war das ironisch gemeint; der Ausgangspunkt des Buches war jedoch, dass die meisten Amerikaner sich alles leisten konnten, was sie für ihr Leben brauchten. Einige Jahre später schrieb Michael Harrington *The Other America*, um daran zu erinnern, dass nicht alle Amerikaner zur Mittelschicht gehören; ein solches Buch hielt er aber vor allem deshalb für nötig, weil Armut nicht mehr der Zustand einer Mehrheit war und deshalb leicht übersehen wurde.

Wie wir sehen werden, bestätigen die Zahlen, was all diese Beobachter zu sehen glaubten. Amerika war in den fünfziger Jahren eine Mittelschichtgesellschaft, in weit stärkerem Maße, als es das in den zwanziger Jahren gewesen war und als es heute ist. Soziale Ungerechtigkeit war nach wie vor allgegenwärtig: Im Süden herrschte noch die Rassentrennung, und im ganzen Land waren sowohl offener Rassismus als auch offene Diskriminierung von Frauen die Norm. Doch normale Arbeitnehmer und ihre Familien hatten guten Grund zu glauben, dass sie am Wohlstand des Landes teilhatten wie niemals zuvor. Und auf der anderen Seite waren die Reichen sehr viel weniger reich, als sie es eine Generation zuvor gewesen waren.

Die Wirtschaftshistoriker Claudia Goldin und Robert Margo bezeichnen die Verringerung der Einkommenskluft, die sich zwischen den zwanziger und den fünfziger Jahren in den Vereinigten Staaten vollzog, die deutliche Verminderung der Kluft zwischen den Reichen und der Arbeitnehmerschaft sowie die Verringerung des Lohngefälles unter den Arbeitnehmern als »die Große Kompression«. Die von ihnen bewusst gewählte Wendung, die an »die Große Depression«, die Weltwirtschaftskrise erinnert, ist angebracht: Genau wie die Krise war die Verringerung der Einkommensunterschiede ein bestimmendes Ereignis der amerikanischen Geschichte, etwas, wodurch das Wesen unserer Gesellschaft und Politik verändert wurde. Doch während die Große Depression in unserer Erinnerung fortlebt, ist die Große Kompression weitgehend in Vergessenheit geraten. Man hielt die Schaffung einer Mittelschichtgesellschaft, die einst als ein unmöglicher Traum erschien, für etwas Selbstverständliches.

Jetzt leben wir in einem zweiten Goldenen Zeitalter, denn die Mittelschichtgesellschaft der Nachkriegszeit schwindet zusehends dahin. Das ist nach landläufiger Meinung zwar schlecht, aber das Ergebnis von Kräften, die unserem Einfluss entzogen sind. Die Geschichte der Großen Kompression ist aber ein wirksames Gegengift gegen Fatalismus, ein Beweis dafür, dass durch politische Reformen eine gerechtere Einkommensverteilung und nebenbei ein gesünderes Klima für die Demokratie geschaffen werden kann.

Das soll ein wenig näher beleuchtet werden. Forderungen nach entschlossenen Maßnahmen gegen die Ungleichheit wurden von konservativer Seite in den dreißiger Jahren genau wie heute vor allem mit der Behauptung abgewehrt, dagegen *könne* man nichts tun, das heißt, es gebe keine geeigneten Maßnahmen, den Anteil der Arbeitnehmerfamilien am Volkseinkommen nennenswert zu erhöhen, jedenfalls keine, die nicht die Wirtschaft ruinieren würden. Dennoch brachten Franklin D. Roosevelt und Harry Truman eine drastische Umverteilung von Einkommen und Vermögen nach unten zustande, die weit mehr Gleichheit in der amerikanischen Gesellschaft schuf als jemals zuvor – und diese Umverteilung ruinierte keineswegs die Wirtschaft, sondern schuf obendrein die Voraussetzungen für einen wirtschaftlichen Aufschwung, der eine ganze Generation anhielt. Wenn sie das damals geschafft haben, sollten wir doch imstande sein, ihre Leistung zu wiederholen.

Aber wie haben sie es geschafft? Bevor ich auf mögliche Erklärungen eingehe, wollen wir uns genauer anschauen, wie Amerika nach der Großen Kompression um das Jahr 1955 herum aussah.

Porträt einer Mittelschichtgesellschaft

Die »Goldküste« von Long Island – die Gegend am Nordufer, wo sich während des Langen Goldenen Zeitalters die Reichen und der finanzielle Schwerpunkt der Republikanischen Partei angesiedelt hatten – existierte Mitte der fünfziger Jahre nicht mehr. Manche der Villen waren für einen Appel und ein Ei verkauft und dann entweder abgerissen worden, um Platz zu machen für Mittelschicht-Reihenhäuser, oder man hatte sie für institutionelle Nutzungen umgebaut (etliche der großen Anwesen werden noch für Countryclubs, Privatkliniken und religiöse Exerzitienhäuser genutzt). Andere waren, um Erbschaftsteuer zu vermeiden, an gemeinnützige Einrichtungen oder den Staat verschenkt worden.

»Was hat zum Verschwinden der legendären Landsitze geführt?«, fragt *Newsday*, die Zeitung von Long Island, in ihrem Führer zu den noch vorhandenen Bauten. Ihre Antwort trifft im Großen und Ganzen zu: »Es waren drei schwere Schläge: die Einführung einer Bundeseinkommensteuer, die finanziellen Verluste infolge der Weltwirtschaftskrise und Veränderungen in der Struktur der amerikanischen Wirtschaft, durch die häusliche Dienstleistungen für die Heere von Angestellten, die für die Fortführung dieser Lebensweise benötigt wurden, an Attraktivität verloren.«[2]

Waren die Villen der »Goldküste« im Langen Goldenen Zeitalter der Inbegriff von Long Island, so steht außer Frage, was in den fünfziger Jahren an ihre Stelle trat: Levittown, die ab 1947 gebaute typische Nachkriegsvorstadt.

Verglichen mit den McMansions von heute waren die Häuser, die William Levitt baute, winzig: Das ursprüngliche Modell mit zwei Schlafzimmern hatte eine Wohnfläche von nur 70 Quadratmetern und keinen Keller. Aber es waren frei stehende Privathäuser, die bereits mit Waschmaschinen und anderen Haushaltsgeräten ausgestattet waren und ihren Bewohnern einen Lebensstandard boten, der bis dahin für amerikanische Arbeitnehmer als unerschwinglich galt. Und in der Vorstadt gelegen, setzten sie voraus, dass normale Familien ein eigenes Auto hatten, was 1929 nicht zutraf, wohl aber in den fünfziger Jahren.

Levitts Erfolg beruhte zum Teil darauf, dass er im zivilen Wohnungsbau Verfahren einsetzte, die er im Krieg beim Bau von Kasernen für die Armee benutzt hatte. Seine Erwartung, massenhafte Nachfrage für seine Häuser zu finden, ging aber vor allem deshalb auf, weil das Gravitationszentrum der Wirtschaft sich radikal nach unten verlagert hatte. Die Reichen hatten nicht mehr annähernd die Kaufkraft, die sie noch 1929 gehabt hatten; gewöhnliche Arbeitnehmer hatten weit mehr Kaufkraft als jemals zuvor.

Statistische Vergleiche zwischen den zwanziger und den fünfziger Jahren sind nicht ganz einfach, weil die US-Regierung es vor dem Aufkommen des Wohlfahrtsstaates nicht für nötig hielt, Daten darüber zu erheben, wer wie viel verdiente und wie die Menschen mit ihrem Geld auskamen. Als Franklin D. Roosevelt in seiner Antrittsrede zu Beginn seiner zweiten Amtszeit davon sprach, dass »ein Drittel der Nation schlecht behaust, schlecht gekleidet und schlecht ernährt« sei, handelte es sich um eine Vermutung, nicht um eine offizielle Statistik. Eine amtliche Definition der Armut oder gar eine amtliche Schätzung der Zahl derer, die unterhalb der Armutsgrenze leben, gab es in den Vereinigten Staaten erst seit 1964; sie sollte Lyndon B. Johnson helfen, seine Ziele für die Great Society zu formulieren. Es ist aber ungeachtet der begrenzten Datenlage eindeutig, dass Amerika zwischen den zwanziger und den fünfziger Jahren in einem bisher unbekannten Ausmaß zu einer Mittelschichtgesellschaft wurde.

Die starke Abflachung des Einkommensgefälles, die sich zwischen den zwanziger und den fünfziger Jahren vollzog, beruhte zum Teil auf einer Einebnung nach unten: Die Reichen waren in den fünfziger Jahren erheblich ärmer als in den zwanziger Jahren. Und das ist wörtlich zu nehmen: Wir reden nicht bloß von relativer Verarmung, also davon, dass sie mit dem Einkommenszuwachs in den unteren Kategorien nicht Schritt halten konnten, sondern von einem großen absoluten Kaufkraftrückgang. Die Realeinkommen nach Steuern des reichsten einen Prozents der Amerikaner waren Mitte der fünfziger Jahre um 20 bis 30 Prozent niedriger als eine Generation zuvor. Und die Realeinkommen der wirklich Reichen – also derer, die zum obersten Zehntel des einen Prozents gehörten – waren nicht einmal halb so hoch wie in den zwanziger Jahren. (Das Realeinkommen *vor* Steuern des obersten 1 Prozents entsprach in etwa dem von 1929, während das Einkommen vor Steuern des obersten 0,1 Prozents um rund 40 Prozent gesunken war. Die Einkommensteuersätze der Reichen waren gleichzeitig deutlich gestiegen.[3])

Derweil hatte sich das Realeinkommen von Familien der mittleren Kategorie seit 1929 in etwa verdoppelt.[4] Und die meisten Familien hatten nicht nur höhere Einkommen, sie hatten auch mehr Sicherheit. Die Arbeitgeber boten zusätzliche Leistungen wie Krankenversicherung und betriebliche Altersversorgung: Vor dem Krieg hatte nur eine kleine Minderheit der Amerikaner eine Krankenversicherung, aber 1955 hatten über 60 Prozent zumindest die elementarste Form einer Krankenversicherung, die Deckung der Krankenhauskosten.[5] Und die Bundesregierung unterstützte die neue Sicherheit der privaten Beschäftigung durch entscheidende Leistungen wie die Arbeitslosenversicherung für entlassene Arbeitnehmer und die Sozialversicherung für Rentner.

Amerikanischen Arbeitnehmern ging es in den fünfziger Jahren also weit besser als in den zwanziger Jahren, während es der wirtschaftlichen Elite schlechter ging. Und auch das Einkommensgefälle unter den Arbeitnehmern hatte sich abgeflacht. Ungelernte und angelernte Arbeiter, wie man sie in der Fließbandfertigung antrifft, hatten den Lohnrückstand gegenüber Facharbeitern, beispielsweise den Maschinenschlossern, bis in die fünfziger Jahre weitgehend aufgeholt. Und Angestellte mit akademischer Vorbildung wie Juristen oder Ingenieure erhielten im Vergleich zu manuellen Arbeitern einen weit geringeren Zuschlag als in den zwanziger Jahren – und als heute.

Wirtschaftsstatistische Daten sind natürlich nur in dem Maße brauchbar, wie sie Licht auf die Lage der Menschen werfen. Aber diese Daten sind sehr aussagekräftig, und sie geben Auskunft über eine gewaltige wirtschaftliche Demokratisierung der amerikanischen Gesellschaft.

Auf der einen Seite konnte sich die Mehrheit der Amerikaner zum ersten Mal einen anständigen Lebensstandard leisten. »Anständig« ist natürlich kein festumrissener Begriff, aber ich meine damit Folgendes: Die technischen Voraussetzungen für die wichtigsten Annehmlichkeiten des modernen Lebens waren in den zwanziger Jahren bereits vorhanden. Ein Amerikaner von heute wäre, würde man ihn in die Zeit von, sagen wir, Abraham Lincoln zurückversetzen, entsetzt über die rauen Lebensbedingungen, und wenn er noch so viel Geld gehabt hätte. Doch zurückversetzt in die späten zwanziger Jahre würde er, ein hinreichend hohes Einkommen vorausgesetzt, das Leben im Großen und Ganzen erträglich finden. Das Problem war, dass die meisten Amerikaner sich dieses erträgliche Leben in den zwanziger Jahren nicht leisten konnten. Um nur den elementarsten Komfort zu nehmen: Die meisten Amerikaner, die auf dem Lande lebten, hatten noch keine Bäder und Toiletten, und viele Stadtbewohner mussten sich diese Einrichtungen mit anderen Familien teilen. Es gab schon Waschmaschinen, aber sie waren nicht die Norm. Es gab private Automobile und private Telefone, aber die meisten Familien hatten keine. 1936 sagte Gallup dem republikanischen Präsidentschaftskandidaten Alf Landon einen haushohen Sieg voraus. Wie konnte Gallup sich so täuschen? Nun, die Vorhersage beruhte auf einer telefonischen Umfrage, aber damals verfügte nur etwa ein Drittel aller Haushalte über ein eigenes Telefon, und diejenigen, die kein Telefon hatten, neigten eher zu Roosevelt. Ähnlich verhielt es sich mit anderen Dingen, die heute zum Standard gehören.

In den fünfziger Jahren gab es auf dem Lande zwar immer noch Menschen, die auf einen Außenabort angewiesen waren, und in städtischen Mietshäusern mussten Familien sich eine Toilette auf dem Korridor teilen, aber sie waren inzwischen eine entschiedene

Minderheit geworden. 1955 hatte eine Mehrheit der amerikanischen Familien ein Auto. Und 70 Prozent aller Haushalte hatten ein Telefon.

Auf der anderen Seite war die Bemerkung von F. Scott Fitzgerald, dass die Reichen »anders sind als du und ich«, niemals – weder vorher noch seither – weniger wahr als in der Generation, die auf den Zweiten Weltkrieg folgte. In den fünfziger Jahren konnten sich sehr wenige Amerikaner einen Lebensstil leisten, der sie in eine andere materielle Welt versetzte als die, in der die Mittelschicht lebte. Die Reichen mochten größere Häuser haben als die meisten, aber sie konnten es sich nicht mehr leisten, in riesigen Villen zu wohnen – insbesondere konnten sie sich nicht mehr die Bediensteten leisten, um diese Villen zu unterhalten. Weitgehend verschwunden waren die althergebrachten Unterschiede in der Bekleidung zwischen den Reichen und allen anderen, einerseits, weil normale Arbeitnehmer es sich leisten konnten, gute Sachen zu tragen (und reinigen zu lassen), andererseits, weil die Reichen es sich nicht mehr leisten konnten, sich in einem Stil zu kleiden, der Heerscharen von Bediensteten erforderte, um ihnen in ihre Garderobe hinein- und aus ihr herauszuhelfen. Auch der herkömmliche Mobilitätsvorsprung des reichen Mannes – bis heute sagt man über Luxusgeschäfte, dass sie den »Kutschenbesitzer« (sprich: die reiche Oberschicht) beliefern – war nun, da die meisten Leute ein Auto hatten, verschwunden.

Es ist wohl keine schwärmerische Übertreibung, wenn ich sage, dass dies alles zu einem neuen Gefühl der Würde bei gewöhnlichen Amerikanern beitrug. Aus allem, was wir über Amerika während des Langen Goldenen Zeitalters wissen, wird deutlich, dass es trotz der demokratischen Ideologie des Landes eine sehr klassenbewusste Gesellschaft war, in der die Reichen etwas »Besseres« zu sein glaubten als die Arbeiter und die Arbeiter von Furcht (und Ressentiment) vor den »Bossen« erfüllt waren. Dieses Klassenbewusstsein – und hier kann ich aus eigener Erinnerung an die Gesellschaft sprechen, in der ich aufgewachsen bin, und mich auf das stützen, was Leute damals gesagt und geschrieben haben – war im Nachkriegsamerika weitgehend verschwunden. Die amerikanische Nachkriegsgesellschaft hatte ihre Armen, doch die wirklich Reichen waren selten und machten wenig Eindruck auf die Gesellschaft. Ein Arbeiter, der, wie es vielfach der Fall war, von einer tüchtigen Gewerkschaft beschützt wurde, hatte einen ebenso sicheren Arbeitsplatz und oft ein fast so hohes Einkommen wie ein voll ausgebildeter Akademiker. Und wir alle genossen einen materiellen Lebensstandard, dessen Unterschiede sich allenfalls auf den Unterschied zwischen einem Cadillac und einem Chevy reduzierten: Der eine mochte luxuriöser leben als der andere, aber darin, wo man hinfahren und was man machen konnte, unterschieden wir uns kaum.

Aber wie war es zu dieser demokratischen Gesellschaft gekommen?

Was passierte mit den Reichen?

Der aus Russland stammende amerikanische Ökonom Simon Kuznets, der 1971 mit dem Nobelpreis für Wirtschaftswissenschaften ausgezeichnet wurde, gilt als Erfinder der modernen Wirtschaftsstatistik. In den dreißiger Jahren schuf er die Volkseinkommensrechnung der Vereinigten Staaten, jenes Zahlenwerk einschließlich des Bruttoinlandsprodukts, das uns einen Überblick über das Einkommen des Landes verschafft. In den fünfziger Jahren richtete Kuznets sein Augenmerk vom Umfang des Volkseinkommens auf dessen Verteilung. Und er konnte trotz der begrenzten Daten zeigen, dass die Einkommensverteilung im Nachkriegsamerika sehr viel »gleicher« war als vor der Weltwirtschaftskrise. War diese Veränderung nun das Ergebnis einer bestimmten Politik, oder beruhte sie auf unpersönlichen Marktkräften?

Ökonomen, die dazu erzogen wurden, der »unsichtbaren Hand« große Bedeutung zuzuschreiben, sind generell skeptisch, was die

Fähigkeit von Regierungen angeht, die Wirtschaft zu gestalten. Wenn sich in der Verteilung der Einkommen große Veränderungen vollziehen, suchen Ökonomen die Ursache daher zunächst in Marktkräften. Und Kuznets' Name wird oft (eigentlich zu Unrecht) mit der Ansicht verbunden, es gebe einen von Marktkräften getriebenen natürlichen Zyklus der Ungleichheit, den man als »Kuznets-Kurve« zu bezeichnen pflegt.

Die Kuznets-Kurve soll folgendermaßen funktionieren: In den frühen Entwicklungsstadien, so wird erzählt, häufen sich die Investitionsgelegenheiten für diejenigen, die Geld haben, während die Löhne durch den Zustrom billiger Arbeitskräfte vom Land in die Städte auf einem niedrigen Niveau gehalten werden. So kommt es zur Industrialisierung eines Landes, und die Ungleichheit wächst: Es bildet sich eine Elite reicher Industrieller, während die normalen Arbeiter in der Armut stecken bleiben. Eine Zeit ungeheurer Ungleichheit wie das Lange Goldene Zeitalter Amerikas ist, mit anderen Worten, das naturwüchsige Ergebnis der Entwicklung.

Aber schließlich gibt es Kapital in Hülle und Fülle, der Zustrom der Arbeitskräfte vom Lande versiegt, die Löhne beginnen zu steigen, während die Gewinne stagnieren oder sinken. Wohlstand breitet sich aus, und die Wirtschaft wird weitgehend zu einer Mittelschichtangelegenheit.

Bis in die achtziger Jahre des vorigen Jahrhunderts glaubten die meisten amerikanischen Ökonomen, wenn sie sich überhaupt Gedanken darüber machten, dass dies die Geschichte Amerikas im 19. und 20. Jahrhundert gewesen sei. Das Lange Goldene Zeitalter, dachten sie, war ein Stadium, durch das das Land hindurch musste; die Mittelschichtgesellschaft, die darauf folgte, war nach ihrer Ansicht der natürliche, unvermeidliche glückliche Endzustand des wirtschaftlichen Entwicklungsprozesses.

Doch Mitte der achtziger Jahre wurde deutlich, dass die Geschichte nicht zu Ende war, dass die Ungleichheit wieder zunahm. Zwar sehen viele Ökonomen auch darin das unerbittliche Ergebnis von Marktkräften, zum Beispiel von technologischen Veränderungen, die eine wachsende Prämie auf berufliches Können setzen, aber weil die neue Ungleichheit Sorgen machte, warf man einen Blick zurück auf die Angleichung, die einige Generationen zuvor stattgefunden hatte. Und Sie ahnen es schon: Je genauer man sich diese Angleichung anschaut, desto weniger hat man den Eindruck einer allmählichen Anpassung an unpersönliche Marktkräfte, desto mehr dagegen den einer plötzlichen Veränderung, die weitgehend durch eine Änderung der politischen Kräfteverhältnisse herbeigeführt wurde.

Sowohl die Plötzlichkeit der Veränderung als auch die wahrscheinliche Bedeutung politischer Faktoren erkennt man am leichtesten, wenn man sich das Einkommen der Reichen anschaut, des obersten einen Prozents der Einkommensverteilung.

Über die historischen Einkommen der Reichen wissen wir besser Bescheid als über den Rest der Bevölkerung, weil die Reichen seit 1913 Einkommensteuer zahlten und dabei der Bundesregierung Einblick in ihre finanzielle Lage gewährten. Aus den Steuerdaten geht hervor, dass es bis Mitte der dreißiger Jahre oder noch später keine Tendenz zu nachlassender Ungleichheit gab: Als Franklin D. Roosevelt die Antrittsrede zu Beginn seiner zweiten Amtszeit hielt, in der er sagte, ein Drittel des Volkes lebe noch immer in Armut, deutete kaum etwas darauf hin, dass die wirtschaftliche Stellung der Reichen weniger beherrschend gewesen wäre als vor dem Ersten Weltkrieg. Doch nur zehn Jahre später waren die Reichen eindeutig zurückgestuft: Der scharfe Einkommensrückgang in der Spitzengruppe, der für die fünfziger Jahre belegt ist, war bereits 1946 oder 1947 erfolgt. Die relative Verarmung der wirtschaftlichen Elite vollzog sich nicht allmählich, sondern recht plötzlich.

Dieser plötzliche Vermögensrückgang der Wohlhabenden lässt sich weitgehend mit nur einem Wort erklären: Steuern.

Das muss man sich folgendermaßen vorstellen. Vor dem Krieg stammten hohe Einkommen aus anderen Quellen als heute. Beziehen die Wohlhabenden von heute ihr Einkommen oft aus abhängiger Beschäftigung (denken Sie an Vorstandsvorsitzende und ihre

Aktienoptionen), so waren die Verhältnisse in den zwanziger Jahren einfacher: Die Reichen waren reich dank der Erträge aus dem Kapital, das ihnen gehörte. Und da das Einkommen aus Kapital an einen Bruchteil der Bevölkerung ging – im Jahr 1929 fielen 70 Prozent der Dividenden in Form von Gratisaktien nur 1 Prozent der Amerikaner zu –, entsprach die Aufteilung der Einkommen zwischen den Reichen und allen anderen weitgehend der Aufteilung des Volkseinkommens in Löhne und Kapitalerträge.

Man könnte daher annehmen, der scharfe Rückgang des Anteils der Wohlhabenden am amerikanischen Volkseinkommen sei Ausdruck einer großen Verschiebung in der Verteilung der Einkommen vom Kapital zur Arbeit gewesen. Genau das aber war nicht der Fall. 1955 gingen 69 Prozent des im privaten Sektor verdienten Einkommens vor Steuern an die Arbeit, 31 Prozent an das Kapital – ein geringer Unterschied zur Aufteilung von 1929, die 67 zu 33 betrug.

Doch während sich von den zwanziger zu den fünfziger Jahren an der Aufteilung des *Vor*steuereinkommens zwischen Kapital und Arbeit kaum etwas änderte, kam es in der Aufteilung des *Nach*steuereinkommens zwischen denen, die ihr Einkommen hauptsächlich aus Kapital bezogen, und denen, die überwiegend auf Lohn angewiesen waren, zu grundlegenden Veränderungen.

In den zwanziger Jahren waren Steuern für die Reichen von untergeordneter Bedeutung. Der höchste Einkommensteuersatz betrug nur 24 Prozent, und da selbst auf die größten Vermögen nur 20 Prozent Erbschaftsteuer erhoben wurden, konnten sich reiche Dynastien mühelos behaupten. Doch mit dem Anbruch des New Deal mussten die Reichen Steuern hinnehmen, die nicht nur sehr viel höher waren als in den zwanziger Jahren, sondern auch hoch nach heutigen Maßstäben. Der Spitzen-Einkommensteuersatz (derzeit nur 35 Prozent) stieg in der ersten Amtszeit Roosevelts auf 63 und in der zweiten auf 79 Prozent. Als die Vereinigten Staaten Mitte der fünfziger Jahre vor den Ausgaben des Kalten Krieges standen, stieg er auf 91 Prozent.

Überdies entfielen diese höheren persönlichen Steuern auf Kapitalerträge, die erheblich vermindert worden waren nicht durch ein Sinken der Gewinne, die von Unternehmen verdient wurden, sondern der Gewinne, die sie behalten durften: Die durchschnittliche Bundessteuer auf Unternehmensgewinne stieg von weniger als 14 Prozent im Jahr 1929 auf über 45 Prozent im Jahr 1955.

Ferner fanden jene, die auf Einkommen aus Kapital angewiesen waren, dass ein Großteil davon weggesteuert wurde, und es fiel ihnen immer schwerer, ihren Besitz an ihre Kinder weiterzugeben. Der Spitzen-Erbschaftsteuersatz stieg von 20 auf 45, dann auf 60, später auf 70 und schließlich auf 77 Prozent. Auch dies führte dazu, dass die Konzentration des Vermögensbesitzes erheblich nachließ: Die reichsten 0,1 Prozent der Amerikaner verfügten 1929 über mehr als 20 Prozent der Vermögen des Landes, Mitte der fünfziger Jahre dagegen nur noch über etwa 10 Prozent.

Was geschah also mit den Reichen? Offen gesagt wurde ein Großteil, vielleicht sogar der größte Teil ihres Einkommens durch den New Deal weggesteuert. Kein Wunder, dass Franklin D. Roosevelt als ein Verräter seiner Klasse galt.

Arbeitnehmer und Gewerkschaften

Waren die Reichen die größten Opfer der Großen Kompression, so waren Arbeiter, vor allem Industriearbeiter, die größten Nutznießer. Die 30 Jahre, die auf die Große Kompression folgten, von der Mitte der vierziger bis zur Mitte der siebziger Jahre, waren das goldene Zeitalter der manuellen Arbeit.

Faktisch verdienten amerikanische Männer mit Highschool-Abschluss, aber ohne College, Ende der fünfziger Jahre inflationsbereinigt in etwa so viel wie Arbeiter mit ähnlichen Qualifikationen heute. Und ihr relativer Status war natürlich sehr viel höher: Arbeiter mit besonders guten Stellen verdienten oft ebenso viel oder mehr als viele Fachleute mit College-Abschluss.

Warum war die Zeit so günstig für Arbeiter? Was ihnen bis zu einem gewissen Grad zugute kam, war die Lage der Weltwirtschaft: Amerikanische Fertigungsindustrien konnten auch deshalb so hohe Löhne zahlen, weil sie kaum ausländische Konkurrenz hatten. Zusätzlich half ihnen die Arbeitskräfteknappheit, die infolge der scharfen Einwanderungsbeschränkungen des Immigration Act von 1924 entstand.

Wenn es aber einen einzelnen Grund dafür gibt, dass es den Arbeitern in den fünfziger Jahren so viel besser ging als in den zwanziger Jahren, dann war es der Aufstieg der Gewerkschaften.

Die amerikanische Gewerkschaftsbewegung war Ende der zwanziger Jahre auf dem Rückzug. Größere Organisierungsbemühungen scheiterten teils daran, dass die Arbeitgeber es schafften, Streiks zu brechen, teils daran, dass die Regierung konsequent auf Seiten der Arbeitgeber eingriff, indem sie gewerkschaftliche Organisatoren festnahm und abschob, wenn sie, was vielfach der Fall war, im Ausland geboren waren. Die Gewerkschaftszugehörigkeit, die während des Ersten Weltkriegs angestiegen war, ging anschließend stark zurück. 1930 waren nur gut 10 Prozent der Arbeitnehmer außerhalb der Landwirtschaft gewerkschaftlich organisiert, ein Anteil, der ungefähr dem der Arbeitnehmer im Privatsektor heute entspricht. Die Zugehörigkeit zur Gewerkschaft ging in den ersten Jahren der Weltwirtschaftskrise weiter zurück und erreichte 1933 einen Tiefpunkt.

Doch unter dem New Deal nahmen sowohl der Organisationsgrad als auch die Macht der Gewerkschaften zu. Von 1933 bis 1938 verdreifachte sich die Gewerkschaftszugehörigkeit, um sich dann bis 1947 nochmals zu verdoppeln. Am Ende des Zweiten Weltkriegs gehörte über ein Drittel der Arbeitnehmer außerhalb der Landwirtschaft einer Gewerkschaft an – und viele Unorganisierte erhielten Löhne, die ausdrücklich oder stillschweigend so festgelegt waren, dass sie den gewerkschaftlich vereinbarten Löhnen entsprachen oder hoch genug waren, um die Arbeitnehmer so zufriedenzustellen, dass die Gewerkschaft bei ihnen nicht zum Zug kam.

Warum stieg der gewerkschaftliche Organisationsgrad an? Das ist Gegenstand einer ernsthaften Debatte unter Ökonomen und Historikern.

Eine Darstellung schreibt das Verdienst (oder, je nach Standpunkt, die Schuld) am steigenden Organisationsgrad dem New Deal zu. Bis zum New Deal war die Bundesregierung ein verlässlicher Verbündeter der Arbeitgeber in dem Bemühen, gewerkschaftliche Organisatoren zu unterdrücken oder bestehende Gewerkschaften zu behindern. Unter Roosevelt wurde sie dagegen zum Beschützer des Rechts der Arbeitnehmer, sich zu organisieren. Bei der Ausfertigung des »Fair Labor Relations Act« im Jahr 1935, mit dem die Bundesbehörde für Arbeitsbeziehungen (National Labor Relations Board) geschaffen wurde, erklärte Roosevelt unmissverständlich: »Dieses Gesetz definiert als Bestandteil unseres materiellen Rechts das Recht von Arbeitnehmern in der Industrie, sich zum Zweck von Tarifverhandlungen zu organisieren, und gibt der Regierung Methoden an die Hand, um dieses gesetzliche Recht zu schützen.« Viele Historiker sehen daher verständlicherweise die Ursache des großen gewerkschaftlichen Aufschwungs in dieser Umkehrung der staatlichen Haltung zu den Gewerkschaften.

Es gibt aber auch einen anderen Standpunkt, der nicht so sehr die Rolle der staatlichen Politik als vielmehr die innere Dynamik der Gewerkschaftsbewegung selbst betont. Richard Freeman, ein führender Arbeitsökonom in Harvard, weist darauf hin, dass der steigende gewerkschaftliche Organisationsgrad in den dreißiger Jahren eine Parallele in dem Jahrzehnt zwischen 1910 und 1920 hatte und dass es während der dreißiger Jahre auch in anderen westlichen Ländern zu einem ähnlichen Aufschwung der Gewerkschaften kam; demnach hätten Roosevelt und der New Deal keine so entscheidende Rolle gespielt. Freeman zufolge kam es in den dreißiger Jahren zu einem zweistufigen Prozess, der weitgehend unabhängig von staatlichem Handeln war. Zunächst verlieh die Weltwirtschaftskrise, die viele Arbeitgeber zu Lohnsenkungen veranlasste, der Gewerkschaftsbewegung neuen Schwung, denn viele empörte Arbeitnehmer organisierten sich, um Lohnkürzungen abzuwehren. Danach wurde der Machtzuwachs der Gewerkschaftsbewegung zu einem sich selbst verstärkenden Prozess, weil bereits organisierte Arbeitnehmer anderen, die sich organisieren wollten, in Form von Finanzhilfe, Streikposten und dergleichen wichtige Unterstützung leisteten.

Es ist nicht einzusehen, dass wir uns für einen dieser Standpunkte entscheiden müssen. Dieselben Faktoren, welche die Arbeitnehmer mobilisierten, trugen auch dazu bei, dem New Deal die politische Durchschlagskraft zu verschaffen, die er brauchte, um die Haltung der Bundesregierung zu ändern. Selbst wenn Roosevelt nicht im Alleingang die Bedingungen für eine machtvolle Gewerkschaftsbewegung geschaffen hat, so muss doch der Wandel des Staates von einem Agenten der Bosse zum Beschützer der Arbeitnehmer unzweifelhaft zum Aufschwung der Gewerkschaften beigetragen haben.

Unabhängig davon, welchen Anteil die Politik, die Wirtschaftskrise und die Dynamik der Organisationsbemühungen am Aufschwung der Gewerkschaften hatten, spricht alles, was wir über die Gewerkschaften wissen, dafür, dass ihr neugewonnener Einfluss einen erheblichen Anteil an der Schaffung einer Mittelschichtgesellschaft hatte. Die wissenschaftliche Forschung stimmt weitgehend darin überein, dass Gewerkschaften zwei herausragende Wirkungen haben, die für die Große Kompression relevant sind. Erstens bewirken Gewerkschaften, dass die durchschnittlichen Löhne für ihre Mitglieder steigen; außerdem sorgen sie indirekt und in geringerem Ausmaß dafür, dass die Löhne für andere Arbeitnehmer steigen, auch wenn diese nicht durch Gewerkschaften vertreten werden, weil Arbeitgeber, deren Beschäftigte nicht organisiert sind, die Bedingungen verbessern, um der Gewerkschaft das Wasser abzugraben. Dank der Gewerkschaften verringert sich der Lohnabstand zwischen Arbeitern und besser bezahlten Stellen, etwa denen von Führungskräften. Zweitens bewirken Gewerkschaften, dass sich das Einkommensgefälle unter den Arbeitern abflacht, indem sie für ihre am schlechtesten entlohnten Mitglieder größere Lohnerhöhungen aushandeln als für ihre am besten entlohnten Mitglieder. Und Arbeitgeber, deren Beschäftigte unorganisiert sind, neigen zu einer Nachahmung dieses Effekts, um gewerkschaftlichen Organisationsbemühungen das Wasser abzugraben. Kurz, die bekannten Auswirkungen von Gewerkschaften auf die Löhne sind genau das, was wir bei der Großen Kompression beobachten: ein Anstieg der Löhne von einfachen Arbeitern im Vergleich zu Führungs- und Fachkräften sowie eine Abflachung des Lohngefälles unter den einfachen Arbeitern selbst.

Dennoch konnte die gewerkschaftliche Organisierung allein das ganze Ausmaß der Kompression nicht bewirken. Dazu bedurfte es der besonderen Umstände des Zweiten Weltkriegs.

Die Löhne der Kriegszeit

Unter normalen Umständen kann der Staat in einer Marktwirtschaft wie den Vereinigten Staaten die Löhne allenfalls beeinflussen – direkt festsetzen kann er sie nicht. Doch in den vierziger Jahren wurden weite Teile der amerikanischen Wirtschaft im Rahmen der Kriegswirtschaft fast vier Jahre lang mehr oder weniger direkt vom Staat kontrolliert. Und der Staat nutzte seinen Einfluss zu einer weitgehenden Angleichung der Einkommen.

Das National War Labor Board war schon 1918 von Woodrow Wilson geschaffen worden. Es hatte die Aufgabe, Streitigkeiten zwischen Arbeit und Kapital zu schlichten, um Streiks zu verhüten, die der Kriegswirtschaft hätten schaden können. Faktisch begünstigte das Board die Interessen der Arbeitnehmer, indem es für ihr Recht eintrat, sich zu organisieren und Tarife auszuhandeln, und auf einen Lohn drängte, der die Lebenshaltungskosten deckt. Innerhalb kurzer Zeit verdoppelte sich beinahe die Zahl der Gewerkschaftsmitglieder.

Nach dem Ersten Weltkrieg wurde die kriegsbedingte Schlichtungsstelle abgeschafft, und die Bundesregierung nahm wieder ihre gewohnte arbeitgeberfreundliche Haltung ein. Bald sah sich die Gewerkschaft, wie schon gesagt, auf dem Rückzug, und die während des Krieges erkämpften Vorteile wurden wieder einkassiert.

Nach dem Angriff auf Pearl Harbor verging jedoch nur ein guter Monat, bis Roosevelt das National War Labor Board (NWLB) wieder ins Leben rief, diesmal mit größeren Befugnissen. Weil mit dem Krieg ein starker Inflationsdruck entstand, wurde eine staatliche Preiskontrolle für viele wichtige Güter eingeführt. Diese Preiskontrolle wäre unhaltbar gewesen, wenn der durch die Kriegserfordernisse entstandene Arbeitskräftemangel hohe Lohnsteigerungen nach sich gezogen hätte, und daher wurden in vielen kriegswichtigen Branchen auch die Löhne der Kontrolle durch die Bundesregierung unterworfen. Jede Lohnerhöhung musste vom NWLB genehmigt werden. De facto sah sich die Regierung gezwungen, nicht nur Streitigkeiten zu schlichten, sondern dem Privatsektor Lohntarife zu diktieren.

Angesichts der Wertvorstellungen der Regierung Roosevelt erstaunt es nicht, dass aufgrund der vom NWLB aufgestellten Regeln die Löhne der gering verdienenden Arbeiter stärker angehoben wurden als die der gutbezahlten Angestellten. Aufgrund einer Weisung Roosevelts, unter dem Durchschnitt liegende Löhne anzuheben, erhielten Arbeitgeber die Möglichkeit, den Stundenlohn ohne Genehmigung auf 40 Cent (was heute etwa fünf Dollar entspricht) oder mit Genehmigung der örtlich zuständigen Stelle des NWLB auf 50 Cent anzuheben. Da größere Lohnerhöhungen jedoch von Washington genehmigt werden mussten, besaß das System die eingebaute Tendenz, die Löhne gering verdienender Arbeiter schneller zu erhöhen als die von gut verdienenden. Das NWLB legte außerdem Lohngruppen für jeden Beruf fest, und die Arbeitgeber durften den Lohn eines Arbeitnehmers bis zur Untergrenze der für seinen Beruf geltenden Lohngruppe erhöhen. Auch dies begünstigte Lohnerhöhungen für Geringverdiener, nicht aber für die Besserverdienenden. Schließlich gestattete das NWLB Erhöhungen, durch die Lohndifferenzen zwischen verschiedenen Betrieben beseitigt wurden – und auch das steigerte die Löhne derer, die am schlechtesten entlohnt wurden.

Wie Goldin und Margo sagen: »Die meisten der vom NWLB angewandten Kriterien für Lohnerhöhungen dienten der Angleichung der Löhne zwischen und innerhalb von Branchen.« Die US-Regierung nutzte also in der kurzen Zeit, in der sie die Löhne vieler Arbeitnehmer mehr oder weniger direkt bestimmen konnte, diese Vollmacht dazu, Amerika zu einer gleicheren Gesellschaft zu machen.

Und das Erstaunliche ist, dass die Veränderungen blieben.

Gleichheit und der Nachkriegsboom

Angenommen, die Demokraten im Kongress würden heute vorschlagen, erneut die Maßnahmen zu ergreifen, die zur Großen Kompression führten: eine gewaltige Steigerung der Besteuerung der Reichen, Unterstützung für eine starke Ausweitung des Einflusses der Gewerkschaften, eine zeitweilige Lohnkontrolle, die dazu genutzt wird, das Lohngefälle stark zu verringern und dergleichen mehr. Wie würde die Öffentlichkeit die Auswirkungen eines solchen Programms beurteilen?

Zunächst würde man allgemein bezweifeln, dass diese Maßnahmen sich nennenswert auf die Ungleichheit auswirken würden, jedenfalls auf längere Sicht. Die gängige Wirtschaftstheorie belehrt uns, dass Versuche, sich über das Gesetz von Angebot und Nachfrage hinwegzusetzen, gewöhnlich scheitern; selbst wenn die Regierung mit den während des Krieges benutzten Vollmachten eine ausgeglichenere Lohnstruktur verordnen würde, würden sich nach Aufhebung der Kontrollen die alten Lohndifferenzen alsbald wieder einstellen.

Zweitens würde man vielfach – und nicht nur seitens der harten Rechten – der Behauptung begegnen, solche radikalen gleichmacherischen Maßnahmen würden sich, weil sie alle Leistungsanreize beseitigen, verheerend auf die Wirtschaft auswirken. Hohe Steuern auf Gewinne würden einen Einbruch der Investitionen nach sich ziehen; hohe Steuern auf hohe Einkommen würden zum Zusammenbruch des Unternehmertums und der persönlichen Initiative führen; mächtige Gewerkschaften würden übertriebene Lohnerhöhungen fordern, was zu Massenarbeitslosigkeit führen und Produktivitätssteigerungen verhindern würde. Man kann dies auch in der Formel zusammenfassen, dass die Veränderungen in der amerikanischen Politik während der Großen Kompression einer extremen Form jener Politik gleichen, die man heute weithin für die »Eurosklerose« verantwortlich macht, den relativ niedrigen Beschäftigungsgrad und (in etwas schwächerem Maße) das geringe Wirtschaftswachstum, die in etlichen westeuropäischen Ländern zu beobachten sind.

Nun mag es ja sein, dass diese düsteren Vorhersagen eintreffen würden, wenn wir heute versuchen würden, die Große Kompression zu wiederholen. Tatsache ist aber, dass von den üblen Folgen, die man bei einer drastischen Angleichung der Einkommen hätte erwarten können, nach dem Zweiten Weltkrieg nicht eine einzige eintrat, ganz im Gegenteil. Der Großen Kompression gelang es, die Einkommen über mehr als 30 Jahre anzugleichen – eine lange Zeit. Zudem war die Ära der Gleichheit eine Zeit beispiellosen Wohlstands, den wir seither nicht mehr haben wiederholen können.

Um einen Eindruck davon zu vermitteln, wie gut die Dinge nach der Großen Kompression gelaufen sind, möchte ich die amerikanische Wirtschaftsgeschichte nach dem Krieg in drei Abschnitte einteilen: den Nachkriegsboom von 1947 bis 1973, die Zeit der Schwierigkeiten, als Ölkrise und Stagflation der amerikanischen Wirtschaft zu schaffen machten, von 1973 bis 1980, und den jüngeren Abschnitt eines annehmbaren Wachstums mit steigender Ungleichheit von 1980 bis zur Gegenwart. (Warum der Anfang im Jahr 1947? Aus zwei Gründen: Die Große Kompression war bis dahin weitgehend abgeschlossen, und für vieles gibt es brauchbare Daten von diesem Jahr an.)

Während des Nachkriegsbooms hat sich das Realeinkommen der Durchschnittsfamilie in etwa verdoppelt, von rund 22 000 Dollar in heutigen Preisen auf 44 000 Dollar. Das entspricht einer jährlichen Zuwachsrate von 2,7 Prozent. Und sämtliche Einkommen wuchsen mit ungefähr derselben Rate, sodass die durch die Große Kompression geschaffene relativ ausgeglichene Verteilung erhalten blieb.

In der Zeit der Schwierigkeiten kam das Wachstum der mittleren Einkommen zeitweise zum Stillstand. Nachdem man die Inflation in den Griff bekommen hatte, wuchsen die Einkommen wieder – aber selbst in guten Zeiten kam die Durchschnittsfamilie nie wieder an die Verhältnisse des Nachkriegsbooms heran. Seit 1980 ist das mittlere Familieneinkommen nur um 0,7 Prozent jährlich gewachsen. Selbst in den besten Zeiten – während der Expansion unter Reagan von 1982 bis 1989 und des Booms unter Clinton von 1993 bis 2000 – wuchs das Familieneinkommen langsamer, als es nach der Großen Kompression eine ganze Generation lang gewachsen war.

Das sind wie immer nur Zahlen, die bestenfalls einen Anhaltspunkt dafür liefern, was sich wirklich im Leben der Menschen abgespielt hat. Aber will jemand ernsthaft bezweifeln, dass in der Nachkriegszeit fast jeder in Amerika den Eindruck hatte, dass der Lebensstandard rasch steigt, dass der durchschnittliche berufstätige Amerikaner überzeugt war, einen Wohlstand erreicht zu haben, der die kühnsten Träume seiner Eltern übertraf? Und bezweifelt jemand, dass unsere heutige Einschätzung der wirtschaftlichen Lage bestenfalls weit zurückhaltender ist, dass die meisten Amerikaner heute den Eindruck haben, in mancher Hinsicht besser, aber in anderer Hinsicht schlechter dazustehen als vor einigen Jahrzehnten?

Die Realität der wirklich positiven Entwicklung der amerikanischen Wirtschaft nach der Großen Kompression ist für einige so verstörend, läuft ihren Ansichten darüber, wie die Welt funktioniert, so sehr zuwider, dass sie die Geschichte umgeschrieben ha-

ben, um den Nachkriegsboom ungeschehen zu machen. Von Larry
Kudlow, der uns seine angebotsorientierte Theorie an den Wo-
chentagen allabendlich auf CNBC verkündet, bekommen wir beispielsweise zu hören, dass Amerika dank der Steuersenkungen von
Ronald Reagan »zum ersten Mal seit der Zeit nach dem Bürgerkrieg (mit Ausnahme der kurzen Coolidge-Mellon-Periode in den
zwanziger Jahren) von der ganzen Welt um sein Wirtschaftssystem
beneidet wird«. Da muss der Wohlstand, von dem jener *Time*-Mit-
arbeiter berichtete – von all den verfügbaren wirtschaftlichen Daten ganz zu schweigen –, wohl nur eine Sinnestäuschung gewesen
sein.

Aber er war keine Sinnestäuschung – der Boom war real. Die
Große Kompression, weit davon entfernt, den amerikanischen
Wohlstand zu zerstören, hat die Wirtschaft allem Anschein nach
eher gestärkt. Wenn diese Realität dem zuwiderläuft, was die
Schulbuch-Ökonomie lehrt, dann stimmt etwas nicht an der Schulbuch-Ökonomie. Aber darauf kommen wir in einem anderen Kapitel zurück.

Gehen wir einstweilen schlicht davon aus, dass Liberale es in
den dreißiger und vierziger Jahren geschafft haben, die Ungleichheit der Einkommen erheblich zu verringern, mit fast ausschließlich positiven Auswirkungen auf die Wirtschaft insgesamt. An den
Männern und Frauen, die hinter dieser Leistung standen, können
sich die Liberalen von heute ein Beispiel nehmen, wenn sie lernen
wollen, was politische Führung zu bewirken vermag.

Aber wer waren diese Männer und Frauen, und warum konnten
sie so weitreichende Veränderungen in unserer Gesellschaft bewirken und auch noch dafür sorgen, dass diese Veränderungen Bestand hatten?

Kapitel 4

Die Politik des Wohlfahrtsstaates

Fast jeder Amerikaner, der ein bestimmtes Alter hat, kennt das Foto: Harry Truman hält lächelnd eine Frühausgabe der *Chicago Daily Tribune* mit der Schlagzeile »DEWEY DEFEATS TRUMAN« in die Höhe. Nein, Dewey hatte es nicht geschafft. Trumans Wahlsieg von 1948 war angesichts der Umfragen, die Dewey einen haushohen Sieg versprachen, die größte politische Überraschung der amerikanischen Geschichte.

Trumans unerwarteter Sieg ist zu einem ikonischen Moment der politischen Geschichte Amerikas geworden, ebenso wie die Erzählungen von Trumans Unterstützern, die ihm auf seiner Wahlkampftour zuriefen: »*Give 'em hell, Harry!*« Ich bin mir aber sicher, dass nur sehr wenige Amerikaner Ihnen sagen könnten, wem Harry die Hölle heiß machen sollte und warum. Wenn man sich heute überhaupt noch an Truman erinnert, dann vor allem an seine außenpolitische Führungsrolle: Unter seiner Führung wurden der Marshallplan und die Strategie der Eindämmung entworfen, er war derjenige, der Stalin in Berlin und Korea die Stirn bot und Amerika auf den Weg führte, der schließlich mit dem Sieg im Kalten Krieg endete.

Doch 1948 war Außenpolitik kein herausragendes Wahlkampfthema, einerseits, weil der Kalte Krieg noch nicht voll entbrannt war, andererseits, weil die Republikaner, hin- und hergerissen zwischen glühendem Antikommunismus und ihrem herkömmlichen Isolationismus, sich noch nicht auf eine bestimmte außenpolitische Haltung geeinigt hatten. Was die Wähler 1948 beschäftigte, war

die Sorge, dass die Republikaner versuchen würden, die innenpolitischen Errungenschaften von Franklin D. Roosevelt rückgängig
zu machen. Thomas Dewey versuchte die Wähler mit Plattitüden
im Stil eines Yogi Berra zu beschwichtigen, darunter auch sein
Ausspruch: »Ihre Zukunft steht Ihnen noch bevor.« Aber Truman
machte die Wahl zu einem Volksentscheid über den New Deal,
indem er die republikanische Kongressmehrheit attackierte.

1948 war im Kongress ein Versuch im Gange, Roosevelts New
Deal rückgängig zu machen. Der faktische Anführer der Republikaner im Kongress war der zuweilen als »Mr. Republican« apos-
trophierte Senator Robert Taft, ein entschiedener Gegner des New
Deal, den er als »sozialistisch« betrachtete. Das war nicht nur eine
ideologische Pose: Nachdem die Republikaner 1946 die Mehrheit
im Kongress errungen hatte, drückte Taft den Taft-Hartley Act
durch, mit dem der National Labor Relations Act von 1935, der
entscheidend zum Mitglieder- und Machtzuwachs der Gewerkschaften unter dem New Deal beigetragen hatte, weitgehend zurückgenommen wurde. Die Wähler hatten daher 1948 allen Anlass
zu der Annahme, dass es nach einem Sieg der Republikaner, der
ihnen nicht nur im Kongress, sondern auch im Weißen Haus die
Macht bescheren würde, hinsichtlich der Maßnahmen, die zur
Großen Kompression geführt hatten, zu einer Wende um 180 Grad
kommen würde.

Als die Republikaner dann 1952 tatsächlich das Weiße Haus
eroberten, ging es um weit weniger. Denn inzwischen hatten ihre
führenden Politiker aus politischer Notwendigkeit die vom New
Deal geschaffenen Institutionen als bleibenden Bestandteil der
amerikanischen Szene akzeptiert. »Sollte eine Partei den Versuch
unternehmen, die Sozialversicherung, die Arbeitslosenversicherung, die Koalitionsfreiheit der Arbeitnehmer und die Subventionen für die Landwirtschaft abzuschaffen«, schrieb Dwight Eisenhower 1954 in einem Brief an seinen Bruder Edgar, »würde sie
damit ihr Ende besiegeln. Natürlich gibt es eine winzige Splittergruppe, die der Meinung ist, solche Dinge könne man machen. Zu

ihr gehören H.L. Hunt (seine Vorgeschichte kennst Du vermutlich), einige weitere texanische Ölmillionäre und der eine oder andere Politiker oder Geschäftsmann aus anderen Gegenden. Ihre
Zahl ist vernachlässigbar, und sie sind dumm.«[1]

Wie konnten Ideen und Programme, die in den dreißiger Jahren
als bedenklich radikal galten, in den fünfziger Jahren zum Inbegriff der Ansehnlichkeit werden, sodass nur eine »winzige Splittergruppe« ihre Abschaffung forderte? Um darauf eine Antwort zu
geben, müssen wir uns anschauen, wie Veränderungen der amerikanischen Gesellschaft die politische Landschaft verändert und
wie die Parteien auf die neue Landschaft reagiert haben.

Vom Radikalismus zur Ansehnlichkeit

In den dreißiger Jahren galt der New Deal tatsächlich als sehr radikal – und die New Dealer selbst waren gewillt, sich der Sprache
des Klassenkampfes zu bedienen. Wenn man die Rede liest oder
besser noch hört, die Franklin D. Roosevelt am Vorabend der
Wahl von 1936 im Madison Square Garden hielt (die Aufzeich-
nung ist im Internet zugänglich), wird einem bewusst, wie zaghaft
und manierlich der moderne Liberalismus geworden ist. Wer heute
dafür eintritt, den Mindestlohn anzuheben oder die Steuern für die
Reichen zu erhöhen, versäumt keinesfalls, der Öffentlichkeit zu
versichern, dass er nichts gegen die Reichen hat und nicht für den
Klassenkampf ist. Roosevelt dagegen feuerte auf die Übeltäter mit
den tiefen Taschen aus allen Rohren:

Wir mussten uns der alten Feinde des Friedens erwehren – des Wirt-
schafts- und Finanzmonopols, der Spekulation, der rücksichtslosen Banken,
der Klassenfeindschaft, des Partikularismus, des Kriegsgewinnlertums.

Sie betrachteten die Regierung der Vereinigten Staaten schon als ein
bloßes Anhängsel ihrer eigenen Geschäfte. Wir wissen jetzt, dass die Regierung des organisierten Geldes genauso gefährlich ist wie die Regierung des
organisierten Pöbels.

Nie zuvor in unserer gesamten Geschichte waren diese Kräfte so gegen einen Kandidaten geeint wie heute. Sie sind sich einig in ihrem Hass auf mich – und ihr Hass ist mir sehr recht.

Roosevelt übertrieb nicht, als er davon sprach, dass die Plutokraten ihn hassen – und sie hatten dazu allen Anlass. Der New Deal erlegte, wie ich im Kapitel 3 gezeigt habe, den Kapitalgesellschaften und den Reichen eine schwere Steuerlast auf, und er sorgte für eine Verringerung des Einkommensgefälles, die eine beträchtliche Absenkung des Nachsteuereinkommens der Spitzenverdiener einschloss.

Nach dieser Rede im Madison Square Garden passierte dann aber in den folgenden 20 Jahren etwas Merkwürdiges. Es war weitgehend Trumans Sieg von 1948 zu verdanken, dass die Regelungen des New Deal erhalten blieben: Die Gewerkschaften blieben noch auf Jahrzehnte hinaus einflussreich, und die Steuern für Kapitalgesellschaften und Reiche waren unter Eisenhower sogar noch höher als unter Roosevelt. Doch die Befürwortung des Fortbestandes jener Maßnahmen, die einen solchen Hass des »organisierten Geldes« ausgelöst hatten – Roosevelt erwähnte in seiner Rede speziell die Sozialversicherung und die Arbeitslosenversicherung, die von den Plutokraten durch den Dreck gezogen wurden –, war Mitte der fünfziger Jahre zum Inbegriff politischer Mäßigung geworden.

Dieser Wandel war auch Ausdruck von Veränderungen der Demografie und anderer Faktoren, welche die Fortsetzung des Wohlfahrtsstaates begünstigten. Doch bevor ich auf diese Veränderungen zurückkomme, möchte ich kurz auf einen beständigen Aspekt des politischen Lebens eingehen, der es zunächst sehr schwer machte, den New Deal durchzusetzen, aber dann, nachdem er durchgesetzt war, relativ einfach, ihn zu verteidigen. Ich meine den naturwüchsigen und im Allgemeinen rationalen Konservatismus der Wähler – Konservatismus nicht im Sinne rechter Ansichten, sondern der Abneigung gegen größere Veränderungen der staatlichen Politik, es sei denn, die bisherige Politik hätte sich

als falsch erwiesen. In jüngerer Zeit sind Projekte sowohl der Demokraten als auch der Republikaner an diesem Status-quo-Konservatismus gescheitert: Sowohl Clintons Versuch, das Gesundheitssystem zu reformieren, als auch Bushs Versuch, die
Sozialversicherung zu privatisieren, ist vor allem deshalb fehlgeschlagen, weil die Wähler sich vor dem Unbekannten fürchten.

In den zwanziger Jahren hat der Status-quo-Konservatismus liberale Reformen blockiert. Wenn eine höhere Besteuerung der Reichen und höhere Leistungen für Arbeitnehmer und Arme vorgeschlagen wurden, wenn eine Änderung des Arbeitsrechts angeregt
wurde, die die gewerkschaftliche Organisierung erleichtern würde,
wurde dem gleich entgegengehalten, die Möchtegern-Reformer
seien unverantwortliche Leute, die keine Ahnung hätten, wie die
Welt funktioniert, und ein Eingehen auf ihre Forderungen würde
die Wirtschaft ruinieren. Selbst Roosevelt war bis zu einem gewissen Grad ein Gefangener der herrschenden Meinung. In einem
Buch, das – Keynes vorwegnehmend – forderte, bei einem Konjunkturabschwung die staatlichen Ausgaben zu erhöhen, um die
Wirtschaft zu stützen, brachte er die Randbemerkung an: »Zu
schön, um wahr zu sein – aus nichts wird nichts«.[2]

Nachdem er ans Ruder gekommen war, musste Roosevelt, der
seine radikalen Ideen nicht gern aufgab, die Öffentlichkeit bewegen, sich von herkömmlichen Vorstellungen zu trennen und einen
grundlegend anderen Kurs zu akzeptieren. Es waren geschichtliche
Zufälle, die ihm halfen, den naturwüchsigen Konservatismus der
Wähler zu überwinden. Zunächst war es die wirtschaftliche Katastrophe von 1929–33, welche die Glaubwürdigkeit der alten Elite
und ihrer Ideologie erschütterte, und dann verhalf die 1933 einsetzende Erholung, so unvollkommen sie auch war, den Reformen
des New Deal zu Glaubwürdigkeit. »Dass rücksichtsloser Egoismus in moralischer Hinsicht falsch ist, wussten wir schon; jetzt
wissen wir, dass er auch in wirtschaftlicher Hinsicht falsch ist«,
erklärte Roosevelt in der Antrittsrede zu Beginn seiner zweiten
Amtszeit. Des Weiteren wurden durch den Zweiten Weltkrieg Be

dingungen geschaffen, unter denen umfassende staatliche Eingriffe in die Wirtschaft fraglos notwendig waren und Zweifel an radikalen Maßnahmen beiseitewischten. So kam es, dass die Institutionen des New Deal zu dem Zeitpunkt, als Eisenhower den erwähnten Brief an seinen Bruder schrieb, nicht mehr als radikale Neuerungen galten; sie waren zu einem normalen Bestandteil des amerikanischen Lebens geworden.

Natürlich wären die Dinge anders verlaufen, wenn das, was vor dem New Deal herrschende Meinung war, zutreffend gewesen wäre, wenn es sich also verheerend auf die Wirtschaft ausgewirkt hätte, die Reichen zu besteuern, Sozialversicherung und Arbeitslosenversicherung einzuführen und die Verhandlungsmacht der Arbeitnehmer zu stärken. Aber auf die Große Kompression folgte der stärkste anhaltende Wirtschaftsaufschwung der amerikanischen Geschichte. Überdies bewies die Regierung Roosevelt, dass eines der gängigen Argumente gegen umfassende staatliche Eingriffe in die Wirtschaft – dass sie unvermeidlich eine nicht minder umfassende Korruption mit sich bringen würde – nicht zutraf. Im Rückblick ist es verblüffend, wie rein die Weste des New Deal geblieben ist. Unter Roosevelt weiteten sich die Bundesausgaben gewaltig aus, darunter auch die Ausgaben, die von der Works Progress Administration (WPA) weitgehend nach freiem Ermessen getätigt wurden. Dennoch besserte sich das allgemeine Image des Arbeitsbeschaffungsprogramms, das vor dem New Deal weithin als korrupt gegolten hatte, merklich.

Es war kein Zufall, dass der New Deal so sauber blieb. Seine Vertreter waren von der Korruptionsabwehr geradezu besessen. Insbesondere rief Roosevelt eine schlagkräftige »division of progress investigation« ins Leben, die Beschwerden über Amtsvergehen in der WPA nachgehen sollte. Diese Abteilung erwies sich als so tüchtig, dass eine spätere Untersuchung durch den Kongress keine einzige ernsthafte Unregelmäßigkeit feststellen konnte.[3]

Dieser Einsatz für einen ehrlichen Staat war kein Ausdruck der persönlichen Tugend Roosevelts, sondern eine politische Notwendigkeit. Roosevelt hatte sich die Aufgabe gestellt, zu zeigen, dass staatliche Aktivität tatsächlich funktionieren kann, und um damit glaubwürdig zu bleiben, musste er dafür sorgen, dass man seiner Regierung nichts anlasten konnte. Das tat er.

Und noch etwas: Der Eintritt der Vereinigten Staaten in den Zweiten Weltkrieg war nicht als ein gigantischer Beweis staatlicher Effektivität geplant, hatte aber dennoch diese Wirkung. Die Behauptung, der Staat sei zu keiner ordentlichen Leistung fähig, wurde Konservativen sehr schwer gemacht, nachdem die US-Regierung ihre Fähigkeit bewiesen hatte, nicht nur einen weltweiten Krieg zu führen, sondern auch eine umfassende Mobilisierung der nationalen Ressourcen zu organisieren.

Die Idee, dass der Staat eine aktive Rolle in der Wirtschaft spielen kann, eine Rolle mit der praktischen Folge, die Ungleichheit erheblich zu verringern, galt 1948 also als respektabel. Damit war die alte Vorstellung, der Staat solle sich nicht in die Wirtschaft einmischen, über die Roosevelt sich in seiner Rede im Madison Square Garden lustig gemacht hatte, indem er sie als »die Lehre« bezeichnete, »dass der Staat der beste ist, der sich um nichts kümmert«, als eine Marotte abgestempelt.

Die Schlacht der Ideen zu gewinnen reicht jedoch nicht, wenn dieser Sieg nicht von einer effektiven politischen Koalition getragen wird. Doch wie es sich gerade traf, hatte die politische Landschaft sich auf eine Weise gewandelt, die den politischen Schwerpunkt nach unten verschob und denen zu Einfluss verhalf, die von der Großen Kompression profitierten und ein Interesse daran hatten, eine relativ ausgeglichene Einkommensverteilung zu bewahren.

Die Ausweitung des Wahlrechts

Ein großes Hindernis für eine effektive politische Bewegung im Interesse der werktätigen Amerikaner bestand während des Langen Goldenen Zeitalters in der schlichten Tatsache, dass vielen Arbeitern, speziell Niedriglohnarbeitern, das Wahlrecht verwehrt war, entweder von Gesetzes wegen oder in der Praxis.

Die größte Gruppe von Arbeitern ohne Wahlrecht war die afroamerikanische Bevölkerung des Südens, eine Gruppe, der auch eine Generation nach der Großen Kompression das Wahlrecht noch verwehrt war und zum Teil bis heute verwehrt ist. Doch aus Gründen, auf die wir gleich eingehen werden, war der Süden ein Partner, wenngleich ein schwieriger Partner in der Koalition, die bis in die siebziger Jahre die wirtschaftliche Gleichheit unterstützte.

Es gab während des Langen Goldenen Zeitalters aber noch eine andere Bevölkerungsgruppe ohne Wahlrecht, die in den fünfziger Jahren praktisch verschwunden war: die nicht eingebürgerten Einwanderer. 1920 waren 20 Prozent der amerikanischen Erwachsenen im Ausland geboren, und die Hälfte von ihnen war nicht eingebürgert. Somit waren nur etwa 90 Prozent der erwachsenen Einwohner der Vereinigten Staaten Bürger, die das gesetzliche Wahlrecht besaßen. Zieht man noch die des Wahlrechts beraubten Afroamerikaner im Süden ab, besaßen 1920 nur etwa 80 Prozent der in den Vereinigten Staaten lebenden Erwachsenen das faktische Wahlrecht. Dieser Wahlrechtsentzug war politisch nicht neutral: Diejenigen, die nicht wählen durften, waren meist arm, verglichen mit dem Durchschnitt. Wie wir in Kürze sehen werden, neigen relativ arme Wähler heute dazu, die Demokraten im Allgemeinen und einen starken Wohlfahrtsstaat im Besonderen zu unterstützen. Dies wird vermutlich auch in den zwanziger Jahren gegolten haben. Mit dem Wahlrechtsentzug war also ein Teil der linken Seite des politischen Spektrums ausgeschaltet, was die politische Landschaft stärker nach rechts verschob, als sie es gewesen wäre, wenn alle erwachsenen Einwohner hätten wählen können.

Doch nachdem die Einwanderung 1924 stark eingeschränkt wurde, ging der Anteil der Erwachsenen ohne Wahlrecht stetig zurück. 1940 waren nur noch 13 Prozent der erwachsenen Bevölkerung Einwanderer, und über 60 Prozent dieser Einwanderer waren eingebürgert worden, sodass rund 95 Prozent der erwachsenen Einwohner der Vereinigten Staaten im Jahr 1940 amerikanische Staatsbürger waren. Bis 1950 sank der Einwandereranteil auf 10 Prozent, von denen drei Viertel eingebürgert waren; der Anteil der erwachsenen Einwohner des Landes, die keine Staatsbürger waren, lag damit bei unbedeutenden 3 Prozent der erwachsenen Bevölkerung.

Zwischen 1924 und den fünfziger Jahren waren die Einwanderer ohne amerikanische Staatsangehörigkeit also praktisch von der Bildfläche verschwunden. Das Ergebnis war ein Land, in dem die überwiegende Mehrheit der weißen Arbeiter wählen durfte. Überdies war die Wahrscheinlichkeit, dass relativ arme Weiße von ihrem Wahlrecht tatsächlich Gebrauch machten, in den fünfziger Jahren erheblich größer, als sie in den zwanziger Jahren gewesen war, weil sie einer Gewerkschaft angehörten oder Freunde und Verwandte hatten, die einer Gewerkschaft angehörten, was ihr politisches Bewusstsein und ihre Motivation hob. Das Ergebnis war eine Wählerschaft, die sehr viel stärker dazu neigte, den Wohlfahrtsstaat im weiten Sinne zu unterstützen, als die Wählerschaft von 1920 – oder die Wählerschaft von heute.

Die Sonderrolle des Südens

Der Süden unterscheidet sich noch immer in vielerlei Hinsicht vom Rest der Vereinigten Staaten. Aber in den fünfziger Jahren war er wirklich ein anderes Land, in dem offene Rassentrennung und Diskriminierung herrschten, in dem der untergeordnete Status der Schwarzen im Gesetz und in der staatlichen Politik festgeschrieben war und mit Gewalt durchgesetzt wurde. Die Entscheidung des Obersten Gerichtshofs im Fall *Brown v. Board of Education*, die ein Ende des Schulwesens mit Rassentrennung forderte, fiel erst 1954. Rosa Parks weigerte sich 1955, sich in Montgomery in den hinteren Teil des Busses zu setzen, und das Urteil des Obersten

Gerichtshofs, das mit der Rassentrennung in öffentlichen Verkehrsmitteln Schluss machte, wurde erst Ende 1956 verkündet. Auf das Wahlrecht für Schwarze musste man noch länger warten: Das Wahlrechtsgesetz wurde 1965 beschlossen, ein Jahr nachdem drei Bürgerrechtsaktivisten in Philadelphia, Mississippi, ermordet worden waren, jenem Ort, den Ronald Reagan 1980 als Startpunkt seines Präsidentschaftswahlkampfs aussuchen sollte, mit einer Rede, in der er die eigenständigen Rechte der Bundesstaaten betonte.

Der Süden war mit seiner brutalen Rassenpolitik und seiner allgemeinen Rückständigkeit eine zutiefst konservative Region, weit konservativer, als er heute ist. Doch zugleich war der Süden lange ein entscheidender Bestandteil der New-Deal-Koalition.

Die Karten, in denen die Wahlergebnisse dargestellt werden, sagen alles. Auf den Karten von heute ist der Süden einheitlich rot, also republikanisch. John Kerry, der 2004 als Präsidentschaftskandidat der Demokraten antrat, gewann mit Ausnahme von Maryland und Delaware keinen einzigen Staat südlich der Mason-Dixon-Linie. Doch 1948 stimmte kein einziger Südstaat für Dewey, während mehrere die Kandidatur von Strom Thurmond unterstützten, der sich als Befürworter der Rassentrennung um die Präsidentschaft bewarb.

Warum unterstützte der Süden die Demokraten? Es gibt einen offenkundigen, hässlichen Grund, warum weiße Südstaatler in den fünfziger Jahren die Demokraten unterstützen *konnten*: Obwohl die Demokratische Partei zur Partei der wirtschaftlichen Gleichheit geworden war, akzeptierte sie stillschweigend die Rassendiskriminierung. Erst als die Demokraten auch zur Partei der rassischen Gleichheit wurden, rückten die Republikaner, die als Gegner der Sklaverei begonnen hatten, aber zu Verteidigern der Reichen geworden waren, in die Lücke. Auf diesen Stellungswechsel werde ich noch zu sprechen kommen, speziell im Zusammenhang mit dem Triumph Ronald Reagans im Jahr 1980.

Doch warum war der Süden zunächst demokratisch? Eine Teilerklärung liefert die anhaltende Verbitterung, die der Bürgerkrieg hinterließ; man könnte sagen, dass Generationen von südstaatlichen Demokraten dadurch gewannen, dass sie gegen Abraham Lincoln antraten.

Aber weil der Süden ärmer war als der Rest des Landes, erhielt er auch einen unverhältnismäßig großen Anteil der Vergünstigungen, die der New Deal schuf. Die Südstaaten sind noch immer ein wenig ärmer als der Durchschnitt des Landes, aber in den fünfziger Jahren war der Süden entsetzlich arm. Noch 1959 lag das Pro-Kopf-Einkommen in Mississippi unter 1000 Dollar pro Jahr (etwa 5000 Dollar in heutigen Preisen), womit der durchschnittliche Lebensstandard nur 40 Prozent dessen betrug, was wohlhabende Staaten wie Connecticut, New York und New Jersey hatten. Außerdem war der Süden noch immer eine ländliche, agrarische Region, als das übrige Amerika längst zu einem urbanisierten Land geworden war. 1950 kamen in den Vereinigten Staaten außerhalb des Südens drei Stadtbewohner auf einen Landbewohner, während der Süden noch stärker ländlich als städtisch geprägt war.

So kam es, dass der New Deal für den Süden ein nahezu reiner Gewinn war. Einerseits waren die hohen Steuern, die Roosevelt den Kapitalgesellschaften und den Reichen auferlegte, für den Süden kaum eine Belastung, denn es gab wenige reiche Leute, und die Kapitalgesellschaften waren zumeist im Besitz von Nordstaatlern. Andererseits waren die Programme des New Deal, von der Sozialversicherung über die Arbeitslosenversicherung bis zum Ausbau des Stromnetzes in ländlichen Gebieten, besonders wichtig für die Niedriglohnarbeiter, die die Mehrheit der Bewohner des Südens bildeten. Die Tatsache, dass der Süden stark auf den Wohlfahrtsstaat angewiesen ist, wirkt sich bis heute auf unser politisches System aus: Als George W. Bush 2005 die Sozialversicherung privatisieren wollte, entdeckten seine Helfer, dass ein stärkerer Widerstand vor allem in den »roten Staaten« zu erwarten war, die ihn 2004 gewählt hatten, speziell im Süden, als im Rest des Landes.

Man kann es so formulieren: Zwar ging die Rassentrennung im Süden Hand in Hand mit einer reaktionären Einstellung, aber weil die Region aufgrund ihrer Armut vom Wohlfahrtsstaat so viel zu gewinnen hatte, war sie auf der nationalen Ebene bereit, die Liberalen im Norden zu unterstützen – bis zu einem gewissen Punkt. Für die Maßnahmen, welche die Weißen im Süden unterstützen würden, gab es jedoch klare Grenzen. Das zeigte sich deutlich, als Harry Truman daran ging, den New Deal um jenes Element zu vervollständigen, das aus den Vereinigten Staaten einen richtigen Wohlfahrtsstaat gemacht hätte, wie er in Kanada oder in westeuropäischen Ländern schon bestand: die allgemeine Krankenversicherung.

1946 schlug Truman eine allgemeine Krankenversicherung mit einer einzigen Verrechnungsstelle vor, wie sie heute ähnlich in Kanada besteht. Anfangs schien es, als habe sein Plan gute Aussichten, angenommen zu werden. Tatsächlich wäre es in den vierziger Jahren sehr viel einfacher gewesen, eine allgemeine Krankenversicherung einzuführen, als es heute sein würde. Die gesamten Ausgaben für gesundheitliche Versorgung machten 1946 nur 4,1 Prozent des BIP aus – heute sind es dagegen über 16 Prozent. Und weil die private Krankenversicherung in den vierziger Jahren noch relativ unentwickelt war, waren die Versicherungsgesellschaften nicht die mächtige Interessengruppe, die sie heute sind. Die Lobby der Pharmaindustrie sollte erst in den achtziger Jahren zu einer bedeutenden Kraft werden. Im Übrigen war die öffentliche Meinung 1946 entschieden für eine garantierte Krankenversicherung.

Doch Truman war kein Erfolg beschieden. Dafür war zu einem großen Teil der amerikanische Ärzteverband (American Medical Association, AMA) verantwortlich, der fünf Millionen Dollar aufwendete, um Trumans Vorhaben abzuwehren; auf heutige Verhältnisse übertragen entspricht das 200 Millionen Dollar. Die AMA bewog Hausärzte, mit ihren Patienten zu sprechen, um die allgemeine Versicherung zu verhindern – ein offenkundiger Missbrauch des Vertrauensverhältnisses zwischen Arzt und Patient. Ärzte, die sich für Trumans Vorhaben aussprachen, wurden geächtet, bis hin zu der Forderung, ihnen das Recht zu entziehen, ihre Patienten im Krankenhaus zu behandeln. Noch heute ist man entsetzt, wenn man liest, wie Ärzte aufgefordert wurden, ihre Patienten über die Übel einer »sozialisierten Medizin« zu belehren.

Es war aber nicht allein der Ärzteverband, der Trumans Vorhaben zu Fall brachte. Entscheidender Widerstand gegen eine allgemeine Krankenversicherung kam außerdem von Südstaaten-Demokraten, obwohl der verarmte Süden, wo viele sich eine angemessene Gesundheitsversorgung nicht leisten konnten, davon nur profitiert hätte. Die Politiker der Südstaaten glaubten aber, eine allgemeine Krankenversicherung werde die Region zwingen, die Rassentrennung in Krankenhäusern zu beenden. (Wahrscheinlich hatten sie recht. Medicare, ein Programm für Senioren, das in vieler Hinsicht dem System entspricht, das Truman für alle wollte, wurde 1966 eingeführt – und ein Ergebnis war die Aufhebung der Rassentrennung in allen Krankenhäusern der Vereinigten Staaten.) Die Schwarzen aus weißen Krankenhäusern fernzuhalten war den Politikern des Südens wichtiger, als armen Weißen die Möglichkeit einer ärztlichen Behandlung zu verschaffen.

Trumans Scheitern mit der Krankenversicherung deutete darauf hin, dass die New-Deal-Koalition nicht ewig halten würde. Die Weißen aus den Südstaaten hatten die wirtschaftliche Gleichheit seit jeher nur mit halbem Herzen unterstützt, und ihre Zurückhaltung wuchs mit der Zeit. Man kennt die Version, dass der Süden die Koalition verließ, als die Demokratische Partei mit den Bürgerrechten ernst machte, und das trifft wohl auch weitgehend zu. Wahr ist aber auch, dass, als der Süden insgesamt reicher wurde, die Region von einer Umverteilungspolitik weniger zu gewinnen hatte und ungehindert in den reaktionären Gefühlen schwelgen konnte, die mit dem Wahlrechtsentzug der Schwarzen verbunden waren. Aber all das lag in den fünfziger Jahren noch in weiter Ferne.

Die Gewerkschaften

Der Anteil der amerikanischen Arbeitnehmer, die einer Gewerkschaft angehörten, stieg zwischen 1935 und 1945 von 12 auf 35
Prozent; noch 1970 waren 27 Prozent der Arbeitnehmer Gewerkschaftsmitglieder. Und die Gewerkschaften unterstützten durch-
weg, wenn auch nicht immer, die Demokraten. Bei der Wahl von
1948 stimmten rund drei Viertel der Mitglieder der beiden großen
Gewerkschaftsverbände, der American Federation of Labor und
des Congress of Industrial Organizations, für Truman.

Die Gewerkschaften machten die Demokraten nicht nur dadurch zur führenden Partei des Landes, dass ihre Mitglieder dazu
tendierten, für demokratische Kandidaten zu stimmen. Nehmen
wir Will Rogers' berühmtes Bonmot: »Ich gehöre keiner organisierten Partei an. Ich bin Demokrat.« Das war eine passende Beschreibung der Demokratischen Partei vor dem New Deal, und es
passt auf die Partei von heute. Es stimmte jedoch nicht in der Zeit,
in der die organisierte Arbeiterschaft eine machtvolle Kraft war:
Die Gewerkschaften stellten der Partei eine fertige Organisations-
struktur zur Verfügung. Die Gewerkschaften waren nicht nur eine
verlässliche Quelle der Wahlkampffinanzierung; noch bedeutsamer
war in einer Zeit, in der der Wahlkampf noch nicht weitgehend im
Fernsehen stattfand, dass sie den Demokraten ein stehendes Heer
von Wahlkampfhelfern zur Verfügung stellten, die Schilder für die
Aufstellung im Vorgarten, Autoaufkleber und Werbeschriften verteilten, von Haus zu Haus gingen, um für Kandidaten zu werben,
und am Wahltag ihre Mitbürger mobilisierten, ebenfalls zur Wahl
zu gehen.

Eine subtilere, aber wahrscheinlich nicht minder bedeutsame
Folge einer mächtigen Gewerkschaftsbewegung war ihre Wirkung
auf das politische Bewusstsein und die Wahlbeteiligung von Amerikanern mit niedrigem und mittlerem Einkommen. Diejenigen unter uns, die das politische Geschehen aufmerksam verfolgen, können nicht so recht Gefallen daran finden, wie wenig Beachtung die

meisten Amerikaner der ganzen Sache schenken. Diese Gleichgültigkeit ist jedoch verständlich: Obwohl sich das Ergebnis von Wahlen sehr spürbar auf das Leben der Menschen auswirken kann, ist es doch sehr unwahrscheinlich, dass die Stimme eines einzelnen Wählers den Ausschlag gibt. Deshalb besteht für Leute, die Aufgaben zu erledigen und Kinder aufzuziehen haben, wenig Anreiz, den politischen Pferderennen nähere Beachtung zu schenken. Dieser rationale Mangel an Interesse erteilt dem politischen Prozess einen sozialen Drall nach oben: Menschen mit höherem Einkommen schenken der Politik eher Beachtung und gehen eher wählen als Unter- und Mittelschicht-Amerikaner. So kommt es, dass der typische *Wähler* ein erheblich höheres Einkommen hat als der typische *Bürger*, einer der Gründe, warum Politiker ihre Strategie an den relativ Wohlhabenden ausrichten.

Dieser einseitige Einfluss wird nun durch Gewerkschaften korrigiert. Gewerkschaften fordern ihre Mitglieder ausdrücklich auf, wählen zu gehen, aber wichtiger dürfte sein, dass die Diskussionen in Gewerkschaftsversammlungen, die politischen Botschaften in Rundschreiben an die Mitglieder und dergleichen das politische Bewusstsein nicht nur der Gewerkschaftsmitglieder heben, sondern auch derer, mit denen sie sprechen, darunter Ehegatten, Freunde und Verwandte. Weil die Menschen bevorzugt mit Leuten ihrer Einkommensklasse verkehren, folgt daraus eine stärkere politische Beteiligung von Amerikanern mit geringerem Einkommen. Eine statistische Analyse[4] kam kürzlich für das Jahr 2000 zu dem Ergebnis, dass – den gleichen Anteil von Gewerkschaftsmitgliedern an der Arbeitnehmerschaft vorausgesetzt wie 1964 – in den unteren zwei Dritteln der Einkommensverteilung 10 Prozent mehr zur Wahl gegangen wären, im oberen Drittel dagegen nur 3 Prozent mehr. Die Stärke der Gewerkschaftsbewegung verlagerte also den wirtschaftlichen Schwerpunkt der amerikanischen Politik nach unten, was den Demokraten sehr zugute kam.

Kurz, in den fünfziger Jahren und bis in die sechziger Jahre hinein war die politische Ökonomie der Vereinigten Staaten für eine

auf Einkommensangleichung ausgerichtete Wirtschaftspolitik sehr
viel günstiger als während des Langen Goldenen Zeitalters. Der
Wohlfahrtsstaat galt nicht mehr als etwas Radikales; vielmehr
wurden diejenigen, die ihn abbauen wollten, als Spinner betrachtet. Eine zahlreiche Klasse eingewanderter Arbeiter ohne Wahlrecht existierte nicht mehr. Der Süden war – bedingt und temporär
– auf der Seite der wirtschaftlichen Gleichheit, solange das nicht in
rassische Gleichheit übersetzt wurde. Und eine mächtige Gewerkschaftsbewegung hatte die Folge, Wähler mit geringerem Einkommen zu mobilisieren.

Die Parteien im Zeitalter der Gleichheit

Ellis G. Arnal, ehemaliger Gouverneur von Georgia, veröffentlichte in der Ausgabe vom Oktober 1948 des *Atlantic Monthly* einen streitbaren, aber, wie sich zeigte, sehr zutreffenden Artikel unter dem Titel »The Democrats Can Win«. Darin unterstrich er die
Stärke einer demokratischen Koalition, die »von ihren Kritikern
beschrieben wird als eine Kombination aus dem Süden, den Gewerkschaften, den großstädtischen Parteiapparaten und der intellektuellen Linken. Keine ganz genaue Beschreibung, aber sie wird
ihren Zweck erfüllen.« Den Süden und die Gewerkschaften habe
ich schon besprochen. Gehen wir kurz auf die beiden anderen Elemente ein.

Die weitgehend auf die Unterstützung der Einwanderer ange-
wiesenen städtischen Parteiapparate gab es schon vor der Zeit des
New Deal. Sie waren seit dem 19. Jahrhundert eine Quelle der
Stärke der Demokraten. Ihre Macht wurde durch die Maßnahmen
des New Deal eher untergraben. Was sie für die städtischen Wähler attraktiv machte, war ihre Fähigkeit, für Familien, die in Not
waren, Unterstützung und durch Beziehungen eine Stelle zu beschaffen; durch die unter dem New Deal erfolgende Ausweitung
des staatlichen Netzes sozialer Sicherheit und die Lohnsteigerungen

im Gefolge der Großen Kompression verloren diese Dienstleistungen an Bedeutung. Dennoch behielten diese städtischen Parteiapparate bis weit in die sechziger Jahre hinein ihren Einfluss, und ihr Fortbestand hat den Demokraten geholfen, Wahlen zu gewinnen.

Was ist mit der »intellektuellen Linken«? Es hat natürlich nie genügend Intellektuelle gegeben, als dass sie für irgendeine Partei einen bedeutenden Wählerblock hätten abgeben können. Aber das wäre eine mechanistische Betrachtung, bei der Inhalte und Ideen zu kurz kommen. In den dreißiger Jahren hatte die Linke Ideen über die Zukunft der Gesellschaft, die Rechte dagegen nicht, außer dass sie die Selbstheilungskräfte der Wirtschaft pries. Der Erfolg von Roosevelt verschaffte liberalen Intellektuellen Glaubwürdigkeit und Ansehen, das sich auch dann noch erhielt, als der Schwung des New Deal sich weitgehend erschöpft hatte; auch heute wird ja noch gern behauptet, alle neuen Ideen kämen von der Rechten, obwohl von wirklichen Innovationen auf der Seite der Rechten längst keine Rede mehr sein kann. John Kenneth Galbraith machte 1958 die sarkastische Bemerkung, unter Liberalen habe »die Erklärung, man brauche neue Ideen, bis zu einem gewissen Grade als Ersatz für diese gedient«. Doch der Eindruck, von der Linken kämen neue Ideen, war lange ein Pluspunkt der Demokraten.

Die Republikanische Partei war in den fünfziger Jahren in vielerlei Hinsicht zu einem Schatten ihrer selbst geworden. Vor der Wirtschaftskrise und der Großen Kompression hatten die Republikaner zwei große politische Pluspunkte: das Geld und den Eindruck von Kompetenz. Spenden einer begüterten Elite verschafften den Republikanern normalerweise einen großen finanziellen Vorsprung, und man hatte allgemein den Eindruck, die Grand Old Party, die Partei der Wirtschaft, die Partei von resoluten Männern wie Herbert Hoover, sei fähig, das Land zu führen.

Doch die Elite wurde durch die Große Kompression weitgehend ihrer Mittel beraubt, während die Wirtschaftskrise den Glauben des Landes erschütterte, die Wirtschaft habe die besten Konzepte. Herbert Hoover wurde zum Symbol der Inkompetenz. Und wer hätte nach dem Sieg im Zweiten Weltkrieg und dem großen Aufschwung nach dem Krieg glaubhaft behaupten können, die Demokraten besäßen keine Führungsfähigkeit?

Gleichwohl überlebte die Republikanische Partei, allerdings dadurch, dass sie in die neue politische Mitte rückte. Eisenhower eroberte das Weiße Haus einerseits dank seines Ansehens, das er als Soldat im Zweiten Weltkrieg gewonnen hatte, und andererseits, weil das Volk vom Korea-Krieg die Nase voll hatte. Er war aber auch deshalb akzeptabel, weil er »Mäßigung« predigte und diejenigen, die den New Deal rückgängig machen wollten, für »dumm« erklärte. Die Republikanische Partei wurde auf Jahrzehnte hinaus zu einer richtigen Volkspartei, in der sowohl Platz war für einsichtslose Konservative, die für den schlanken Staat eintraten, als auch für Typen wie Nelson Rockefeller aus New York, der für ein ausgabefreudiges Big Government war. Um sich einen Eindruck davon zu verschaffen, wie unideologisch die Republikaner geworden waren, ist es hilfreich, quantitative Untersuchungen über das Abstimmungsverhalten im Kongress heranzuziehen.

Bahnbrechend in dieser Hinsicht ist das schon in Kapitel 1 erwähnte Werk von Keith Poole von der Universität von Kalifornien in San Diego und Howard Rosenthal von der Russell Sage Foundation, die eine systematische Methode entwickelt haben, Kongressmitglieder in einem Links-Rechts-Spektrum einzuordnen. (Sie ermittelten außerdem eine zweite politische Dimension, die Rasse, die für den Aufstieg der Konservativen Bewegung von entscheidender Bedeutung war. Aber lassen wir das einstweilen beiseite.) Die Methode funktioniert ungefähr so: Man nehme sich die namentlichen Abstimmungen über eine Reihe von Gesetzen vor, die sich auf wirtschaftliche Fragen beziehen. Zunächst erstelle man ein vorläufiges Ranking, bei dem diese Gesetze in ein Links-Rechts-Spektrum eingeordnet werden. Sodann ordne man die Kongressmitglieder von links nach rechts ein, je nachdem, wie sie über diese Gesetze abgestimmt haben. Drittens benutze man das Ranking der Gesetzgeber, um die Links-Rechts-Einordnung der Gesetze zu verfeinern, und zwar wiederholt. Nach einigen Runden gelangt man zu einer konsistenten Einordnung der Gesetze wie der Politiker auf dem Links-Rechts-Spektrum.[5] Poole, Rosenthal und Nolan Mc-Carty von der Princeton University haben diese Methode auf die Kongresse sämtlicher Wahlperioden seit dem 19. Jahrhundert angewandt. Was bei ihren Ergebnissen ins Auge springt, sind die geringfügigen Differenzen zwischen Republikanern und Demokraten in den fünfziger und sechziger Jahren des vorigen Jahrhunderts, gemessen an einer gewaltigen Kluft vor dem New Deal und einem noch größeren Abstand heute.

Poole und Rosenthal messen den Abstand zwischen den Parteien anhand eines Index der politischen Polarisierung, der zwar sehr informativ, aber nur schwer auf anschauliche Weise zusammenzufassen ist. Für meine Zwecke genügt ein Blick auf zwei deskriptive Maße, die sich ganz ähnlich verhalten wie ihr Index über den Zeitverlauf. Das eine Maß ist die, wie ich sie nennen möchte, »Minderheitspartei-Überschneidung«: die Zahl der Demokraten rechts vom linkesten Republikaner, wenn die Republikaner die Mehrheit im Kongress hatten, beziehungsweise die Zahl der Republikaner links vom rechtesten Demokraten, wenn die Demokraten die Mehrheit hatten. Das andere Maß betrifft den, wie ich ihn nennen möchte, »Minderheitspartei-Seitenwechsel«: die Zahl der Mitglieder der Minderheitspartei, die faktisch jenseits der politischen

Tabelle 2: Maße der Ähnlichkeit zwischen den Parteien

	Minderheitspartei Überschneidung	Minderheitspartei Seitenwechsel
70. Kongress, 1928–29	2	0
85. Kongress, 1957–58	112	9
108. Kongress, 2003–04	0	0

Quelle: www.library.unt.edu/govinfo/usfed/years.html.

Scheidelinie ihrer Partei stehen, also der Demokraten, die rechts vom mittleren Kongressmitglied, beziehungsweise der Republikaner, die links von diesem stehen. In beiden Maßen deutet eine größere Überschneidung auf ein weniger polarisiertes politisches System hin, während das Fehlen einer Überschneidung darauf hindeutet, dass es keine starke politische Mitte gibt.

Tabelle 2 zeigt diese Zahlen für drei Kongresse: den 70. Kongress in der Sitzungsperiode 1928–29, den 85. Kongress in der Sitzungsperiode 1957–58 und den 108. Kongress in der Sitzungsperiode 2003–04. Aus der Tabelle geht hervor, dass die Parteibindung der Kongressmitglieder in den fünfziger Jahren sehr viel schwächer war, als sie vor dem New Deal gewesen war – und als sie es heute ist. Im 70. Kongress, in dem die Republikaner die Mehrheit des Repräsentantenhaus bildeten, gab es kaum eine Minderheitenpartei-Überschneidung: Nur zwei Demokraten waren rechts vom linkesten Republikaner. Und es gab keinen Minderheitspartei-Seitenwechsel: Alle Demokraten waren links von der Mitte. Noch extremer war die Situation im 108. Kongress, der ebenfalls von den Republikanern beherrscht wurde: Alle Demokraten waren links vom linkesten Republikaner, und es gab selbstverständlich keinen Seitenwechsel. Doch im 85. Kongress, in dem die Demokraten die Mehrheit hatten, gab es viele Republikaner links vom rechtesten Demokraten (hauptsächlich, weil es etliche sehr konservative Südstaaten-Demokraten gab). Noch erstaunlicher ist, dass neun republikanische Mitglieder des Repräsentantenhauses buchstäblich links von der Mitte waren – sie stimmten links vom mittleren Kongressabgeordneten ab. Diese Situation wäre heute unvorstellbar. Zum einen würde ein Republikaner des 21. Jahrhunderts, der tatsächlich eine Position links von der Mitte verträte, nie durch die Vorwahl kommen, weil Vertreter der Konservativen Bewegung dafür sorgen würden, dass er einen mit üppigen Mitteln ausgestatteten Herausforderer bekäme, und die republikanischen Teilnehmer an der Vorwahl mit ihrer ausgeprägt rechten Einstellung bestimmt diesen Herausforderer unterstützen würden. In den fünfziger Jahren dagegen konnte die Republikaner es sich nicht leisten, ideologische Reinheit zu erzwingen, wenn sie Wahlen gewinnen wollten. Das hatte zur Folge, dass faktische Liberale wie Nelson Rockefeller und Jacob Javits, die man heute ohne viel Federlesen ausschließen würde, hoch angesehene Parteimitglieder blieben.

Da es kaum Differenzen zwischen den wirtschaftspolitischen Positionen der Parteien gab, verhielten sich die Wähler ganz anders als heute. Bei den jüngsten Wahlen gab es einen engen Zusammenhang zwischen der Stimmabgabe für eine Partei und dem Einkommen: Je höher das Einkommen, desto eher stimmte der Wähler oder die Wählerin für die Republikaner. Dem liegt vermutlich die Annahme der Wähler zugrunde, dass die Stimme für einen Republikaner eine Stimme für eine Politik ist, die eher die Wohlhabenden und nicht die Armen und die abhängig Beschäftigten begünstigt. Dagegen spiegelte sich der relativ unideologische Charakter der Republikanischen Partei in den fünfziger Jahren, der sich im Stimmverhalten ihrer Mitglieder im Kongress ausdrückte, auch in der öffentlichen Wahrnehmung. Während des Nachkriegsbooms sahen die Wähler offenbar kaum Differenzen zwischen den Positionen der Parteien zur Wirtschaftspolitik, zumindest nicht bei der Wahl des Präsidenten. Tabelle 3 stellt das durchschnittliche Abstimmungsverhalten der in Einkommensgruppen zusammengefassten weißen Wähler in zwei Perioden dar: bei den Präsidentschaftswahlen zwischen 1952 und 1972 auf der einen und zwischen 1976 und 2004 auf der anderen Seite. In der jüngeren Periode gab es einen starken Zusammenhang zwischen höheren Einkommen und der Stimmabgabe für die Republikaner. In der Periode von 1952 bis 1972, der Ära des von beiden Parteien akzeptierten Wohlfahrtsstaates, gab es dagegen kaum einen Zusammenhang zwischen Einkommenshöhe und Wahlpräferenz. Die einzige Präsidentschaftswahl, bei der es eine starke, mit der Einkommenshöhe zusammenhängende Differenz im Wahlverhalten gab, war 1964, in dem Jahr, in dem Barry Goldwater – ein echter Vertreter der Konservativen Bewegung und der Vorbote künftiger Dinge – für die

Republikaner antrat. Aus anderen Quellen geht hervor, dass der Zusammenhang zwischen dem Einkommen eines Wählers und seiner Registrierung in den Wählerlisten der einen oder anderen Partei in den fünfziger und sechziger Jahren auffallend schwach war: Das obere Drittel der Einkommensverteilung war nur geringfügig stärker republikanisch als das mittlere und untere Drittel.

Tabelle 3: Anteil der Weißen, die bei Präsidentschaftswahlen demokratisch wählen, nach Einkommensgruppen

	Stimmenanteil der Demokraten (in %) 1952–1972	Stimmenanteil der Demokraten (in %) 1976–2004
Ärmstes Drittel	46	51
Mittleres Drittel	47	44
Reichstes Drittel	42	37

Quelle: Larry Bartels, *What's the Matter with Kansas?*, S. 13 (Fotokopie, Princeton University, 2005).

Wenn die Republikanische Partei der fünfziger und sechziger Jahre nicht für einen wirtschaftlichen Konservatismus stand, wofür stand sie dann? Vielleicht sollte man die Frage besser so formulieren: Wofür glaubten Wähler zu stimmen, wenn sie ihre Stimme einem Republikaner gaben?

Sie stimmten bis zu einem gewissen Grade für die überkommene ethnische Ordnung. Die Republikanische Partei der fünfziger Jahre war vor allem die WASP-Partei, die Partei der nicht-südstaatlichen weißen angelsächsischen Protestanten, wobei das Angelsächsische ein wenig optional war (Eisenhower war deutscher Abstammung, aber das spielte keine Rolle). In den fünfziger Jahren waren 51 Prozent derer, die sich als Republikaner betrachteten, WASPs, obwohl diese Gruppe nur 30 Prozent der Wählerschaft ausmachte.[6] Weiße Protestanten waren während des längsten Teils der amerikanischen Geschichte die tonangebende ethnische Gruppe der Vereinigten Staaten gewesen, aber mit dem Aufstieg des New Deal, dessen Basis viele katholische Gewerkschaftsmitglieder bildeten und der jüdischen Intellektuellen eine bedeutende Rolle einräumte, wurde diese Vorherrschaft untergraben. Und der Wandel wurde von einem Großteil der übrigen Bevölkerung mit Argwohn aufgenommen. Man kann sich heute kaum noch in jene Denkweise hineinversetzen, aber noch bei der Wahl von 1960 stimmte ein beträchtlicher Teil der Amerikaner gegen Kennedy, nur weil er katholisch war.

Achtbarer war ein anderes Motiv: Viele Amerikaner wählten republikanisch, um die Macht der dominierenden demokratischen Koalition einzudämmen. Von den dreißiger Jahren bis in die siebziger Jahre verfügten die Demokraten über einen weit größeren Anteil registrierter Wähler als die Republikaner. Das war zwar nicht gleichbedeutend mit einem demokratischen Vorteil bei der Eroberung des Weißen Hauses – zwischen der Wahl von 1948 und der Wahl Ronald Reagans stellten die Republikaner während vier Amtszeiten und die Demokraten während drei Amtszeiten den Präsidenten –, aber es hatte zur Folge, dass die Demokraten von 1952 an durchgängig die Mehrheit im Kongress gewannen. Diese Dauerherrschaft führte zu Missbrauch – keine schwere Korruption, aufs Ganze gesehen, aber kleine Korruptionsfälle und, was wohl wichtiger war, Selbstgefälligkeit und mangelnde Beachtung weitverbreiteter Sorgen. Die Republikaner wurden zur Alternative für diejenigen, die ein gewisses Maß an Verantwortlichkeit schätzten. Besonders die Republikaner im Nordosten stellten sich vielfach als Reformer dar, die in dem System aufräumen würden, ohne es grundlegend zu verändern.

Kurz, zwischen 1948 und einem nicht genau bestimmten Zeitpunkt in den siebziger Jahren akzeptierten beide Parteien die Veränderungen, die sich während der Großen Kompression vollzogen hatten. Die politischen Bedingungen, die diesem Konsens zugrunde lagen, waren großenteils vom New Deal geschaffen worden. Ein stark progressives Steuersystem begrenzte den Reichtum an der Spitze, und die Reichen waren politisch zu schwach, um dagegen zu protestieren. Die Sozialversicherung und die Arbeitslosenversicherung waren unantastbar, und denselben Status erlangte schließlich Medicare. Starke Gewerkschaften waren ein anerkannter Bestandteil des politischen Systems.

Dieses Gleichgewicht sollte in den siebziger Jahren zusammenbrechen. Doch die Kräfte, die der Politik der Gleichheit ein Ende machen sollten, begannen sich in den sechziger Jahren zu formieren, einem Jahrzehnt, in dem wirtschaftlich alles klappte, aber mit der amerikanischen Demokratie alles schiefzugehen schien.

Kapitel 5

Die sechziger Jahre: Ein Wohlstand mit Haken

Es war die beste Zeit, es war die schlimmste Zeit. Wirtschaftlich gesehen waren die sechziger Jahre nicht zu überbieten. In *The Pump House Gang* [dt.: *Das silikongespritzte Mädchen und andere Stories von Amerikas rasendem Pop-Reporter*, 1976] schrieb Tom Wolfe 1968 von einer »märchenhaften Wirtschaft«, in der anscheinend alles lief wie geschmiert. Das traf, wie man es auch dreht und wendet, tatsächlich auf die Wirtschaft der sechziger Jahre zu. Die chaotischen politischen Ereignisse dieses Jahrzehnts vollzogen sich vor dem Hintergrund einer Wirtschaft, der es so gut ging wie noch nie.

Es war eine Wirtschaft, die anscheinend Arbeit für jeden hatte. Nicht nur gab es eine Fülle von Arbeitsplätzen, man verdiente auch noch mehr als je zuvor, und die Löhne stiegen von Jahr zu Jahr. Den Arbeitern am unteren Ende ging es so gut, wie es ihnen nie wieder gehen würde: 1966 betrug der Mindestlohn 1,25 Dollar pro Stunde, auf heutige Preise umgerechnet über 8 Dollar, und lag damit weit über dem heutigen Mindestlohn von 5,15 Dollar. Der durchschnittliche Arbeitnehmer in den Dreißigern verdiente 1966 etwa so viel wie sein Pendant heute; als der große Boom Anfang der siebziger Jahre endete, verdienten Männer rund 14 Prozent mehr als heute.[1] Allerdings lagen die Familieneinkommen etwas unter den heutigen, weil weniger Frauen berufstätig waren und die Differenz zwischen Frauen- und Männerlöhnen größer war. Und weil die Einkommen etwas niedriger waren als heute, wohnten Mittelschichtfamilien in kleineren Häusern, hatten seltener zwei

Autos und generell einen materiellen Lebensstandard, der etwas
unter dem ihrer heutigen Pendants lag. Dennoch empfanden die
meisten Amerikaner den Lebensstandard als hoch, zum einen, weil
er weit höher war als in der vorigen Generation, und zum anderen,
weil es wegen der größeren gesellschaftlichen Gleichheit weniger
Gelegenheiten gab, sich ausgegrenzt zu fühlen. Die MIT-Ökonomen Frank Levy und Peter Temin haben gezeigt, dass ein einfacher Maschinenarbeiter aufgrund der breitgestreuten Einkom-
menssteigerung real mehr verdiente als eine Generation zuvor die
meisten leitenden Angestellten. Deshalb rechneten sich mehr Amerikaner als jemals zuvor zur Mittelschicht.[2]

Beispiellos war auch die wirtschaftliche Sicherheit. 1966 hatten
80 Prozent der Bevölkerung eine Krankenversicherung, nachdem
es am Ende des Zweiten Weltkriegs nur 30 Prozent gewesen waren, und 1970 übertraf der Anteil derer, die eine Krankenversicherung hatten, die heutigen 85 Prozent. Wer trotz der niedrigen Arbeitslosenquote arbeitslos wurde, hatte eine größere Chance,
Leistungen aus der Arbeitslosenversicherung zu erhalten, als Arbeitnehmer, die heute ihre Stelle verlieren, und diese Leistungen
deckten einen größeren Teil ihres entgangenen Lohns als die heutigen. Wie Levy und Temin außerdem zeigen, konnten entlassene
Arbeitnehmer, die auf ihrer nächsten Stelle weniger verdienten als
vorher, aufgrund der allgemeinen Lohnsteigerungen damit rechnen, innerhalb weniger Jahre wieder auf ihren früheren Lebensstandard zu kommen.

Wenn die Parole »*It's the economy, stupid!*« gestimmt hätte,
wäre Amerika ein Land allgemeiner politischer Zufriedenheit gewesen. Doch im August 1966 kam bei einer Umfrage von AP/Ipsos
Poll etwas anderes heraus. Auf die Frage »Würden Sie sagen, dass
die Entwicklung in unserem Land allgemein in die richtige Richtung
geht, oder geht sie in die Irre?« antworteten nur 26 Prozent »in die
richtige Richtung«, während 71 Prozent sagten: »in die Irre«.

Woran das lag, war kein Geheimnis. Schwerer als die Zufriedenheit mit dem anhaltenden materiellen Fortschritt wog für viele,

wenn nicht die meisten Amerikaner der unabweisbare Eindruck, dass die amerikanische Gesellschaft am Zerfallen war. Die Kriminalität nahm rasant zu; Städte wurden von Krawallen verwüstet; privilegierte Jugendliche ließen sich lange Haare wachsen, nahmen Drogen und hatten vorehelichen Sex; auf den Straßen wurde gegen den Vietnam-Krieg demonstriert. Im Rückblick auf die Unruhen der sechziger Jahre mögen Historiker heute unterschiedliche Entwicklungen erkennen: Straßenräuber und radikale Studenten hatten nicht dieselben Motive, ebenso wenig wie Hippies und Kriegsgegner der mittleren Generation. Doch der verbreitete Eindruck eines entfesselten Chaos hatte eine reale Grundlage.

Bei den Wahlen von 1966 gaben die Wähler ihrem Entsetzen an der Wahlurne Ausdruck, indem sie den Republikanern im Kongress zu erheblichen Gewinnen verhalfen. In Kalifornien wurde ein ehemaliger Schauspieler, der zum Politiker geworden war, namens Ronald Reagan Gouverneur, indem er gegen Sozialhilfebeträger, Randalierer, langhaarige Studenten und gegen den Fair Housing Act [Gesetz gegen Diskriminierung im Wohnungswesen – Anm. d. Ü.] Kaliforniens zu Felde zog.

Nun war die Republikanische Partei von 1966 sehr viel gemäßigter als die Republikanische Partei, die wir heute kennen. Die Konservative Bewegung, auf die ich im nächsten Kapitel eingehen werde, gab es schon, und sie hatte es geschafft, dass 1964 Barry Goldwater nominiert wurde, aber sie hatte noch nicht die Kontrolle über die Partei erlangt. Ronald Reagan war noch kein begeisterter Steuersenker, und Richard Nixon regierte in vieler Hinsicht de facto wie ein Liberaler: Er koppelte die Leistungen der Sozialversicherung an die Inflationsrate, er führte das Supplemental Security Income ein, aus dem behinderte Ältere unterstützt wurden, er weitete die staatliche Regulierung in den Bereichen Sicherheit am Arbeitsplatz und Umwelt aus, und er versuchte sogar, eine allgemeine Krankenversicherung einzuführen.

Doch die Fundamente für die spätere Vorherrschaft der Konservativen Bewegung wurden in den sechziger Jahren gelegt, genauer gesagt, zwischen 1964, dem Jahr des haushohen Sieges von Lyndon Johnson über Barry Goldwater, und 1972, dem Jahr des noch höheren Erdrutschsieges von Richard Nixon über George McGovern.

Das waren natürlich die Jahre der Eskalation und der hohen Verluste in Vietnam, eine Zeit, in der Amerika durch die Frage von Krieg und Frieden zerrissen war. Vietnam war jedenfalls das große Thema damals. Ohne Vietnam hätte Lyndon Johnson sich mit größter Wahrscheinlichkeit um eine volle zweite Amtszeit beworben, Demonstranten und Polizisten hätten sich keine Schlachten außerhalb des Parteikonvents der Demokraten in Chicago geliefert, und Nixon hätte es nie ins Weiße Haus geschafft.

Dennoch waren die langfristigen Auswirkungen von Vietnam auf die amerikanische Politik geringer, als allgemein angenommen wird. Nach verbreiteter Meinung wurde die Demokratische Partei durch die Auseinandersetzung um Vietnam gelähmt und in eine permanente Position der Schwäche in Fragen der nationalen Sicherheit gedrängt. Das ist jedoch, wie wir noch sehen werden, eine übertriebene Auffassung. Die Stellung der Demokraten im Kongress wurde durch den Krieg kaum erschüttert. Was das Image der Demokraten angeht, sie seien schwach in Fragen der nationalen Sicherheit, so schaffte Nixon es tatsächlich, *George McGovern* als schwach darzustellen, aber das galt nicht für die Demokratische Partei als ganze, der dieses Bild erst sehr viel später angeheftet wurde. Die Vorstellung, die Demokraten seien schwach, setzte sich erst in den achtziger Jahren in den Köpfen fest und wurde in einem Versuch, die Geschichte umzuschreiben, in die Vergangenheit projiziert.

Was in den sechziger Jahren wirklich passierte, war Folgendes: Die Republikaner lernten, aufkommende kulturelle Ressentiments und Ängste auszuschlachten, um Wahlen zu gewinnen. Vor allem lernten sie, den weißen Backlash gegen die Bürgerrechtsbewegung und ihre Folgen auszubeuten. Diese Entdeckung sollte es der Konservativen Bewegung schließlich ermöglichen, das Weiße Haus zu erobern und den Kongress unter ihre Kontrolle zu bringen.

Beginnen wir deshalb mit dem Ereignis, dass sich langfristig am stärksten auswirkte, der Entscheidung Lyndon Johnsons, sich für die Bürgerrechte einzusetzen.

Die Bürgerrechte und der Abfall des Südens

Als ein Mann, dessen Wurzeln tief im Boden des Südens verankert sind, weiß ich, wie quälend rassische Empfindungen sind. Ich weiß, wie schwer es ist, die Einstellungen und die Struktur unserer Gesellschaft zu verändern. Aber es ist ein Jahrhundert, sogar mehr als 100 Jahre her, seit der Neger befreit wurde. Und er ist heute Abend noch nicht vollständig frei. Vor über 100 Jahren unterzeichnete Abraham Lincoln, ein großer Präsident von einer anderen Partei, die Emanzipationserklärung. Aber die Emanzipation ist eine Erklärung und keine Tatsache.

Es ist ein Jahrhundert, sogar mehr als 100 Jahre her, seit Gleichheit versprochen wurde, und noch immer ist der Neger nicht gleich. Ein Jahrhundert ist seit dem Tag des Versprechens verstrichen, und das Versprechen ist uneingelöst. Jetzt ist die Zeit gekommen, Gerechtigkeit zu schaffen.

Das sagte Lyndon Johnson im März 1965, als er seine Entschlossenheit kundtat, das spätere Wahlrechtsgesetz zu erlassen, eine Woche nachdem Polizisten einen Wahlrechtsmarsch in Selma, Alabama, gewaltsam angegriffen hatten.

Johnsons Entscheidung, den faktischen Wahlrechtsentzug der Afroamerikaner zu beenden, war der Ausfluss einer fast 20 Jahre währenden Entwicklung innerhalb der Demokratischen Partei. Sie begann 1947, als Harry Truman einen Ausschuss für Bürgerrechte berief mit dem Auftrag, einen Gesetzestext zum Schutz der Afroamerikaner vor Diskriminierung vorzuschlagen. Trumans Schritt enthielt, wie die meisten guten Taten in der Politik, ein Stück Berechnung: Er glaubte, bei der Wahl von 1948 mit den Stimmen der Schwarzen in den Städten des Nordens einen Sieg hinzubekommen. Seine Berechnung ging auf, obwohl die Einbeziehung der Bürgerrechte in das Wahlprogramm der Demokraten dazu führte, dass Delegierte aus den Südstaaten den Konvent unter Protest verließen und Strom Thurmond, der Gouverneur von South Carolina, der für die Rassentrennung eintrat, sich als Kandidat einer dritten Partei um die Präsidentschaft bewarb.

Von der politischen Berechnung abgesehen, war es unvermeidlich, dass die Partei, die den New Deal geschaffen hatte, schließlich auch zur Partei der Bürgerrechte werden würde. Der New Deal war eine populistische Bewegung, und so kam es, dass er sich – wie die populistische Bewegung des 19. Jahrhunderts – um Unterstützung an die Schwarzen wandte, die von einer gleichmäßigeren Einkommensverteilung am meisten zu gewinnen hatten. Später forcierte der Zweite Weltkrieg das Tempo: Erstens hatten Schwarze für Amerika gekämpft, und zweitens trug die Botschaft des Nazismus dazu bei, dass unverhüllter Rassismus untragbar wurde. Nach dem demokratischen Konvent von 1948 ordnete Truman für die Armee die Rassenintegration an. Auf den Zweiten Weltkrieg folgte der Kalte Krieg, in dem die Sowjetunion sich als wahre Verfechterin des Satzes darzustellen versuchte, alle Menschen seien gleich erschaffen. Truman teilte mit vielen die Überzeugung, dass Amerika seine lange Geschichte der Rassentrennung und Diskriminierung beenden müsse, um die moralische Überlegenheit zurückzugewinnen.

Heute würde kaum ein Politiker, ob aus Nord oder Süd, es wagen, öffentlich die Gedanken zu bekritteln, die Johnson vortrug, als er das Wahlrechtsgesetz vorstellte. (Manche werden allerdings im Grunde ihres Herzens überzeugt sein, wie es Trent Lott 2002 in seiner Laudatio auf Strom Thurmond unfreiwillig verriet, dass wir »all diese Probleme« nicht gehabt hätten, wenn 1948 der glühende Verfechter der Rassentrennung gewählt worden wäre.) 40 Jahre später gelten die Freedom Riders von 1961 als Helden, und Martin Luther King ist zu einer nationalen Ikone geworden, zu einem Symbol der besseren Seiten des amerikanischen Wesens. Doch in den sechziger Jahren empfanden viele weiße Amerikaner das Verlangen nach Bürgerrechten als zutiefst beunruhigend und bedrohlich.

Das lag auch daran, dass recht viele Amerikaner noch immer

eingefleischte Anhänger der Rassentrennung waren. Zwischen 1948 und 1978 wurde bei den Umfragen der American National Election Studies gefragt, ob man für »Aufhebung der Rassentrennung, strikte Rassentrennung oder etwas dazwischen« sei. 1964 sprachen sich noch immer volle 23 Prozent für »strikte Rassentrennung« aus, während 32 Prozent die Aufhebung der Rassentrennung wünschten.

Die entschiedenen Anhänger der Rassentrennung kamen überwiegend aus dem Süden. Aber auch im Norden, wo man der strikten Rassentrennung weniger Sympathie entgegenbrachte, war die Angst vor den Veränderungen, die die Bürgerrechtsbewegung mit sich brachte, deutlich zu spüren. Während der sechziger Jahre stimmten über 60 Prozent der Wähler der Aussage zu, dass »die Bürgerrechtsleute ihre Sache zu schnell durchdrücken« wollten. Diese Reaktion bezog sich unter anderem auf die Art und Weise, wie die Ziele der Bürgerrechtsbewegung mit der Zeit immer mehr erweitert wurden. Zunächst ging es nur darum, die Rassendiskriminierung abzuschaffen, die offene, unverfrorene Vorenthaltung des Wahlrechts und eine zuweilen mit Gewalt verbundene, herabwürdigende Behandlung der Schwarzen im Süden. Die Rohheit und Brutalität der Diskriminierung spielte schließlich den Reformern in die Hände: Die Sympathien des Landes gehörten den Bürgerrechtsmarschierern, und die fiesen Methoden, mit denen die Rassisten im Süden sich gegen Veränderungen zur Wehr setzten, verstießen gegen das Selbstverständnis der Amerikaner. Und die Abschaffung der Diskriminierung verlangte ja nicht mehr, als die offiziellen staatlichen Institutionen der Rassentrennung im Süden für ungesetzlich zu erklären.

Als die offiziellen Institutionen der Apartheid im Süden abgeschafft waren, gab es aber immer noch die Realität der nicht ganz offiziellen, aber faktischen Diskriminierung und Rassentrennung, die im Unterschied zur offiziellen Rassentrennung im ganzen Land verbreitet war. Und als Bürgerrechtsaktivisten sich auf den Kampf gegen diese Realität einließen, nahm die Konfrontation einen anderen Charakter an. Viele Weiße außerhalb des Südens hielten es für annehmbar, dass die Schulbezirke nicht länger offen an getrennten Schulen für weiße und schwarze Kinder festhalten durften, aber damit, dass die Grenzen der Schulbezirke neu festgelegt und die Kinder in Busse gesteckt wurden, um mit der faktischen Rassentrennung Schluss zu machen, waren sie gar nicht einverstanden. Auch hielten viele Weiße außerhalb des Südens es für legitim, wenn den staatlichen Behörden gesetzlich untersagt wurde, schwarzen Bürgern bestimmte Dienstleistungen vorzuenthalten, aber Gesetze, die privaten Vermietern oder Hausverkäufern eine rassische Diskriminierung untersagten, waren in ihren Augen illegitim. Die faktische Rassentrennung und Diskriminierung, die sich in diesem privaten Bereich hinter der Behauptung versteckte, die Betroffenen hätten aus freien Stücken verzichtet, auch wenn in der Praxis nicht selten Gewaltandrohungen diesen Entschluss unterstützt hatten, war nach Ansicht der Bürgerrechtsverfechter nicht minder fortschrittsfeindlich als die offizielle Rassendiskriminierung. Doch mit dem Versuch, dieses Unrecht zu beseitigen, machte sich die Bürgerrechtsbewegung unweigerlich noch mehr Feinde.

Politiker, die ihre Chance witterten, machten sich das zunutze. Ronald Reagan, der den Civil Rights Act und das Wahlrechtsgesetz bekämpft hatte – Letzteres bezeichnete er als »Demütigung für den Süden« – und sich um das Amt des Gouverneurs von Kalifornien bewarb, versprach den Wählern, den kalifornischen Fair Housing Act aufzuheben. »Wenn jemand wünscht«, sagte Reagan, »beim Verkauf oder der Vermietung seines Hauses Neger oder andere zu diskriminieren, dann hat er ein Recht dazu.«

Vor allem wurde die öffentliche Wahrnehmung der Bürgerrechtsbewegung mit der steigenden Flut des Aufruhrs in den Städten vermengt – eine Verknüpfung, die dazu genutzt wurde, den Widerstand gegen weitere Bürgerrechtsfortschritte zu legitimieren und zu verstärken.

Aufruhr in den Städten

Im Oktober 1967 veröffentlichte Richard Nixon in *Reader's Digest* einen berühmt gewordenen Artikel unter dem Titel »What Has Happened to America?« Der tatsächlich von Pat Buchanan geschriebene Artikel fasste die ganze Unruhe, die sich des Landes bemächtigt hatte, unter einer Formel zusammen: Die Wurzel allen Übels, erklärten Nixon/Buchanan, sei liberale Permissivität.[3]

»Nur drei Jahre ist es her«, begann der Artikel, »dass dieses Land ein Jahrzehnt der großartigsten Fortschritte in der Rassenfrage zum Abschluss brachte.« Jetzt aber gehöre das Land »zu den gesetzlosesten und gewalttätigsten in der Geschichte freier Völker«. Krawalle in den Städten seien »die bisher virulentesten Symptome einer anderen und in mancherlei Hinsicht bedenklicheren nationalen Störung – des Niedergangs des Respekts vor der staatlichen Autorität und der Rechtsstaatlichkeit in Amerika«.

Und schuld an alldem waren die Liberalen.

Die erschreckende Kriminalität und Unordnung im amerikanischen Leben heute gehen großenteils auf zwei grundlegende Veränderungen zurück, die sich in den Einstellungen vieler Amerikaner vollzogen haben. Das ist zum einen die Toleranz gegenüber Verstößen gegen das Gesetz und die öffentliche Ordnung seitens derer, die mit der Sache, um die es geht, einverstanden sind. Das ist zweitens die Nachsicht gegenüber Kriminalität aus Verständnis für das Unrecht, das diejenigen, die kriminell geworden sind, früher erlitten haben. Unsere Richter sind zu weit gegangen in der Schwächung der Friedenskräfte gegenüber den kriminellen Kräften. Unsere Meinungsmacher sind zu weit gegangen in der Förderung der Idee, bei einem Gesetzesverstoß sei nicht der Kriminelle zu tadeln, sondern die Gesellschaft.

Nixon und Buchanan wussten, was sie taten. Ein Konservativer, lautete ein Spruch, der in den sechziger Jahren populär wurde, ist ein Liberaler, der auf der Straße überfallen und ausgeraubt worden ist. Heute ist die Kriminalität kein politisches Thema mehr: Die Zahl der Verbrechen ist in den neunziger Jahren stark zurückgegangen, und am stärksten in New York City, einst der Inbegriff all dessen, was mit der amerikanischen Gesellschaft nicht stimmte. Doch in den sechziger Jahren war »Law and Order« wohl das wirksamste Schlagwort der Konservativen.

Es hatte seinen Grund, wenn die Amerikaner glaubten, Recht und Ordnung seien am Zusammenbrechen – ihr Eindruck traf zu. Zwischen 1957 und 1970 verdreifachte sich die Zahl der Verbrechen. Die Zahl der Raubüberfälle, von der *Historical Statistics of the United States* definiert als »Diebstahl oder Fortnahme von etwas Wertvollem aus der Obhut, Verwahrung oder Kontrolle einer Person durch Zwang oder Gewalt oder Einschüchterung«, stieg auf mehr als das Vierfache.

Warum stieg die Kriminalität an? Die knappe Antwort lautet, dass wir im Grunde nicht wissen, woran es liegt, dass die Kriminalität zu- oder abnimmt, was sich in der Unfähigkeit der Fachleute zeigt, größere Veränderungen in der Zahl der Verbrechen vorherzusagen. Der Anstieg der Kriminalität in den sechziger Jahren, der die Erwartungen von Liberalen widerlegte, die gedacht hatten, zunehmende soziale Gerechtigkeit werde mit besserem Verhalten belohnt, war eine totale Überraschung. Ebenso überraschend war der Rückgang der Zahl der Verbrechen in den neunziger Jahren, der die Konservativen mit ihrer Überzeugung widerlegte, ohne eine Rückkehr zu traditionellen sozialen Werten sei eine Besserung in Sachen Kriminalität nicht möglich. In den neunziger Jahren, so Steven Levitt von der Universität Chicago, »kam der Rückgang der Kriminalität so unerwartet, dass er, auch als er längst eingesetzt hatte, von vielen als vorübergehend oder illusorisch abgetan wurde«.[4]

Die plausibelste Erklärung für die große Woge der Kriminalität liefert wohl die demografische Entwicklung. Nach dem Zweiten Weltkrieg zogen Millionen von Schwarzen aus dem ländlichen Süden in die Städte des Nordens – und auch sie hatten, wie ihre weißen Mitbürger, eine Menge Kinder. Als die Kinder aus dem Babyboom die Adoleszenz erreichten, gab es in den Städten einen starken Anstieg der Zahl junger Männer und speziell schwarzer junger Männer. Es ist zwar richtig, dass die Kriminalität weit stärker zunahm als die Zahl der Menschen in kriminalitätsanfälligen demografischen Gruppen, aber es könnte einen »Multiplikatoreffekt« gegeben haben, weil die demografischen Veränderungen die Kräfte der sozialen Kontrolle überforderten. Die enorme Zunahme der Zahl kriminalitätsanfälliger junger Männer schuf neue, bedenkliche Verhaltensnormen. Und während die Zahl der Menschen stieg, von denen eine kriminelle Handlung zu erwarten war, wurde die Zahl der Polizisten, um sie festzunehmen, oder der Gefängniszellen, um sie einzusperren, nicht entsprechend erhöht. Während der sechziger Jahre blieb die Zahl der Inhaftierten im Wesentlichen gleich, obwohl die Zahl der Verbrechen in die Höhe schoss – in deutlichem Gegensatz zu den neunziger Jahren, als die Zahl der Inhaftierten weiter zunahm, während die Kriminalität zurückging.

Es waren auch noch andere Faktoren beteiligt, darunter der Mangel an Arbeitsplätzen in der Innenstadt. Millionen von Schwarzen aus dem Süden waren in die Städte des Nordens gezogen, weil sie in der Industrie arbeiten wollten, wo es in den vierziger und fünfziger Jahren jede Menge Arbeit gab, dank des Rüstungsbooms im Krieg und des anschließenden Konsumgüterbooms im Frieden. Doch von den sechziger Jahren an verwandelten sich dieselben Städte in eine wirtschaftliche Falle. Da die Fabriken sich dank neuer Fertigungsverfahren und Transportmöglichkeiten aus den beengten städtischen Industrievierteln in weitläufige Anlagen in den Vorstädten verlagerten, wurde in den Innenstadtbezirken, wo die Schwarzen lebten, die Arbeit knapp. Die schwarze Bevölkerung blieb jedoch eingesperrt in diese Innenstädte, wegen der Rassentrennung und weil sie sich ein Auto nicht leisten konnte. So kam es trotz der boomenden Wirtschaft zu einer hohen Arbeitslosigkeit unter den städtischen Schwarzen.[5]

Und der Mangel an innerstädtischen Arbeitsplätzen förderte wahrscheinlich die Entstehung einer destruktiven Kultur, wie der Soziologe William Julius Wilson gezeigt hat. Wilson wies außerdem darauf hin, dass sich das Problem mit der beginnenden Auf-

hebung der Rassentrennung noch verschärfte, weil schwarze Mittelschichtangehörige die nachlassende Diskriminierung bei der
Wohnungsbeschaffung nutzten, um aus dem Ghetto zu fliehen; zurück blieb eine Bevölkerung, die sowohl nach Rasse als auch nach
Klasse von der übrigen Gesellschaft abgesondert war.

Woran es auch immer lag, dass die Kriminalität in den sechziger
Jahren zunahm – die Leute sahen, dass Recht und Ordnung zu-
sammenbrachen. Viele waren mehr als bereit, Nixons Führung zu
folgen und der angeblichen liberalen Permissivität die Schuld daran
zu geben. Es gibt keinen Beweis dafür, dass Permissivität – und
nicht etwa mangelnde Gefängniskapazitäten oder ungenügende
Beschäftigungschancen für Schwarze – bei der Welle von Verbrechen eine nennenswerte Rolle gespielt hätte. Doch die Öffentlichkeit, mit der steigenden Kriminalität konfrontiert, während das
Volk sich bemühte, frühere Ungerechtigkeiten zu beseitigen, war
nur allzu bereit, hier einen Zusammenhang zu sehen.

Und im öffentlichen Bewusstsein vermengten sich Sorgen wegen
der Kriminalität unauflöslich mit der Angst vor ausgreifenden innerstädtischen Gewalttätigkeiten.

Die Ära der städtischen Unruhen, die 1964 mit den Unruhen von
Harlem begann, dauerte nur vier Jahre, denn auch wenn es nach
1968 noch Unruhen gab wie etwa die Unruhen in Los Angeles von
1992, deren Anlass die Misshandlung von Rodney King durch Polizisten war, so hatte man doch nicht den Eindruck einer landeswei-
ten Welle. In den Jahren der Unruhen schien es dagegen, als würden die Innenstädte ganz Amerikas in Flammen aufgehen.

Die Gründe für das Aufflammen und Abflauen der städtischen
Unruhen sind bis heute ebenso unklar wie die Gründe für die Zu-
und Abnahme der Kriminalität. Vielen, wahrscheinlich den meisten Unruhen lagen brutale Polizeiübergriffe zugrunde. So kam es
1964 in Harlem zu Unruhen, nachdem ein Polizist einen 15-jäh-
rigen schwarzen Jugendlichen erschossen hatte. Und oft geriet die
Polizei während der Unruhen außer Kontrolle. Dabei waren Polizeiübergriffe gegen Schwarze nichts Neues. Woran lag es dann,

dass solche Akte in den sechziger Jahren vier Jahre lang Massenunruhen auslösten?

Zu Unruhen kam es, wie Sozialwissenschaftler festgestellt haben, am ehesten in Städten außerhalb des Südens mit einer zahlreichen schwarzen Bevölkerung. Dass es im Süden nicht zu Unruhen kam, lag vermutlich an der engen sozialen Kontrolle. Oder um es nicht so schönfärberisch zu sagen: Im Süden waren die Schwarzen zu eingeschüchtert, um zu randalieren. In den Städten des Nordens war die Repression nicht so umfassend, und durch die großen Wanderungsbewegungen nach dem Krieg gab es in vielen dieser Städte in den sechziger Jahren eine starke schwarze Bevölkerung, darunter eine wachsende Zahl junger Schwarzer, die nie im Süden gelebt hatten. Diese demografischen Entwicklungen, im Großen und Ganzen dieselben, die an der steigenden Kriminalität beteiligt waren, schufen wahrscheinlich in Verbindung mit den entsetzlichen Wohnverhältnissen in den städtischen Ghettos die Voraussetzung für gewalttätige Reaktionen gegen brutale Übergriffe, die man früher einfach hingenommen hätte.

Hatte die Bürgerrechtsbewegung etwas mit den städtischen Unruhen zu tun? Die National Advisory Commission on Civil Disorders, allgemein als Kerner-Kommission bekannt, kam 1968 in ihrem Bericht zu dem Schluss, dass dies der Fall war. Dort heißt es: »Weißer Rassismus ist im Wesentlichen für das explosive Gemisch verantwortlich, das sich seit dem Ende des Zweiten Weltkriegs in unseren Städten aufgestaut hat.« Während letztlich der weiße Rassismus verantwortlich gemacht wurde, sah der Bericht jedoch die unmittelbaren Ursachen der Unruhen in den Erwartungen, die von der Bürgerrechtsbewegung erzeugt worden waren:

Frustrierte Hoffnungen sind das Überbleibsel der unerfüllten Erwartungen, die geweckt wurden durch die großen gerichtlichen und gesetzgeberischen Siege der Bürgerrechtsbewegung und den dramatischen Kampf für gleiche Rechte im Süden.

Ein Klima, das dazu beiträgt, Gewalt als eine Form des Protests zu billigen und zu fördern, wurde erzeugt durch den weißen Terrorismus, der sich gegen gewaltlosen Protest richtete; durch die offene Missachtung des Gesetzes und von Bundesbehörden seitens einzelstaatlicher und örtlicher Beamter, die sich der Aufhebung der Rassentrennung widersetzen; und durch einige, dem zivilen Ungehorsam verpflichtete Protestgruppen, die der Gewaltlosigkeit den Rücken kehren, über das verfassungsmäßig geschützte Petitionsrecht und das Recht auf freie Versammlung hinausgehen und zur Gewalt greifen, um eine Abänderung von Gesetzen und Maßnahmen zu erzwingen, mit denen sie nicht einverstanden sind.

Die Frustrationen der Machtlosigkeit haben manche Neger zu der Überzeugung gebracht, dass es keine wirksame Alternative zur Gewalt als Mittel gibt, um die Abstellung von Missständen zu erreichen und »das System in Bewegung zu setzen«. Diese Frustrationen schlagen sich nieder in Entfremdung und Feindseligkeit gegen die Institutionen der Justiz und des Staates und die weiße Gesellschaft, die über sie gebietet, sowie in dem Griff zu Rassenbewusstsein und Solidarität, der sich in der Parole »Black Power« äußert.

Eine neue Stimmung ist unter den Negern aufgekommen, besonders unter den jungen, in der Selbstachtung und gesteigerter Rassenstolz an die Stelle von Apathie und Unterwerfung unter »das System« treten.

Lyndon Johnson war völlig entsetzt über den Bericht der Kerner-Kommission, der nach seinem Eindruck den Konservativen direkt in die Hände spielte. Damit, dass man die städtischen Unruhen dem weißen Rassismus anlastete, konnte man, mochte der Vorwurf auch noch so berechtigt sein, keine weißen Wählerstimmen gewinnen. Der Hinweis, die Gewalt sei möglicherweise gefördert worden durch Bemühungen, dem Rassismus entgegenzutreten, konnte unmöglich zu weiteren Reformschritten ermutigen, sondern musste diejenigen stärken, die eine Bürgerrechtsbewegung von vornherein abgelehnt hatten. Auf jeden Fall war es eine Hilfe für Nixon.

Und im Bewusstsein der weißen Wähler verschmolzen Kriminalität und Unruhen mit einem weiteren, vielberedeten Indikator für den Niedergang Amerikas: der wachsenden Abhängigkeit von Sozialhilfe.

Die Sozialhilfe-Explosion

Nachdem Ronald Reagan 2004 gestorben war, lobte man ihn als liebenswerten, onkelhaften Kerl, der Sache der Freiheit ergeben, charakterisiert durch seinen Sieg über das sowjetische Reich des Bösen und vielleicht durch seinen hingebungsvollen Einsatz für Steuersenkungen. Doch der Ronald Reagan, der 1966 Gouverneur von Kalifornien wurde, war etwas ganz anderes: der Vertreter und das Vehikel weißer Wähler, die sich über die Schnorrer ärgerten, die von Sozialhilfe lebten. In seiner Autobiografie beschrieb Reagan die Gruppen, die ihn 1966 bestürmten, sich zur Wahl zu stellen:

Die Leute hatten die Nase voll von staatlicher Verschwendung und Sozial-betrügern, und sie waren wütend über die ständig steigenden Steuern und die wachsende Flut staatlicher Vorschriften, über arrogante Bürokraten und über Beamte, die meinten, mit dem Geld der Steuerzahler ließen sich alle Probleme der Menschheit lösen.[6]

Das Bild ist unmissverständlich: Sozialbetrüger treiben die Steuern anständiger Leute in die Höhe. Es tat nichts zur Sache, dass das nicht stimmte, jedenfalls nicht in einem Ausmaß, das der Rede wert gewesen wäre: Aid to Families with Dependent Children, die Hilfe für Familien mit abhängigen Kindern, jenes Programm, das die meisten mit dem Wort »Sozialhilfe« verbinden, war nie ein größe-rer staatlicher Ausgabenposten,[7] und Betrug war nie ein bedeu-tendes Problem. (Später kam Reagan immer wieder auf die grob übertriebene Geschichte von einer *Welfare Queen* in Chicago zu sprechen, die einen *Welfare Cadillac* fuhr.) Tatsache war, dass die Zahl der Sozialhilfeempfänger stieg. 1966 lebten doppelt so viele Amerikaner von Sozialhilfe als zehn Jahre zuvor. Das war erst der Anfang: Während der sogenannten »Sozialhilfe-Explosion« Ende der sechziger, Anfang der siebziger Jahre stieg die Zahl der Sozial-hilfeempfänger nochmals auf mehr als das Doppelte.[8] Und Reagan konnte sich den Hinweis ersparen, dass ein erheblicher Teil derer, die neu hinzugekommen waren, Schwarze waren.

Was verursachte die Sozialhilfe-Explosion? Nach Ansicht der Mainstream-Medien war es ein Einstellungswandel. *Time* schrieb 1970:

> In Washington sprechen sie vom »Sozialhilfe-Syndrom«. Vor allem dank des Wirkens solcher Gruppen wie der National Welfare Rights Organization, die inzwischen Ortsgruppen in allen 50 Staaten hat, finden die Armen nicht mehr, dass es mit einem Stigma behaftet ist, Sozialhilfe zu beantragen. Zigtausende von Menschen, die früher zu schüchtern oder zu schamhaft waren, um von Stütze zu leben, klopfen jetzt bei ihrem örtlichen Sozialamt an und fordern die Zahlungen, die ihnen ihrer Meinung nach zustehen.[9]

Der Verfasser, der Sachkenner Mickey Kaus, äußerte sich 30 Jahre später unverblümter darüber, was sich wirklich geändert hatte: »Vor der ‚Sozialhilfe-Explosion' der späten sechziger Jahre wurden viele arme Schwarze daran gehindert oder davon abgehalten, Sozialhilfe zu beziehen.«[10]

Die Sozialhilfe-Explosion war also vermutlich teilweise ein Nebenprodukt der Bürgerrechtsbewegung. Sie war, wie der Anstieg der Kriminalität, vermutlich auch zum Teil ein Ergebnis der Verlagerung der Industrie aus den Innenstädten, die eine schwarze Bevölkerung zurückließ, der kaum eine Möglichkeit blieb, ihren Lebensunterhalt zu verdienen. Was auch immer die Gründe für die wachsende Zahl der Sozialhilfeempfänger waren, sie trugen jedenfalls allzu umstandslos zu dem wachsenden Eindruck vieler Amerikaner bei, dass, wie Reagan sich auszudrücken beliebte, »arrogante Bürokraten« ihre schwer verdienten Dollars nahmen und sie Leuten gaben, die sie nicht verdienten. Mochte Reagan diese Unwürdigen auch durch einen mutmaßlichen Zug ihres Charakters definiert haben – sie waren »Sozialbetrüger« –, so stand für viele seiner Anhänger fest, dass die Unwürdigen durch die Farbe ihrer Haut definiert waren.

Die Rasse war zwar ein vorrangiger Anreiz, aber ging es dem Backlash nur um die Rasse?

Sex and Drugs and Rock 'n' Roll

Ach, der Sommer der Liebe! Für Amerikaner eines bestimmten Alters – die Babyboomer, die auf ihre Jugendzeit zurückblicken oder vielleicht auf die Jugendzeit, die sie gern gehabt hätten – haben die sechziger Jahre einen nostalgischen Glanz angenommen. Doch seinerzeit reagierten die meisten Amerikaner auf das Entstehen der Gegenkultur mit Abscheu und Wut, nicht mit Bewunderung.

Warum entstand die Gegenkultur? Auch das weiß im Grunde niemand, aber es gab einige offenkundige Faktoren. Die erwähnte märchenhafte Wirtschaft spielte sicherlich eine Rolle: Weil es offenbar leicht war, seinen Lebensunterhalt zu verdienen, schienen die Kosten eines Experimentierens mit einem alternativen Lebensstil gering zu sein – man konnte jederzeit zurückkehren und eine reguläre Arbeit bekommen. Man muss sich in der Tat fragen, ob die Nixon-Rezession der Jahre 1969–71, bei der die Arbeitslosenquote von 3,5 auf 6 Prozent stieg, nicht mehr zum Ende der Hippie-Bewegung beigetragen hat als die Todesfälle in Altamont.

Auch mag die Vertrautheit mit dem Wohlstand zu Geringschätzung geführt haben. Während die ältere weiße Generation staunende Genugtuung darüber empfand, dass es ihr vergönnt war, den Lebensstil der Mittelschicht zu genießen, sahen die jungen Leute nur die Grenzen dessen, was man sich mit Geld kaufen konnte. In dem 1967 entstandenen Film *Die Reifeprüfung* ist der von Dustin Hoffman gespielte Benjamin entsetzt, als der Freund seines Vaters ihn um seine Aufmerksamkeit bittet und im Hinblick auf seine künftige Karriere sagt: »Nur ein Wort – Kunststoff.« In dem Bemühen, seinem Vater sein Unbehagen zu erklären, sagt Benjamin, er wünsche sich eine »andere« Zukunft.

Wie bei so vielen Dingen, die in den sechziger Jahren passierten, spielte sicherlich auch die Demografie eine Rolle. Die Gegenkultur entstand um 1964, als die ersten Jahrgänge der Babyboomgeneration das College-Alter erreichten. Allein ihre Zahl machte es den jungen Leuten leichter, mit den Konventionen ihrer Eltern zu brechen. Hinzu kamen technologische Veränderungen: Die Pille machte das sexuelle Experimentieren leichter als jemals zuvor. Zudem mochte die Jugend der sechziger Jahre auch deshalb andere Wertvorstellungen haben, weil sie die erste Generation war, die mit dem Fernsehen aufgewachsen war, das sie einem Trommelfeuer von Bildern (und Werbespots) aussetzte, die zwar darauf zielten, Produkte zu verkaufen, aber nebenbei auch die traditionellen Wertvorstellungen untergruben.

Der Aufstand der Jugend versetzte viele Amerikaner, insbesondere Ronald Reagan, in Angst und Wut. In seinem Wahlkampf um den Posten des Gouverneurs von Kalifornien versprach er, »Vorwürfen des Kommunismus und offener sexueller Unarten auf dem Campus von Berkeley nachzugehen«. Er sprach von »Sexualorgien, die so übel sind, dass ich sie Ihnen nicht schildern kann«, und er behauptete, einen Beweis dafür zu haben, dass der Staatsanwalt des Alameda-County Ermittlungen über eine studentische Tanzveranstaltung angestellt habe, die in eine »Orgie« ausgeartet sei, bei der auf einer Riesenleinwand »Bilder von Männern und Frauen, nackt, in sinnlichen Posen, provozierend, bei Zärtlichkeiten« gezeigt worden seien. Eine solche Ermittlung hat es nicht gegeben – der zur Orgie entartete Tanz war, wie die *Welfare Queen* mit ihrem Cadillac, ein reines Produkt von Reagans Fantasie.

Das alles klingt heute komisch. Kommunismus und sexuelle Unarten – da läuft es einem kalt den Rücken herunter! Man kann fast nicht umhin, den Psychoanalytiker zu spielen und zu fragen, wieso der spätere Präsident von dem Treiben der Studenten in Berkeley derart besessen war. Angehörigen der amerikanischen Mittelschicht bereiteten die sich ändernden sozialen Normen der sechziger Jahre jedoch echte Sorgen. Einerseits fürchteten sie sich vor Straßenräubern – mit denen machten in den gefährlich gewordenen Städten tatsächlich viele Bekanntschaft. Andererseits sorgten sie sich, dass ihre Kinder der Parole »*Tune in, turn on, drop out*« erliegen könnten. Auch das kam vor.

Nun geht es mir in diesem Buch um die politische Ökonomie,

und deshalb lautet die Frage, ob die kulturelle Rebellion der Jugend gewichtige, bleibende politische Auswirkungen hatte. Und es spricht nur wenig dafür, dass sie viele Wähler entscheidend beeinflusst hätte. Die meisten missbilligten, was die Kids im Schilde führten, aber nur eine Minderheit sah in ihrem Treiben eine ernste Bedrohung. 1971 lautete eine Frage in einer Harris-Poll-Umfrage: »Was glauben Sie: Sind die Hippies eine echte Gefahr für die Gesellschaft, schaden sie sich selbst mehr als der Gesellschaft oder sind sie für niemanden sonderlich gefährlich?« Der Meinung, die Hippies seien eine echte Gefahr, waren nur 22 Prozent, und ebenso viele hielten sie für nicht sonderlich gefährlich; 53 Prozent meinten, sie schadeten hauptsächlich sich selbst.[11] Noch aufschlussreicher als die Umfragen war wohl das Verhalten jener Politiker, die das allgemeine Entsetzen über die Geschehnisse in Amerika auszubeuten gedachten. Bei der Lektüre der Reden von Richard Nixon und seinem Vizepräsidenten Spiro Agnew, der für ihn den Kampfhund machte, fällt auf, dass sie letztlich kaum etwas über die kulturellen Besorgnisse sagten. Selbst in der Rede, in der Nixon 1969 die »schweigende Mehrheit« beschwor und von der es oft heißt, sie habe die normalen Amerikaner gegen die Hippies und die Gegenkultur in Stellung gebracht, ging es nicht um allgemeine kulturelle Gegensätze, sondern speziell um Demonstrationen gegen den Vietnam-Krieg.[12]

Doch wie das Beispiel Reagans zeigt, waren manche über die Rebellion der Jugend zutiefst bestürzt, aus Gründen, die sie sich möglicherweise nicht einmal selber eingestanden haben. Und die obsessive Beschäftigung mit dem Sexualleben anderer Leute war ein beständiger Faktor der Konservativen Bewegung, eine wesentliche Quelle der, äh, Leidenschaft der Bewegung.

Vietnam

Lyndon Johnson wollte keinen Krieg. In seiner Rede zur Lage der Nation von 1967 beeindruckt der düstere Ton, die Abwesenheit schwülstiger Phrasen. »Unser gegenwärtiger Kurs«, erklärte er, »lässt sich nicht besser beschreiben als mit den Worten, die der große Thomas Jefferson sprach: ›Es ist das schmerzliche Gesetz menschlicher Gesellschaften, dass sie bisweilen gezwungen sind, ein großes Übel zu wählen, um ein noch größeres abzuwenden.‹ [...] Ich wünschte, ich könnte Ihnen berichten, dass der Konflikt beinahe vorüber ist. Das kann ich nicht. Wir stehen vor weiteren Kosten, weiteren Verlusten, weiteren Qualen. Denn das Ende ist noch nicht absehbar.«

Dennoch wurden Johnson und das Land in den Krieg hineingezogen. Dieser Krieg führte zu einer erbitterten Spaltung des Landes, wie wir sie ähnlich in den letzten Jahren wieder erlebt haben. Es gab riesige Demonstrationen, denen manchmal mit Gewalt begegnet wurde. Einige junge Amerikaner wurden dermaßen radikalisiert, dass sie von einer gewaltsamen Revolution träumten. Derweil schlachtete Richard Nixon den Krieg aus, um das Weiße Haus zu erobern – ein Sieg, der dadurch möglich wurde, dass Johnson, vom Krieg in die Enge getrieben, sich dafür entschied, nicht noch einmal zu kandidieren. Vier Jahre später vollbrachte Nixon das politische Kunststück, einen unpopulären Krieg zu seinem Vorteil zu wenden, ein Kunststück, das George W. Bush mit seinem Sieg im Jahr 2004 wiederholte. Obwohl die Öffentlichkeit mit überwältigender Mehrheit gegen den Krieg war, brachte Nixon es fertig, George McGoverns Forderung nach einem Rückzug aus Vietnam als unverantwortlich und schwach darzustellen.

Sie könnten nun auf den Gedanken kommen, dass das politische System Amerikas durch Vietnam verändert wurde. Doch bei genauerem Hinschauen lässt sich erstaunlich schwer nachweisen, dass Vietnam ein Wendepunkt war. Wäre Vietnam wirklich entscheidend gewesen, hätten sich entweder die Antikriegsbewegung oder die Reaktion auf diese Bewegung – oder beide – in eine nachhaltige Kraft des politischen Systems verwandeln müssen, die auch nach dem Ende des Krieges noch prägend auf die Politik und auf Wahlen Einfluss genommen hätte. Doch nichts dergleichen geschah.

Die Antikriegsbewegung, die in den sechziger und den frühen siebziger Jahren eine so große Rolle spielte, schwand erstaunlich rasch dahin, nachdem 1973 die Wehrpflicht abgeschafft und die meisten US-Truppen aus Vietnam abgezogen worden waren. Die Antikriegsaktivisten wandten sich anderen Dingen zu; die radikale Linke schaffte es nicht, als nennenswerte politische Kraft Fuß zu fassen.

Andererseits schaffte Nixon es nie, die Reaktion auf die Antikriegsbewegung in größere Siege bei Kongresswahlen zu verwandeln. Es gibt den hartnäckigen Mythos, dass Vietnam »die Demokraten ruiniert« habe. Dem widersprechen jedoch die aus Tabelle 4 ersichtlichen Zahlen über die Mehrheiten im Kongress während der Kriegsjahre. Selbst 1972, im Jahr des haushohen Sieges Nixons über McGovern, konnten die Demokraten ihre Mehrheit im Repräsentantenhaus mühelos behaupten und ihren Vorsprung im Senat sogar noch ausbauen. Und die schmutzigen Tricks, mit denen Nixon sich seinen Sieg 1972 gesichert hatte, brachten im Watergate-Skandal, der Mutter aller Rückschläge, einen steilen Anstieg demokratischer Wählerstimmen.

Überdies zeigen die vorliegenden Tatsachen nicht, dass die Öffentlichkeit die Demokraten in den ersten Jahren nach Vietnam als schwach in Fragen der nationalen Sicherheit wahrgenommen hätte. Umfragen in der Zeit nach dem Fall Saigons, aber vor der Geiselkrise im Iran lassen eine grobe Parität der beiden Parteien in Fragen der nationalen Sicherheit erkennen, nicht aber den überwältigen Vorteil der Republikaner, von dem die Legende weiß. Sucht man beispielsweise in der iPOLL-Datenbank des Roper Center nach »Republican and Military« zwischen 1975 und 1979, erhält man zwei Harris-Umfragen von 1978 und eine Umfrage des Republican National Committee von 1979. Keine der drei Umfragen ergibt einen größeren republikanischen Vorsprung in der Frage, welcher Partei man in Fragen der militärischen Sicherheit vertrauen kann.

Schließlich gerieten die Demokraten tatsächlich in Schwierigkeiten, und es sollte eine Zeit kommen, in der die Republikaner mit der Behauptung punkten konnten, den amerikanischen Truppen in

Tabelle 4: Die beharrliche demokratische Mehrheit

Kongress	Jahre	Demokratische Sitze im Senat	Demokratische Sitze im Repräsentantenhaus
90.	1967–1968	64	248
91.	1969–1970	58	243
92.	1971–1972	54	255
93.	1973–1974	56	242
94.	1975–1976	61	291

Quelle: www.library.unt.edu/govinfo/usfed/years.html.

Vietnam sei ein Dolchstoß versetzt worden, um die Demokraten als schwach in Fragen der nationalen Sicherheit hinzustellen. Aber mit all dem hatten die Realitäten von Vietnam sehr wenig zu tun.

Was die sechziger Jahre bewirkt haben

Die sechziger Jahre waren die Zeit der Hippies und der radikalen Studenten, der Bauarbeiter, die Langhaarige zusammenschlugen, des Kriegs und des Protests. Es wäre töricht zu behaupten, das alles sei bedeutungslos gewesen. Dennoch spielten diese Dinge bestenfalls eine untergeordnete direkte Rolle beim Legen der Fundamente für die Veränderungen, die sich während der folgenden 30 Jahre in der politischen Ökonomie der Vereinigten Staaten vollziehen sollten. In einem indirekten Sinne mögen sie bedeutsamer gewesen sein: Was die Republikaner über die Ausbeutung des kulturellen Backlash lernten, sollte die Konservative Bewegung sich noch Jahrzehnte später zunutze machen, als sich die Anlässe des Backlash von den Hippies und der Kriminalität schon zu den Themen Abtreibung und Homoehe verlagert hatten.

Was jedoch langfristig am meisten zählte, war das Zerbrechen der New Deal-Koalition über der Rassenfrage. Nach der Verabschiedung des Civil Rights Act sagte Johnson zu seinem damaligen Mitarbeiter Bill Moyers: »Ich glaube, wir haben soeben den Süden für den Rest meines und Ihres Lebens an die Republikanische Partei abgetreten.« Er hatte recht: Als sie 2006 bei den Kongresswahlen ihren entscheidenden Sieg errangen, lagen die Demokraten im Nordosten um 28 Prozentpunkte, im Westen um 11 Prozentpunkte, im Mittleren Westen um 5 Prozentpunkte vor den Republikanern, aber im Süden blieben sie um 6 Prozentpunkte hinter ihnen zurück.[13]

Durch diesen Bruch wurde eine neue Art von Politik möglich. Dank einer veränderten Haltung zur Rassenfrage konnte eine erneuerte konservative Bewegung, die letztlich die Errungenschaften des New-Deal rückgängig machen wollte, nationale Wahlen gewinnen, obwohl sie eine politische Linie vertrat, die die Interessen einer kleinen Elite gegenüber denen der Amerikaner mit mittlerem und geringem Einkommen favorisierte.

Doch ehe diese Bewegung, die Konservative Bewegung, Wahlen gewinnen konnte, musste sie sich eine institutionelle Basis schaffen und die Republikanische Partei unter ihre Kontrolle bringen. Wie sie das machte, zeigt das nächste Kapitel.

Kapitel 6

Die Konservative Bewegung

Während Dwight Eisenhower noch die Tugenden eines gemäßigten, »modernen« Republikanismus predigte, betrat schon eine neue Sorte von Konservativen die politische Bühne. Im Unterschied zu den Konservativen vom Schlage McKinleys, die erst Franklin D. Roosevelt und dann Eisenhower bekämpft hatten, also Männern, die traditionsbewusst, spießig und vor allem alt waren, kamen diese »neuen Konservativen«, wie man sie schließlich nannte, jung, frech und medienkundig daher. Sie verstanden sich selbst als Außenseiter, die das Establishment in Frage stellten. Dabei waren sie jedoch von Anfang an mit reichlichen finanziellen Mitteln ausgestattet.

William F. Buckley leistete die Pionierarbeit. Sein 1951 erschienenes Buch *God and Man at Yale*, das die Universität verurteilte, weil an ihr Lehrkräfte tätig waren, die dem Christentum feindlich oder zumindest skeptisch gegenüberstanden, ganz davon zu schweigen, dass sie die Keynes'sche Wirtschaftstheorie lehrten, machte ihn landesweit bekannt. 1955 gründete er die *National Review*.

Wenn man einen Blick in die ersten Ausgaben der *National Review* wirft, bekommt man einen Eindruck davon, wie die ersten Vertreter der Konservativen Bewegung klangen, bevor sie lernten, verschlüsselt zu reden. Heute sind führende Gestalten der amerikanischen Rechten Meister der, wie die Briten sie nennen, »dogwhistle politics«: Sie drücken Dinge, die bei bestimmten Gruppen Anklang finden, in einer Weise aus, die nur von den Zielgruppen verstanden wird, und vermeiden es dadurch, dass der Extremismus ihrer Auffassungen für die Allgemeinheit sichtbar wird. Ronald Reagan konnte, wie wir im Verlauf dieses Kapitels noch sehen werden, Sympathie für den Rassismus signalisieren, ohne jemals etwas offen Rassistisches zu sagen. George W. Bush benutzt, wie wir im Verlauf dieses Buches noch sehen werden, durchgängig eine Sprache, die für die meisten Amerikaner schlimmstenfalls gestelzt klingt, die aber Inhalte befördert, von denen sich die extremsten religiösen Extremisten angesprochen fühlen. Doch in den Anfängen der *National Review* sprach man seine Ansichten offener aus.

So feierte ein Leitartikel der Zeitschrift 1957 einen Beschluss des Senats, der dem Süden vermeintlich helfen würde, den Schwarzen weiterhin das Wahlrecht vorzuenthalten:

Die sich herausschälende eigentliche Frage – und das ist keine parlamentarische Frage oder eine Frage, die sich schon dadurch beantworten lässt, das man einen Katalog der Rechte der gleich erschaffenen amerikanischen Bürger heranzieht – lautet: Darf die weiße Gemeinschaft in Gegenden, in denen sie numerisch nicht die Mehrheit hat, Maßnahmen ergreifen, die notwendig sind, um sich politisch und kulturell zu behaupten? Die ernüchternde Antwort ist: Ja, die weiße Gemeinschaft darf das, weil sie einstweilen die fortgeschrittene Rasse ist [...]

National Review ist überzeugt, dass die Prämissen des Südens korrekt sind. Wenn die Mehrheit etwas sozial Atavistisches will, dann ist es zwar undemokratisch, aber aufgeklärt, der Mehrheit einen Strich durch die Rechnung zu machen. Für jede Gemeinschaft überall auf der Welt ist es wichtiger, zivilisierte Maßstäbe zu bekräftigen und zu befolgen, als sich den Forderungen der numerischen Mehrheit zu beugen. Manchmal wird es unmöglich, den Willen einer Minderheit geltend zu machen, und in diesem Fall muss sie nachgeben, und die Gesellschaft wird regredieren; manchmal kann die numerische Minderheit sich nur mit Gewalt behaupten: Dann muss sie entscheiden, ob die Durchsetzung ihres Willens den schrecklichen Preis der Gewalt wert ist.[1]

Der »Katalog der Rechte der gleich erschaffenen amerikanischen Bürger«, den der Leitartikel verwarf, ist vermutlich das Dokument, das wir als Verfassung der Vereinigten Staaten kennen. Und worauf bezog sich der Leitartikel, als er vom »schrecklichen Preis der Gewalt« sprach? Das klärte William F. Buckley im weiteren Verlauf des Jahres 1957 in seinem »Brief aus Spanien«:

General Franco ist ein echter Nationalheld. Es ist allgemein anerkannt, dass er mehr als andere über jene Kombination von Talenten, jene Beharrlichkeit und die Überzeugung von der Rechtschaffenheit seiner Sache verfügte, die erforderlich waren, um Spanien den Händen der Visionäre, Ideologen, Marxisten und Nihilisten zu entreißen, die ihm in den dreißiger Jahren ein Regime aufzwangen, das dermaßen grotesk war, dass es der spanischen Seele Gewalt antat, ja, dass es sogar die historische Identität Spaniens verleugnete.[2]

Das »dermaßen groteske Regime«, das Generalissimo Francisco Franco — mit entscheidender Unterstützung Mussolinis und Hitlers — stürzte, war in Wahrheit die demokratisch gewählte Regierung Spaniens. Die Methoden, derer sich Franco bediente, um Spaniens »Seele« zu schützen, umfassten den Massenmord und die Inhaftierung politischer Gegner und aller, die verdächtigt wurden, politische Gegner zu sein, in Konzentrationslagern. Das alles gehörte auch nicht der Vergangenheit an, als Buckley den Diktator pries: Noch in den siebziger Jahren waren, wie der Historiker Paul Preston vermerkt, die Gegner Francos »dem Polizeiterror und der Exekution ausgesetzt«.[3]

In dem halben Jahrhundert seit dem Erscheinen jener Artikel haben die Vertreter der Konservativen Bewegung gelernt, umsichtiger zu sein. Heutzutage behaupten sie, Verfechter der Freiheit und der individuellen Entscheidung zu sein. Doch die Bewegung war von Anfang an zutiefst undemokratisch, vor allem besorgt um die Verteidigung der Religion und des Privateigentums. Kapitel 1 von *God and Man at Yale* prangerte die Universität an, weil sie nicht »pro-christlich« sei, und Kapitel 2 war, ungeachtet seiner Überschrift »Individualism at Yale«, im Wesentlichen ein Angriff auf Professoren, welche die Keynes'sche Wirtschaftstheorie lehrten und freundliche Worte für die progressive Besteuerung und den Wohlfahrtsstaat fanden. Und wenn die Demokratie keine Umwelt hervorbrachte, welche die Religion und das Privateigentum hinreichend schützte, dann umso schlimmer für die Demokratie.

Nun gab es in Amerika aber keinen Franco und auch keine rechte Aussicht, dass ein solcher sich erheben würde. Um in diesem Land die Macht zu erringen, mussten die neuen Konservativen eine Partei unter ihre Kontrolle bringen und Wahlen gewinnen.

Die Suche nach einer volkstümlichen Basis

1964 eroberte eine Koalition aus konservativen Aktivisten die Mehrheit des republikanischen Nationalkonvents und nominierte Barry Goldwater als Kandidaten für die Präsidentschaft. Es war jedoch nicht der richtige Anfang für die Rechte. Die junge Konservative Bewegung konnte Goldwater nur nominieren, weil das republikanische Establishment überrumpelt wurde, und die Bewegung war noch nicht imstande, nationale Wahlen zu gewinnen: Goldwater erlitt eine demütigende Niederlage. Um ihre Ziele zu erreichen, brauchte die Konservative Bewegung eine breitere Basis. Und mehr als jeder andere zeigte ihr Ronald Reagan, wie man das schafft.

Am 27. Oktober 1964 hielt Reagan eine Fernsehrede im Rahmen des zum Scheitern verurteilten Wahlkampfes von Goldwater. Die Journalisten David Broder und Stephen Hess bezeichneten diese Rede später als »das gelungenste landesweite politische Debüt, seit William Jennings Bryan 1896 den demokratischen Konvent mit der ›Cross of Gold‹-Rede begeistert hatte«. Reagans Ansprache unter dem formellen Titel »A Time for Choosing« sollte in späteren Jahren nur noch als »die Rede« bezeichnet werden.

Mit Lincolns Rede vor der Cooper Union war sie nicht zu vergleichen. Reagans Rede ist am besten als Geschimpfe zu charakterisieren: Er wetterte gegen den allmächtigen Staat, nicht mit logischen Argumenten, sondern mit einer Mischung aus fantastischen statistischen Daten und Anekdoten.

Die statistischen Daten waren im günstigsten Fall irreführend, und die Anekdoten waren fragwürdig. »Der Bund beschäftigt 2,5 Millionen Angestellte, und nimmt man Bund, Einzelstaaten und Kommunen zusammen, ist jeder sechste Beschäftigte des Landes beim Staat angestellt«, erklärte Reagan, um den Eindruck einer riesigen, nutzlosen Bürokratie zu vermitteln. Es hätte ihm die Pointe verdorben, wenn die Leute gewusst hätten, was diese nutzlosen Bürokraten wirklich machten: 1964 waren fast zwei Drittel der Bundesangestellten entweder im Verteidigungsministerium oder beim Postdienst beschäftigt, während die einzelstaatlichen und kommunalen Angestellten zum größten Teil Lehrer, Polizisten oder Feuerwehrleute waren. Er attackierte die Hilfe für Familien mit abhängigen Kindern und tischte dazu die Geschichte einer Frau mit sieben Kindern auf, die sich scheiden lassen wollte, weil sie vom Sozialamt mehr Geld bekommen würde, als ihr Mann an Lohn nach Hause brachte – eine Geschichte, die er angeblich von einem nicht genannten Richter in Los Angeles gehört hatte.

Reagan legte außerdem eine bemerkenswerte Gefühllosigkeit an den Tag. »Vor vier Jahren hat man uns gesagt, jeden Abend gingen 17 Millionen Menschen hungrig zu Bett«, sagte er unter Bezugnahme auf eine der Wahlkampfaussagen von John F. Kennedy. »Das stimmte vermutlich. Sie waren alle auf Diät.«

Am Schluss wechselte er plötzlich und scheinbar ohne Anlass zu einem Thema über, das wie eine Forderung nach einer militärischen Konfrontation mit dem Kommunismus klang:

Diejenigen, die unsere Freiheit gegen die Suppenküche des Wohlfahrtsstaates austauschen möchten, haben uns gesagt, sie hätten eine utopische Friedenslösung ohne Sieg. Sie nennen ihre Politik »Verständigung«. Und sie sagen, wenn wir nur jede direkte Konfrontation mit dem Feind vermeiden, wird er seine bösen Absichten vergessen und lernen, uns zu lieben. Alle, die gegen sie sind, werden als Kriegstreiber angeklagt.

Es war nach gängigen Maßstäben keine große Rede. Dennoch hatten Broder und Hess recht: Sie machte ungeheuren Eindruck. Die *National Review* mit ihrer erzkonservativen Rhetorik sprach nur eine winzige, wenn auch begüterte, selbstbewusst elitäre Minderheit an. Reagan hatte einen Weg gefunden, mehr oder weniger dieselbe Politik zu vertreten, aber in einer Sprache, die auf die Wahrnehmungen – und die Vorurteile – des einfachen Volkes zielte. Seine Reden kamen bei Leuten an, die den gewundenen Sätzen Buckleys nicht hätten folgen können und die weder wussten noch sich dafür interessierten, wie Generalissimo Franco die Seele Spaniens gerettet hatte. Reagan hatte einen Weg gefunden, der Konservativen Bewegung zu einer echten volkstümlichen Basis zu verhelfen.

Reagan schaffte das unter anderem dadurch, dass er mit dem Gerede vom schlanken Staat die weiße Gegenreaktion gegen die Bürgerrechtsbewegung ansprach, ohne sich offen rassistischer Argumente zu bedienen. Auch wenn er nicht über Sozialbetrüger schimpfte – und jeder wusste, auf wen das gemünzt war –, zielten seine Ausfälle gegen Heere von Bürokraten, die das Geld des Steuerzahlers vergeudeten, eindeutig auf Wähler, die der Meinung waren, ihr Geld werde ihnen weggenommen, um Sie-wissen-schon-wem zugesteckt zu werden.

Doch Reagan machte sich auch die echte, bei einfachen Leuten verbreitete Paranoia wegen der kommunistischen Gefahr zunutze.

Nicht zufällig beschloss George Clooney im Jahr 2005, *Good Night, and Good Luck* zu drehen, eine Dramatisierung der Konfrontation von Edward R. Murrow mit Joe McCarthy: Der Kommunismus war der Terrorismus der fünfziger Jahre. Nur waren die Realitäten des Feindes ganz andere: Die atomar bewaffnete Sowjetunion stellte für die Vereinigten Staaten eine echte existentielle Bedrohung dar, die islamischen Terroristen dagegen nicht, und den Warschauer Pakt gab es wirklich, im Unterschied zur »Achse des Bösen«. Doch psychologisch kommt uns die Reaktion auf die kommunistische Bedrohung der fünfziger Jahre heute vertraut und verständlich vor.

Ironischerweise gehört es zu den Problemen einer Supermacht, dass sie ihren Bürgern die Grenzen ihrer Macht nur schwer erklären kann. Kanadier fragen sich nicht, wieso ihre Regierung nicht imstande ist, der Welt ihren Willen aufzuzwingen. Amerikaner sind dagegen allzu leicht der Ansicht, dass diejenigen, die das Land bedrohen, einfach mit Gewalt beseitigt werden können – und dass jeder, der Zurückhaltung fordert, im besten Fall ein Schwächling und im schlimmsten Fall ein Verräter ist.

In Wahrheit gab es keine vernünftige Alternative zu einem zurückhaltenden Vorgehen. Der Kommunismus der fünfziger und sechziger Jahre war – wie der moderne Terrorismus – eine Bedrohung, die man eindämmen, aber nicht beseitigen konnte. Im Übrigen war die Strategie der Eindämmung – sich jeden direkten Versuches, kommunistische Regime mit Gewalt zu stürzen, zu enthalten, nur Verteidigungskriege zu führen und den sowjetischen Einfluss mit Auslandshilfe und Diplomatie zu bekämpfen – letztendlich ein voller Erfolg: Der Dritte Weltkrieg fand nicht statt, und der Kalte Krieg wurde von den Vereinigten Staaten entschieden gewonnen. Es war aber eine Strategie, die, genau wie eine rationale Reaktion auf den Terrorismus, feige war in den Augen derer, die in der Zurückhaltung nur Schwäche und Degeneration sehen konnten. Hatte Reagan die Eindämmung als die Ansicht karikiert: »wenn wir nur jede direkte Konfrontation mit dem Feind vermeiden, wird er seine bösen Absichten vergessen und lernen, uns zu lieben«, so ahmte Dick Cheney ihn 40 Jahre später nach, als er sich über John Kerry und seine Aussage lustig machte, der »Krieg gegen den Terror« sei am besten als ein polizeiliches Problem aufzufassen.

Reagan dachte, diejenigen, die sich für Zurückhaltung aussprechen, seien schwächliche Narren, die »eine utopische Friedenslösung ohne Sieg« befürworten. Andere Rechte und namentlich Joseph McCarthy hielten sie für Verräter – und viele hielten auch nach dem Sturz McCarthys an dieser Ansicht fest. Für McCarthyisten waren die Frustrationen einer Supermacht, insbesondere Amerikas Unfähigkeit, den Sieg der Kommunisten in China zu verhindern, nur mit Verrat auf höchster Ebene zu erklären:

> Wie können wir unsere gegenwärtige Lage erklären, außer mit der Annahme, dass Männer in hohen Regierungsstellen sich abgesprochen haben, um uns der Katastrophe auszuliefern? Dies kann nur das Ergebnis einer großen Verschwörung von so gewaltigen Ausmaßen sein, dass alle derartigen Versuche, die in der Geschichte der Menschheit je unternommen wurden, dagegen verblassen. Einer Verschwörung von so tiefer Niedertracht, dass ihre Anführer, wenn sie am Ende aufgedeckt wird, verdienen, von allen ehrlichen Menschen auf immer verflucht zu werden.[4]

Eine weitere große Ironie der Situation bestand darin, dass der Antikommunismus in Amerika, wo es kaum Kommunisten gab, weit bösartiger und extremer war als in Westeuropa, wo kommunistische Parteien bis zum Zusammenbruch der Sowjetunion eine einflussreiche politische Kraft blieben. Das heißt nicht, dass der Antikommunismus in Westeuropa schwach gewesen wäre: In vielen Fällen definierten sich rechte Parteien durch ihren Gegensatz zum Kommunismus. Und der europäische Antikommunismus hatte, auch wenn er – oder gerade wenn er – auf Kosten der Demokratie ging, seine Bewunderer in Amerika: Die Mitarbeiter der *National Review*, der ursprünglichen Hauszeitschrift der Konservativen Bewegung, waren glühende Bewunderer von Generalissimo Francisco Franco.

Doch mit Ausnahme Spaniens waren die europäischen Antikommunisten traditionelle Konservative, Verteidiger der bestehenden demokratischen Ordnung. In den Vereinigten Staaten aber wurde der Antikommunismus, der sich gegen unbestimmte, angeblich die Politik des Landes bestimmende Feinde richtete, zu einer radikalen, ja sogar revolutionären Bewegung.

Der Historiker Richard Hofstadter schrieb 1964 in seinem berühmten Essay »The Paranoid Style in American Politics« über die moderne amerikanische Rechte, sie fühle sich …

... enteignet: Amerika wurde ihnen und ihresgleichen großenteils weggenommen, doch sind sie entschlossen, es zurückzuerobern und den endgül-
tigen zerstörerischen Akt des Umsturzes zu verhindern. Die alten amerikanischen Tugenden wurden bereits von Kosmopoliten und Intellektuellen
aufgezehrt; der Konkurrenzkapitalismus von einst wurde nach und nach
von sozialistischen und kommunistischen Plänemachern untergraben; die
alte nationale Sicherheit und Unabhängigkeit wurden zerstört durch verrä-
terische Intrigen, deren Hauptakteure nicht nur Außenseiter und Ausländer
sind wie früher, sondern bedeutende Politiker, die in den Zentren der amerikanischen Macht sitzen.[5]

Seltsamerweise fand dieses Gefühl der Enteignung und Viktimisie-
rung besonderen Anklang in den rasch wachsenden Suburbs Amerikas – vor allem im Orange County, Kalifornien, wo Disneyland
seine Heimat hatte und das seinerzeit die Verkörperung des neuen
amerikanischen Traums war. Der Tatsache, ein frischgebackener
Hausbesitzer zu sein, jemand, der sowohl nach Westen als auch nach
draußen gezogen war, um alles hinter sich zu lassen – aus dem Mittleren Westen an die Küste, aus der Stadt in die Suburbs –, haftete
offenbar etwas an, das sie ausgesprochen empfänglich machte für
die Gefahr, ihnen werde alles weggenommen, und das sie ausgesprochen bereit machte, an finstere Verschwörungen gegen ihre Lebensweise zu glauben. (Dabei schadete es nichts, dass das Orange County
zugleich der Kern des militärisch-industriellen Komplexes war: Als
Sitz vieler Rüstungslieferanten war es ein Ort, wo viele ein persönliches finanzielles Interesse an einer hohen Spannung zwischen dem
Westen und der Sowjetunion hatten.) In den letzten Jahren hat die
Regierung Bush mit Bedacht die Ängste der »Security Moms« [an-
geblich besonders auf Sicherheit fixierte verheiratete Frauen mit Kindern – Anm. d. Ü.] geschürt, aber in den fünfziger und sechziger
Jahren war die Rebellion der »Suburban Warriors« [Krieger der Vor-
städte – Anm. d. Ü.] eine echte Basisbewegung, bereit, sich hinter
Politiker zu scharen, die ihre Sorgen zu teilen schienen.[6]

Die Gründer der Konservativen Bewegung, so hochgesinnt ihre
Rhetorik auch sein mochte, zögerten nicht, auf der Woge der Para-

noia zu reiten. Der politische Philosoph Peter Viereck war einer der wenigen »neuen Konservativen«, die mit der Bewegung brachen, als sie sich zur eigentlichen Konservativen Bewegung entwickelte. In dem 1962 in der *New Republic* erschienenen Artikel »The New Conservatism: One of Its Founders Asks What Went Wrong« legte er dar, dass viele der führenden neuen Konservativen »die Bewährungsprobe der McCarthy-Versuchung der fünfziger Jahre nicht bestanden, so wie der Fellow-traveller nicht die Bewährungsprobe der kommunistischen Versuchung der dreißiger Jahre bestand«. Wie Viereck schreibt, hat Goldwater – dem wie Reagan die Populärhistorie das neue Image einer längst nicht so extremen und bedrohlichen Person verpasste, wie er es in Wirklichkeit war – »die Tyrannei McCarthys glühend bis zum Schluss verteidigt«.[7] Zwar rückten die Vertreter der Konservativen Bewegung schließlich von Robert Welch, dem Gründer der John Birch Society, ab, doch hüteten sie sich, die Society selbst und ihre auf Verschwörungstheorien basierenden Anschauungen zu verurteilen.

Die Konservative Bewegung fand also eine massenhafte volkstümliche Basis, indem sie an zwei weitverbreitete Regungen appellierte: die weiße Reaktion auf die Bürgerrechtsbewegung und die Paranoia wegen des Kommunismus. Das Aufkommen dieser volkstümlichen Basis reichte aus, um aus den politisch marginalen »neuen Konservativen« der fünfziger Jahre eine ernst zu nehmende Kraft zu machen. Es wurde ergänzt durch die Schaffung einer ganz anderen Art von Basis, die zwar keine Wählerstimmen liefern konnte, dafür aber Geld: die glühende Unterstützung seitens der Wirtschaft.

Aufbau einer Wirtschaftsbasis

Heute empfinden wir es als eine Selbstverständlichkeit, dass die meisten Vertreter der Wirtschaft geschlossen hinter der harten Rechten stehen. Die Arzneimittelindustrie möchte, dass ihre Monopolherrschaft unangetastet bleibt; die Versicherungsbranche möchte eine allgemeine Krankenversicherung abwehren; die Energieversorger wünschen Freiheit von Umweltschutzauflagen; und alle wünschen Steuervorteile. Doch in den fünfziger und sechziger Jahren, als die Erinnerungen an die Triumphe des New Deal noch frisch waren, waren die Großkonzerne politisch zurückhaltend. Die Wirtschaftsbasis der Konservativen Bewegung bestand anfangs aus kleineren, oft vom Eigentümer geführten Unternehmen. Und deren Zorn galt vor allem den Gewerkschaften.

Heute ist schwer zu verstehen, wie wichtig diese Frage war. Die Leser von *Time* werden sich 1998 ein bisschen gewundert haben, als das Magazin Walter Reuther, den Vorsitzenden der United Automobile Workers von 1946 bis zu seinem Tod im Jahr 1970, einen der 100 einflussreichsten Menschen des 20. Jahrhunderts nannte. Am Ende des Jahrhunderts war die amerikanische Gewerkschaftsbewegung nur noch ein Schatten ihrer selbst, und Reuther war nahezu vergessen. Doch einst war Reuther eine herausragende – und für einige schreckenerregende – Persönlichkeit gewesen. 1958 erklärte Barry Goldwater Reuther zu einer »gefährlicheren Bedrohung als der Sputnik oder alles, was die Sowjetunion Amerika antun könnte«.

In den fünfziger Jahren war Amerika ein Land, in dem die Gewerkschaften eine starke, sichtbare Rolle spielten. Über 30 Prozent der Arbeitnehmer außerhalb der Landwirtschaft waren Gewerkschaftsmitglieder – heute sind es weniger als 12 Prozent. Der gewerkschaftliche Organisationsgrad Amerikas war höher als der von Kanada, Italien oder Frankreich und nicht weit unter dem von Westdeutschland. Abgesehen von ihren wirtschaftlichen Auswirkungen spielten die Gewerkschaften eine zentrale politische Rolle, denn ihnen verdankte die Demokratische Partei ihre Stärke außer im Süden. Doch nicht von allen wurden die Gewerkschaften als eine Selbstverständlichkeit akzeptiert.

Man hätte meinen können, dass die Frage der politischen und wirtschaftlichen Legitimität von Gewerkschaften durch die großen

Siege geklärt war, welche die Gewerkschaften in den dreißiger und vierziger Jahren errungen hatten. Diese Siege waren jedoch in zwei wichtigen Punkten unvollständig. Erstens schuf der New Deal einen Wohlfahrtsstaat, aber einen, der hinter denen zurückblieb, die in anderen reichen Ländern erreicht wurden, speziell in der Frage des Gesundheitswesens. Um die Lücken zu schließen, mussten die Gewerkschaften auf Zusatzleistungen der Arbeitgeber drängen. Dabei stießen sie auf neuerlichen Widerstand. Zweitens gab es ungeachtet des relativ hohen gewerkschaftlichen Organisationsgrades große regionale Unterschiede: Weite Teile des Landes blieben für die Gewerkschaften Feindgebiet – und fruchtbarer Boden für gewerkschaftsfeindliche Politiker.

Beginnen wir mit dem unvollständigen Wohlfahrtsstaat. Alle westlichen Demokratien gingen aus den Belastungen der Weltwirtschaftskrise und des Zweiten Weltkriegs mit irgendeiner Art von Wohlfahrtsstaat hervor, freilich in unterschiedlichem Umfang. Mit der Social Security schufen die Vereinigten Staaten eine relativ großzügige staatlich garantierte Altersrente, vergleichbar oder besser als die anderer reicher Länder. Doch in anderen Dingen war der amerikanische Wohlfahrtsstaat nicht so umfassend wie der anderer Länder. Insbesondere haben wir nie eine garantierte Krankenversicherung gehabt.

Dennoch hatten die meisten Amerikaner in den sechziger Jahren eine Krankenversicherung, viele hatten außerdem eine Invaliditätsversicherung, eine erkleckliche Zahl bezog ein großzügig bemessenes Arbeitslosengeld und Leistungen aus einer betrieblichen Altersversorgung – doch all das wurde nicht vom Staat bereitgestellt, sondern von privaten Arbeitgebern. Wie der Politikwissenschaftler Jacob Hacker dargelegt hat, entwickelte Amerika nach dem Krieg einen Wohlfahrtsstaat, der, was den Anteil der Sozialausgaben an der Wirtschaft betrifft, fast so groß war wie die Wohlfahrtsstaaten Westeuropas. Allerdings kam ein Großteil dieser Ausgaben in den Vereinigten Staaten nicht vom Staat, sondern von privaten Arbeitgebern.[8]

Warum haben die privaten Arbeitgeber all diese Leistungen erbracht? Teilweise deshalb, weil Versicherungsleistungen ein geeignetes Mittel waren, Mitarbeiter zu gewinnen, besonders während des Zweiten Weltkriegs, als die Unternehmen wegen der Lohnkontrolle nicht durch Erhöhung der Löhne um knappe Arbeitskräfte konkurrieren konnten. Außerdem hat eine Vergütung in Form von Sozialleistungen den Vorteil, nicht der Einkommensteuer zu unterliegen; ein Dollar, den der Arbeitnehmer in Form eines Zuschusses zur Krankenversicherung erhält, ist für den Empfänger mehr wert als ein Dollar, den er als direktes Gehalt bekommt. Aber nach dem Krieg wurden Gehaltsnebenleistungen zum vorrangigen Ziel gewerkschaftlicher Verhandlungen. Um zu erklären, warum Reuther zu den 100 Wichtigsten gehörte, schrieb *Time*:

> Reuther drängte unablässig auf neue und bessere Nebenleistungen, und im Laufe der Zeit errang die Gewerkschaft jene Dinge, die heute für Arbeitnehmer selbstverständlich sind. Jedes Jahr gewannen die Arbeitnehmer etwas Neues, darunter umfassende Leistungen für die medizinische Versorgung, die Erstattung von Weiterbildungskosten, eine Lebensversicherung, die Gewinnbeteiligung, Abfindungen, die Kostenübernahme für die Rechtsschutzversicherung, bezahlten Urlaub bei einem Trauerfall in der Familie, die Erstattung des Lohnausfalls für Arbeitnehmer, die als Geschworene wirken – und dazu verbesserte Regelungen für den Urlaub, für Feiertage und für Ruhezeiten.[9]

Diese Forderungen bürdeten den Autofirmen und anderen großen Arbeitgebern keine unannehmbaren Lasten auf: Da es noch keine starke ausländische Konkurrenz gab, konnten sie die höheren Kosten auf die Verbraucher abwälzen. Jeder Autobauer, jedes Stahlunternehmen wusste ja, dass die inländischen Konkurrenten dieselben Bedingungen aushandelten.

Doch für den Eigentümer eines mittleren Unternehmens, etwa eines Kaufhauses, waren die Gewerkschaftsforderungen nicht so erträglich. Ein solches Unternehmen mochte keine ausländischen Konkurrenten haben, aber es war der Konkurrenz anderer Unternehmen ausgesetzt, in denen es keine Gewerkschaften gab, darunter auch Miniunternehmen und Tante-Emma-Läden, die für die Gewerkschaften keine lohnenden Ziele waren. Für die Besitzer mittlerer Unternehmen waren die wachsenden Forderungen der Gewerkschaften äußerst ärgerlich, ja bedrohlich.

Barry Goldwaters Familie besaß ein Kaufhaus in Phoenix. Wie Rick Perlstein in seinem bemerkenswerten Buch *Before the Storm: Barry Goldwater and the Unmaking of the American Consensus* schreibt, war Goldwater ein »Handelsfürst« – ein Mitglied jener Klasse, bei der damit zu rechnen war, dass sie sich gegen die wachsenden Forderungen der Gewerkschaften zur Wehr setzen würde. Die Besitzer mittlerer Familienunternehmen gehörten laut Perlstein zu den festen Anhängern der »Manion-Bewegung«, einer der Gründungsquellen der Konservativen Bewegung. (Clarence Manion, Dekan der juristischen Fakultät von Notre Dame, war einer der ersten Direct Mailer, der einen Kreuzzug führte gegen »Internationalisten, Eine-Welt-Anhänger, Sozialisten und Kommunisten«, die nach seiner Meinung den Staat überschwemmten.[10])

Goldwater kam außerdem aus Arizona, einem Staat, dessen Verfassung ein »Recht auf Arbeit« enthält, ein gesetzliches Verbot von Arbeitsverträgen, die die Bedingung enthalten, dass die Mitarbeiter einer Firma Gewerkschaftsmitglieder sein müssen. Dies ist ein Beleg dafür, dass die gewerkschaftlichen Siege der New-Deal-Ära die Rolle der Gewerkschaften im amerikanischen Staatswesen nicht eindeutig geklärt hatten. Im industriellen Herzland des Landes waren die Gewerkschaften fest etabliert, aber in jenen Regionen, die man schließlich als Sonnengürtel bezeichnete, waren Gewerkschaften weit weniger verbreitet und einflussreich. Von den Industriearbeitern im Süden gehörten in den fünfziger Jahren nur halb so viele einer Gewerkschaft an wie im Mittleren Westen. Als sich der Industrie- und Bevölkerungsschwerpunkt des Landes nach Süden und Westen verlagerte, wollten viele einflussreiche Leute – insbesondere ein Großteil der vorhandenen Machtelite im Sonnengürtel – sicherstellen, dass die Gewerkschaftsbewegung nicht folgte.

Landesweite Bekanntheit erlangte Goldwater durch seine krasse Gewerkschaftsfeindlichkeit. Seine Bemerkung über die Bedrohlichkeit Walter Reuthers fiel in einer Untersuchung des Senats über angebliche Korruption in den Gewerkschaften. Die Ermittler konnten trotz größter Anstrengungen keine strafbaren Handlungen bei Reuther feststellen: Er war so gewissenhaft, dass er sogar die Kosten für die chemische Reinigung aus eigener Tasche bezahlte, wenn er für die Gewerkschaft unterwegs war. Wenn man echte Korruption finden wollte, musste man sich bei den Lastwagenfahrern von Jimmy Hoffa umschauen, einer der wenigen Gewerkschaften, die republikanische Kandidaten unterstützte. Dennoch festigte Goldwaters Rolle in der Untersuchung seine Stellung als einer der Führer des entstehenden rechten Flügels der Republikanischen Partei.

Gewerkschaftsfeindlichkeit verschaffte der Konservativen Bewegung ihre erste solide Basis innerhalb der Wirtschaft. Seit den sechziger Jahren waren Unternehmer, die die Gewerkschaften hassten, eine verlässliche Quelle finanzieller Unterstützung. Und diese Unterstützung wurde belohnt. Der politische Rechtsruck Amerikas in den siebziger und achtziger Jahren verlieh, wie ich in Kapitel 8 erläutern werde, Unternehmen so viel Macht, dass sie die Gewerkschaftsbewegung angreifen und weitgehend vernichten konnten. Das hatte gewaltige Folgen sowohl für das Lohngefälle als auch für das politische Kräfteverhältnis.

Aufbau einer Intelligenzia

Neben einer volkstümlichen Basis und einer soliden Basis in der Wirtschaft verschaffte sich die Konservative Bewegung auch so etwas wie eine Partei-Intelligenzia. Die ersten »neuen Konservativen«, für die Buckley und die *National Review* standen, waren natürlich Intellektuelle – aber sie lieferten nicht das Dauerfeuer von Studien und Artikeln, in dem sich scheinbar seriöse Gelehrsamkeit mit kompromissloser Unterstützung der Position der Rechten verbindet, wie es heutzutage jede politische Debatte begleitet. Die Intelligenzia der Konservativen Bewegung nahm eigentlich erst Gestalt an, als sich zu den »neuen Konservativen« die Neokonservativen gesellten, die eine ganz eigene Gruppe darstellten, und beide in einer mächtigen institutionellen Infrastruktur feste Beschäftigung fanden.

Die Entstehung des Neokonservatismus lässt sich weitgehend auf zwei Gruppen zurückführen: die Chicagoer Ökonomen unter Milton Friedman, der die Zurückdrängung der keynesianischen Wirtschaftstheorie anführte, und eine Gruppe von Soziologen, die, angeführt von Irving Kristol und mit der Zeitschrift *The Public Interest* verbunden, gegen Johnsons Pläne einer *Great Society* rebellierten.

Die konservative ökonomische Intelligenzia bildete sich heraus, weil Einsicht in die wahren ökonomischen Zusammenhänge bei Ökonomen einen natürlichen Hang fördert, ganze Sache zu machen und einen marktwirtschaftlichen Fundamentalismus zu vertreten. Der Markt – das war die Erkenntnis von Adam Smith, die von ganzen Generationen von Ökonomen verfeinert wurde – kann den Eigennutz mobilisieren, dem Gemeinwohl zu dienen. Einzelne, die nur ihren eigenen Vorteil suchen, werden »wie von einer unsichtbaren Hand« dazu gebracht, von anderen benötigte Güter zu erzeugen, wenn sie sie brauchen. Das ist eine machtvolle und zutreffende Erkenntnis. Auch liberale Ökonomen haben einen gesunden Respekt vor der Fähigkeit von Märkten, das wirtschaftliche Handeln effektiv zu organisieren.

Andererseits kommt es manchmal vor, dass Märkte nicht funktionieren. Das wurde den Ökonomen und allen anderen durch die verheerende Erfahrung der Weltwirtschaftskrise vor Augen geführt. In den ersten Jahren nach dem Zweiten Weltkrieg, als die Erinnerung an die Krise noch frisch war, bedurfte es nach Ansicht der meisten Ökonomen einer weitreichenden Rolle des Staates, um ein Entgleisen der Wirtschaft zu verhindern. Es war gängige Lehre, dass eine Planwirtschaft abzulehnen sei, aber die Notwendigkeit staatlicher Interventionen zur Bekämpfung von Rezessionen und eine insgesamt stärkere Rolle des Staates in der Wirtschaft als Ganzer wurde akzeptiert.

Doch nachdem die Krise vorüber war, war es unvermeidlich, dass einige Ökonomen sich wieder dem alten Glauben zuwandten. Friedman und sein Kollege George Stigler schimpften schon in den späten vierziger Jahren (mit erheblicher Berechtigung) über die Übel der Mietpreisbindung. Das weitete sich im Laufe der fünfziger Jahre zu einer allgemeinen Attacke auf die staatliche Intervention und Regulierung insgesamt aus. Anfang der sechziger Jahre hatte Friedman eine nahezu komplette Kehrtwendung zum marktwirtschaftlichen Fundamentalismus vollzogen und behauptete, selbst die Weltwirtschaftskrise sei nicht durch Marktversagen, sondern durch staatliches Versagen ausgelöst worden. Sein Argument war zweifelhaft und grenzte, wie ich behaupten möchte, an intellektuelle Unredlichkeit.[11] Doch allein die Tatsache, dass ein großer Ökonom sich genötigt sah, zu einem intellektuellen Taschenspielertrick zu greifen, zeigt schon, wie verlockend der marktwirtschaftliche Fundamentalismus ist. Ökonomische Verfechter der freien Marktwirtschaft gingen dazu über, nicht nur den New Deal abzulehnen, sondern auch die Reformen der Progressiven Ära, und erklärten selbst solche staatlichen Maßnahmen wie die Überwachung der Nahrungs- und Arzneimittelsicherheit für ungerechtfertigt. Und Friedman selbst schloss sich Goldwaters Wahlkampf an.

Die Revolte der Soziologen kam später als die Rückwendung zum marktwirtschaftlichen Fundamentalismus, und sie entsprang einer pessimistischeren Haltung. Strahlten Friedman und Kollegen einen an Voltaires Pangloss erinnernden Optimismus aus, so bestand die Gruppe, die sich um Irving Kristol und die 1965 gegründete Zeitschrift *The Public Interest* scharte, aus Skeptikern, ja sogar aus Zynikern. Sie rebellierten gegen Lyndon Johnsons Great Society, in der sie – mit einiger Berechtigung – einen törichten, zum

Scheitern verurteilten Versuch sahen, gesellschaftliche Probleme mit Hilfe sozialwissenschaftlicher Erkenntnisse zu lösen. »Was uns vor allem aufbrachte«, sollte Kristol später schreiben, »war die breite Akzeptanz linker soziologischer Ideen, die in das ‚War on Poverty'-Programm Eingang gefunden hatten.« [12]

So wies zum Beispiel Daniel Patrick Moynihan die frommen Wünsche der Liberalen mit dem Argument zurück, die verbreitete Armut unter den Schwarzen sei nicht so sehr auf Diskriminierung zurückzuführen als vielmehr auf die wachsende Zahl der alleinstehenden Frauen mit Kindern, und Edward Banfield wies die Behauptung, bei den städtischen Unruhen ginge es um den Rassismus, mit dem Hinweis zurück, die meisten Randalierer protestierten gar nicht gegen Ungerechtigkeit, sondern wollten nur plündern.

Die Friedman-Anhänger und die Neokonservativen sahen sich als Außenseiter, die vom liberalen Establishment geschnitten werden. Die Erben dieser Bewegungen bringen es noch immer in beachtlichem Ausmaß fertig, sich so zu fühlen. Doch in den siebziger Jahren hatte die Intelligenzia der Konservativen Bewegung ihr eigenes Establishment – mit einer finanziellen Rückendeckung, die selbst die kühnsten Träume ihrer liberalen Gegner weit übertraf. Ein konservativer Intellektueller zu werden war, um es ganz offen zu sagen, ein guter Karriereschachzug.

Die liberale Vereinigung »People for the American Way« schilderte 1996 in ihrem Bericht »Buying a Movement« die Karriere von Dinesh d'Souza, der 1991 mit seinem Bestseller *Illiberal Education* bekannt wurde, einem Angriff auf die Bevorzugung von Minderheiten und die politische Korrektheit an den Universitäten. Wenn wir den Inhalt seiner Arbeit einmal beiseitelassen, ist vor allem interessant, wie sich die Karriere D'Souzas von der einer früheren Generation von Konservativen unterscheidet.

Die modernen konservativen Intellektuellen waren früher überwiegend Gelehrte, die zufällig konservativ waren oder wurden. Milton Friedman war, um das auffälligste Beispiel zu nehmen, vor

allem ein professioneller Ökonom, dessen Arbeit über Konsum-
verhalten, monetäre Kräfte und Inflation von der überwältigenden
Mehrheit der Fachkollegen ungeachtet ihrer politischen Ausrichtung anerkannt und geehrt wird. Er hätte den Nobelpreis für
Wirtschaftswissenschaften auf jeden Fall bekommen, ganz unabhängig von seiner politischen Meinung. Auch die Mehrheit der
»rund ein Dutzend Gelehrten und Intellektuellen«, die nach Kristols Aussage den »Kern« von *The Public Interest* bildeten, waren
akademische Soziologen, deren Karriere auf mehr oder weniger
unpolitischer Forschung beruhte und die erst später zum Konservatismus stießen.

Bei D'Souza verlief die Karriere jedoch ganz anders. Als Student
hatte er ein konservatives College-Blatt, die *Dartmouth Review*,
herausgegeben, dann wurde er Herausgeber einer Zeitschrift konservativer Ehemaliger mit dem Titel *Prospect*. Nachdem er eine
schmeichelhafte Biografie des Evangelisten Jerry Falwell geschrieben hatte, wurde er innenpolitischer Berater der Regierung Reagan. Von dort wechselte er an eine konservative Denkfabrik, das
American Enterprise Institute, wo er, mit Unterstützung von der
konservativen Olin Foundation, *Illiberal Education* und ein weiteres Buch, *The End of Racism*, verfasste (dort schrieb er wörtlich:
»In den Augen vieler Weißer stellt die kriminelle und unverantwortliche schwarze Unterschicht ein Wiederaufleben der Barbarei
inmitten der westlichen Zivilisation dar.«) Für seine Bücher wurde
in konservativen Zeitschriften und besonders in der *National Review* geworben.

D'Souza ist mit anderen Worten etwas, das es vor 40 Jahren nicht
gab: ein professioneller konservativer Intellektueller, der seine ganze
Karriere in einem Verbundsystem von Institutionen gemacht hat,
die alle bestimmten Parteizwecken dienen.

Woher kamen diese Institutionen? Um es kurz zu machen: Ende
der sechziger, Anfang der siebziger Jahre bewogen Mitglieder der
neuen konservativen Intelligenzia begüterte Einzelpersonen und
einige Unternehmensführer, Geld in eine konservative intellektu-

elle Infrastruktur zu stecken. Diese besteht weitgehend aus Denkfabriken, die nach außen hin akademischen Institutionen ähneln
sollen, die aber nur Studien publizieren, die auf einen vorgefass-
ten Standpunkt hinauslaufen. Das American Enterprise Institute
wurde zwar schon 1943 gegründet, aber ab 1971 enorm ausgebaut, denn nun begannen erhebliche Spenden von Unternehmen
und Zuwendungen von konservativen Familienstiftungen zu fließen. Die Heritage Foundation wurde 1973 mit Geld von Joseph
Coors und Richard Mellon Scaife gegründet. Das libertäre Cato
Institute erhielt massive Unterstützung von den Stiftungen der Familie Koch.

Zur Infrastruktur gehören auch Medien. Dieselben Stiftungen,
welche die konservativen Denkfabriken finanzierten, steuerten
auch erhebliche Mittel für *The Public Interest* und für Publikati-
onen wie *The American Spectator* bei, die verbissen angeblichen
Skandalen während der Clinton-Jahre nachgingen.

Im Bemühen um die Unterstützung von Stiftungen und Wirt-
schaftskreisen nahmen die Neokonservativen eine Vergröberung
ihrer Ideen bereitwillig in Kauf. »Wir sagen immer wieder«, schrieb
Kristol 1995, »dass Ideen Folgen haben, und das stimmt. Doch
was uns vorschwebt, sind komplexe, gründlich durchdachte und
wohl formulierte Ideen. Was wir so leicht übersehen, ist der Umstand, dass auch einfache Ideen Folgen haben, wenn sie sich mit
Leidenschaft und Organisation verbinden.« Man könnte das als
eine Klage verstehen, aber tatsächlich gratulierte Kristol sich und
seinen Waffengefährten dazu, dass sie mit kruden Formulierungen
des Konservatismus einverstanden waren, um politischen Erfolg
zu erreichen.

Das galt besonders für die Wirtschaftspolitik, wo *The Public
Interest* zusammen mit der Meinungsseite des *Wall Street Journal*
zum Hauptverfechter einer angebotsorientierten Wirtschaftspolitik wurde. Die Doktrin der Angebotsorientierung, die ohne Beweise behauptete, dass Steuersenkungen sich bezahlt machen, hat
in der Welt der professionellen Wirtschaftsforschung nie Anklang

gefunden, nicht einmal bei Konservativen. N. Gregory Mankiw, der Harvard-Ökonom, der von 2003 bis 2005 Vorsitzender von Bushs Rat der Wirtschaftsberater war, hat die Vertreter der Supply-Side-Ökonomie in der ersten Auflage seines Lehrbuchs über die Grundlagen der Wirtschaftspolitik bekanntlich als »Spinner und Scharlatane« bezeichnet. (In späteren Auflagen wurde diese Passage getilgt.) Wieso war Kristol dann überzeugt, dass die Supply-Side-Theoretiker recht haben? Die Antwort lautet, dass er gar nicht überzeugt war – es war ihm gleichgültig, ob sie recht oder unrecht hatten. Kristol ging es einzig darum, dass die Ideen der Supply-Side-Theoretiker politisch verwendbar waren. In seinem Essay von 1995 drückte er es so aus:

In der Kerngruppe der Sozialwissenschaftler um The Public Interest gab es keine Ökonomen. (Sie kamen später, als wir »reifer« geworden waren.) Das erklärt meine etwas unbekümmerte Haltung zum Haushaltsdefizit und anderen monetären und fiskalischen Problemen. Die Aufgabe, wie ich sie sah, bestand darin, eine neue Mehrheit zu schaffen, was natürlich bedeuten sollte, eine konservative Mehrheit, was dann wiederum hieß, eine republikanische Mehrheit – Vorrang hatte also die politische Wirkung, nicht die Defizite des Staates.[13]

Bemerkenswert ist, dass diese Aussage nur wenige Absätze unter Kristols Erklärung steht, dass *The Public Interest* in seinen Anfängen Wirkung erzielt habe, weil »die meisten von uns Sozialwissenschaftler waren, und die beste Nutzung der Sozialwissenschaft besteht darin, falsche Sozialwissenschaft zu widerlegen«. Vermutlich kommt es nur darauf an, für welchen Zweck die falsche Sozialwissenschaft benutzt wird.

Nixon und der Große Übergang

Ronald Reagans Kampagne 1966 in Kalifornien markierte den ersten großen Wahlerfolg für die Konservative Bewegung. Reagans

Leistung wurde jedoch überschattet vom Aufstieg Richard Nixons zum Präsidenten und seinen Erdrutschsieg im Jahr 1972. Nixons Erfolg kann jedoch nicht als ein Triumph für die Konservative Bewegung gewertet werden, weil Nixon eine Übergangsfigur war. Er benutzte die politische Strategie der Bewegung, ja, er hat sie sogar weitgehend erfunden. Aber er teilte nicht die Ziele der Bewegung. Für Nixon war alles eine persönliche Angelegenheit.

Man kann den Einfluss Nixons auf die amerikanische Art, Politik zu betreiben, gar nicht hoch genug veranschlagen. Er zeigte ja, wie man rassische Spannungen, die Sorge vor gesellschaftlichen Veränderungen und die Paranoia wegen Bedrohungen von außen ausschlachten konnte, um weiße Arbeitnehmer aus der New-Deal-Koalition herauszulösen. Er führte die Kunst der Medienmanipulation ein: Roger Ailes, Präsident von Fox News, war Nixons Medienberater, und er ist eine zentrale Figur in dem 1969 erschienenen Buch *The Selling of the President* von Joe McGinniss. Später leistete Nixon Bahnbrechendes in der Medieneinschüchterung, die in der Amtszeit Bushs lange jeden Widerspruch unterdrückte, und in der Taktik, schlechte Nachrichten den Medien anzulasten.

Unter Nixon wurde die gelungene Ausführung schmutziger Tricks zum Schlüssel für den Aufstieg in der Republikanischen Partei. 1970 druckte der junge Karl Rove auf Wahlkampfvorlagen, die einem demokratischen Kandidaten entwendet worden waren, gefälschte Flugblätter mit der Ankündigung von Freibier und verdarb so eine Wahlkampfkundgebung des Gegners; ein Jahr darauf brach Rove das College ab, um Geschäftsführer des College Republican National Committee [Dachverband der republikanischen Studentenvereinigungen – Anm. d. Ü.] zu werden.[14] Zwei Jahre später, als er sich um den Vorsitz des Verbandes bewarb, erschwindelte er sich den Sieg – mit dem Segen des damaligen Vorsitzenden des Republican National Committee, eines gewissen George H. W. Bush.[15]

Die Vertreter der Konservativen Bewegung billigten diese Vorgehensweise. Was ihnen nicht gefiel, war Nixons Politik. Als Rick

Perlstein, der Verfasser von *Before the Storm*, in einer Rede (vor einer Gruppe von Konservativen) über die Beteiligung von Konservativen an den schmutzigen Tricks der Regierung Nixon sprach, erhob einer der anderen Teilnehmer Einspruch: Nixon sei kein Konservativer gewesen, um dann hinzuzufügen: »Nixon gefiel mir nicht – bis Watergate.«[16]

Die Politik Nixons entsprach – im Unterschied zu seiner politischen Taktik – ganz und gar nicht den Wünschen der Konservativen Bewegung. In der Innenpolitik agierte er wie ein Gemäßigter, ja sogar wie ein Liberaler: Er hob Steuern an, erweiterte den Umweltschutz und versuchte sogar, eine allgemeine Krankenversicherung einzuführen. In der Außenpolitik bewies er gleichfalls Pragmatismus: Er nahm den Dialog mit dem kommunistischen China auf, während er gleichzeitig den Kampf gegen die mit China verbündeten kommunistischen Nordvietnamesen fortsetzte. Es wurde deutlich, dass Nixon viele Dinge nicht mochte, aber er teilte nicht die Abneigung der Konservativen Bewegung gegen staatliche Intervention und den Wohlfahrtsstaat. Auf jeden Fall war die Zeit noch nicht gekommen.

Mitte der siebziger Jahre befand sich die Konservative Bewegung in einer ähnlichen Lage wie die Bewegung, aus der der New Deal hervorgehen sollte, in den späten zwanziger Jahren. Es war alles vorhanden: die Ideen, die Organisation und die intellektuellen Kader. Doch um an die Macht zu kommen, brauchte die Bewegung eine Krise.

Was sie bekam, war eine Doppelkrise, außen- wie innenpolitisch.

In der Außenpolitik folgte auf den Fall Vietnams eine, wie es damals schien, Woge kommunistischer Siege in Südostasien und Afrika, dann der sowjetische Einmarsch in Afghanistan und – damit nicht zusammenhängend, aber das Gefühl der Beklemmung verstärkend – die islamische Revolution im Iran und die Demütigung der Geiselkrise. An der innenpolitischen Front zeichnete sich durch das Zusammentreffen einer fehlerhaften Politik mit der Energiekrise der Albtraum der Stagflation ab, einer hohen Arbeitslosigkeit, verbunden mit einer zweistelligen Inflation.

Im Rückblick erscheint das Händeringen über kommunistische Vorstöße lächerlich; speziell der sowjetische Einmarsch in Afghanistan erwies sich als der Anfang des Zusammenbruchs des Kommunismus. Die islamische Revolution im Iran war ein echter Rückschlag, aber es ist schwer zu sehen, wie eine aggressive Außenpolitik etwas anderes hätte erreichen können, außer, die Situation zu verschlimmern. Was die wirtschaftliche Krise betrifft, so wurde sie ausgelöst durch ein Zusammentreffen von Pech und falscher Geldpolitik, und mit dem Liberalismus hatte beides nichts zu tun.

Nichtsdestoweniger konnten Vertreter der Konservativen Bewegung angesichts der düsteren Stimmung der siebziger Jahre behaupten, die liberale Politik sei diskreditiert. Und die mit frischen Kräften versehene Bewegung erreichte bald eine bemerkenswerte Umkehrung der Errungenschaften des New Deal.

Kapitel 7

Die große Kluft

Mittelalterliche Theologen stritten sich darüber, wie viele Engel auf eine Nadelspitze passen. Moderne Ökonomen streiten sich darüber, ob das mittlere amerikanische Einkommen seit den frühen siebziger Jahren gestiegen oder gesunken ist. Aufschlussreich ist, dass wir überhaupt darüber streiten. Amerika ist heute ein weit produktiveres und reicheres Land als noch vor einer Generation. Der Wert des Produkts, das ein durchschnittlicher Arbeitnehmer in einer Stunde erzeugt, ist selbst bei Berücksichtigung der Inflation seit 1973 um fast 50 Prozent gestiegen. Doch die Einkommen haben sich so rasch in den Händen einer kleinen Minderheit konzentriert, dass wir nicht sicher sind, ob die steigende Produktivität dem typischen Amerikaner überhaupt etwas eingebracht hat.

Der große Nachkriegsboom, an dessen Segnungen fast alle in Amerika teilhatten, endete mit der Wirtschaftskrise der siebziger Jahre – einer Krise, die durch steigende Ölpreise, eine unkontrollierte Inflation und sinkende Produktivität ausgelöst wurde. Die Krise ließ in den achtziger Jahren nach, aber der Eindruck eines wirtschaftlichen Gewinns, an dem alle teilhaben, stellte sich nicht wieder ein. Gewiss hat es Zeiten des Optimismus gegeben – Reagans »Morning in America«, als die Wirtschaft sich von dem schweren Einbruch der frühen achtziger Jahre erholte, die fieberhafte Ära in den späten neunziger Jahren, als man sich schnell bereichern wollte. Doch seit dem Ende des Nachkriegsbooms hat man immer den Eindruck gehabt, dass der wirtschaftliche Fortschritt etwas Tastendes und Vorläufiges hat.

Doch das *durchschnittliche* Einkommen – das Volkseinkommen, geteilt durch die Bevölkerungszahl – ist seit 1973, dem letzten Jahr des großen Booms, beträchtlich gestiegen. Wir sind schließlich weit produktiver als am Ende des Booms und daher auch reicher. Man denke nur an all die technischen Fortschritte in unserem persönlichen Bereich: Personalcomputer und Faxgeräte, Mobiltelefone und Strichcodeleser. Andere technische Neuerungen, die die Produktivität steigern, zum Beispiel Frachtcontainer, die vom Schiffsdeck gehoben und direkt auf Lastwagen oder Züge geladen werden, gab es 1973 schon, aber sie waren noch nicht weit verbreitet. All diese Veränderungen haben die Menge, die ein durchschnittlicher Arbeitnehmer an einem normalen Arbeitstag produziert, enorm gesteigert und das durchschnittliche Einkommen beträchtlich erhöht.

Das Durchschnittseinkommen verrät aber nicht unbedingt, wie es der Mehrheit der Leute geht. Wenn Bill Gates in eine Bar geht, schnellt der durchschnittliche Reichtum der Gäste in die Höhe, aber die Menschen, die bereits da waren, als er hereinkam, sind nicht reicher als zuvor. Wenn Ökonomen das Vermögen des typischen Mitglieds einer Gruppe charakterisieren wollen, also nicht der wenigen, die extrem reich oder extrem arm sind, sprechen sie daher nicht vom durchschnittlichen Einkommen, sondern vom *mittleren* Einkommen, dem Einkommen eines Menschen, der reicher ist als die Hälfte der Bevölkerung, aber ärmer als die andere Hälfte. Das mittlere Einkommen in dem Lokal schnellt im Unterschied zum durchschnittlichen Einkommen nicht in die Höhe, wenn Bill Gates hereinkommt.

Bill Gates, der eine Bar aufsucht, erweist sich als eine recht brauchbare Metapher für das, was im Laufe der letzten Generation in den Vereinigten Staaten passiert ist: Das Durchschnittseinkommen ist beträchtlich gestiegen, aber das liegt hauptsächlich daran, dass einige wenige sehr viel reicher geworden sind. Das mittlere Einkommen ist je nach der gewählten Definition entweder bescheiden gestiegen oder sogar gesunken.

Dabei gibt es Komplikationen. Sie denken vielleicht, das mittlere Einkommen sei sehr einfach zu berechnen – man braucht nur den Amerikaner zu finden, der reicher als die Hälfte der Bevölkerung, aber ärmer als die andere Hälfte ist, und dann sein oder ihr Einkommen zu berechnen. Es gibt jedoch zwei kontroverse Bereiche, die nicht leicht zu klären sind: wie die relevante Bevölkerung zu definieren ist und wie man die Veränderung der Lebenshaltungskosten misst. Doch bevor wir zu den Komplikationen kommen, möchte ich die Pointe wiederholen: Die Tatsache, dass wir überhaupt darüber streiten, ob der typische Amerikaner vorangekommen ist, verrät Ihnen fast alles, was Sie wissen möchten. 1973 wurde nicht darüber diskutiert, ob es den typischen Amerikanern besser oder schlechter ging als in den vierziger Jahren. Jede Messung ergab, dass sich der Lebensstandard seit dem Ende des Zweiten Weltkriegs mehr oder weniger verdoppelt hatte. Niemand sehnte sich nach den Arbeitsplätzen und Löhnen von vor einer Generation zurück. Heute ist die amerikanische Wirtschaft insgesamt deutlich reicher als im Jahr 1973, jenem Jahr, in dem nach allgemeiner Auffassung der Nachkriegsboom endete, aber unter Ökonomen ist strittig, ob die typischen Amerikaner von den Fortschritten, die das Land insgesamt gemacht hat, überhaupt profitiert haben.

Nun aber zu den Komplikationen: Es wäre schön, wenn wir die 300 Millionen Einwohner Amerikas nach der Höhe ihres Einkommens aufreihen und dann das Einkommen des Amerikaners Nr. 150 000 000 ermitteln könnten. Aber wir können die Kinder nicht mitzählen, weil sie nur in dem Maße Einkommen haben wie die Haushalte, in denen sie leben. Daher sollten wir vielleicht nicht Einzelpersonen betrachten, sondern Haushalte. Dann finden wir, dass das mittlere Haushaltseinkommen inflationsbereinigt von 1973 bis 2005 (dem letzten Jahr, für das wir Daten haben) bescheiden gestiegen ist: Der Gesamtzuwachs betrug etwa 16 Prozent.

Doch auch dieser bescheidene Zuwachs stellt die Lage amerikanischer Familien möglicherweise allzu positiv dar, weil er teilweise durch eine Verlängerung der Arbeitszeit erzielt wurde. 1973 gingen viele Ehefrauen noch nicht arbeiten, und von denen, die es taten, arbeiteten viele nur in Teilzeit. Das heißt nicht, dass ich etwas daran auszusetzen habe, dass mehr Frauen erwerbstätig sind, aber ein Zuwachs des Familieneinkommens, der dadurch zustande kommt, dass eine Ehegattin arbeiten geht, ist nicht dasselbe wie eine Lohnerhöhung. Insbesondere kann es mit verborgenen Kosten verbunden sein, die einen Teil des höheren Geldeinkommens aufzehren, zum Beispiel die verkürzte Zeit, die für Hausarbeit zur Verfügung steht, größere Abhängigkeit von Fertignahrung, Aufwendungen für Kinderbetreuung und dergleichen.

Wir bekommen ein sehr viel pessimistischeres Bild von den Daten, wenn wir fragen, wie leicht es für amerikanische Familien heute ist, so zu leben, wie viele von ihnen vor einer Generation gelebt haben, wenn nur der Mann arbeiten geht. Es ist nach den vorliegenden Daten schwerer geworden: Das mittlere, inflationsbereinigte Einkommen ganztägig beschäftigter Männer war 2005 etwas niedriger als 1973. Und auch dieses statistische Datum zeichnet ein täuschendes positives Bild. Dank der Reifung der Babyboomer-Generation sind die Beschäftigten heute älter und erfahrener als die Beschäftigten von 1973 – und erfahrenere Mitarbeiter sollten bei sonst gleichen Bedingungen höhere Löhne bekommen. Wenn wir uns die Verdienste von Männern zwischen 35 und 44 anschauen – Männern, die vor einer Generation vielfach eine Frau ernährten, die zu Hause blieb –, stellen wir fest, dass die Löhne 1973 inflationsbereinigt 12 Prozent *höher* waren als heute.

Dass Ökonomen sich darüber streiten können, ob typische Amerikaner seit 1973 vorangekommen sind, liegt nicht nur daran, dass die Definition der relevanten Bevölkerung strittig ist. Fragen ergeben sich auch im Hinblick auf die Messung der Preise. Wenn ich vom »inflationsbereinigten« Einkommen spreche, ist damit gemeint, dass das Einkommen von vor einer Generation durch Berücksichtigung von Änderungen im Verbraucherpreisindex (VPI) in heutigen Dollars ausgedrückt wird. Nun sagen einige Ökonomen, der VPI übertreibe die wahre Inflation, weil er neue Produkte und Dienstleistungen nicht voll berücksichtige, die unser Leben verbessert haben. Der Lebensstandard sei daher stärker gestiegen, als aus den offiziellen Zahlen hervorgeht. Man könnte es das »Aber sie hatten noch kein Netflix«-Argument nennen [Netflix ist ein Online-DVD-Verleih – Anm. d. Ü.]. Ganz im Ernst: Es gibt heute viele Güter und Dienstleistungen, die 1973 entweder noch nicht erfunden oder noch nicht auf dem Markt waren, vom Mobiltelefon bis zum Internet. Am wichtigsten sind sicher Arzneimittel und medizinische Verfahren, die nicht nur Leben retten, sondern für zig Millionen Menschen die Lebensqualität erhöhen. Auf der anderen Seite ist das Leben für Arbeitnehmerfamilien in mancher Hinsicht schwerer geworden, was von den offiziellen Zahlen nicht erfasst wird: Man muss stärker darum kämpfen, in einem guten Schulbezirk zu wohnen, die Verkehrsstaus haben zugenommen und dergleichen mehr.

Vielleicht sollte das Publikum das letzte Wort haben. In einer Umfrage des Pew Research Center im Jahr 2006 gaben die meisten Amerikaner an, dass der durchschnittliche Arbeitnehmer heute »schwerer arbeiten muss, um einen anständigen Lebensunterhalt zu verdienen«, als vor 20 oder 30 Jahren.[1] Ist das nur Sehnsucht nach einem vergangenen goldenen Zeitalter? Das mag schon sein. Aber vor einer Generation sehnte man sich nicht nach dem Amerika, wie es eine Generation *davor* gewesen war. Entscheidend ist, dass die typische amerikanische Familie in den letzten gut 30 Jahren keinen eindeutigen Fortschritt gemacht hat. Und das ist nicht normal.

Gewinner und Verlierer

Wie ich mit meinem Bill-Gates-in-einer-Bar-Vergleich angedeutet habe, lag es an der wachsenden Ungleichheit, dass normale amerikanische Arbeitnehmer die Früchte der gestiegenen Produktivität nicht ernten konnten. Aber wer waren die Gewinner (und wer die Verlierer) bei dieser Einkommensumverteilung nach oben? Es war nicht nur Bill Gates – aber es war eine überraschend kleine Gruppe.

Wären die Produktivitätsgewinne gleichmäßig auf die Beschäftigten verteilt worden, wäre das Einkommen des typischen Arbeitnehmers heute um etwa 35 Prozent höher als Anfang der siebziger Jahre.[2] Doch infolge der Einkommensumverteilung nach oben bekam der typische Arbeitnehmer einen weit kleineren Zuwachs. Tatsächlich wuchs das Einkommen aller unterhalb des 90. Perzentils – der Untergrenze der obersten 10 Prozent – langsamer als im Durchschnitt, und nur die oberhalb des 90. Perzentils verzeichneten einen überdurchschnittlichen Zuwachs. Die Kehrseite des überdurchschnittlichen Zuwachses bei den obersten 10 Prozent war daher der begrenzte Zuwachs für den typischen amerikanischen Arbeitnehmer.

Und die wirklich großen Zuwächse gingen an die wirklich ganz Reichen. In Oliver Stones Film *Wall Street* von 1988 macht Gordon Gekko – der Firmenplünderer, für den teilweise Ivan Boesky Modell stand, gespielt von Michael Douglas – sich über den begrenzten Ehrgeiz seines Schützlings lustig, der von Charlie Sheen gespielt wird. »Wenn du nicht dazugehörst, dann stehst du draußen, klar? Und ich rede jetzt nicht von irgendjemandem, der sich 400 000 Dollar irgendwie an der Wall Street verdient, nur erster Klasse fliegt und angenehm lebt.«

Mit einem Jahreseinkommen von 400 000 Dollar landete man ungefähr im 99,9-ten Perzentil der Lohnverteilung – nicht schlecht, denken Sie vielleicht. Doch in den achtziger Jahren – und das erkannte Stone – passierte in den oberen Rängen der Einkommensverteilung etwas Merkwürdiges: Die Reichen setzten sich von den bloß Wohlhabenden ab, und die Superreichen setzten sich von den bloß Reichen ab. Leute in der unteren Hälfte der oberen 10 Prozent – mit Einkommen im Bereich von 100 000 bis 150 000 Dollar – schnitten zwar besser ab als Amerikaner auf den unteren Rängen der Verteilung, aber so gut auch wieder nicht. In der Zeit nach

1973 war ihr prozentualer Zuwachs nicht annähernd so hoch wie während des Nachkriegsbooms. Nur das oberste eine Prozent hat seit den siebziger Jahren besser abgeschnitten als nach dem Zweiten Weltkrieg. Spektakulär war der Zuwachs, wenn man in der Verteilung noch weiter nach oben geht: Das oberste Zehntelprozent erlebte eine Verfünffachung seines Einkommens, und das oberste Zehntelpromille ist siebenmal reicher als 1973.

Wer sind diese Leute, und warum geht es ihnen so viel besser als allen anderen? Im ursprünglichen Goldenen Zeitalter verdankten Leute mit sehr hohen Einkommen diesen Umstand ihrem Vermögen. Die wirtschaftliche Elite besaß wertvolle Grundstücke, Bodenschätze oder hochprofitable Unternehmen. Auch heute ist das Kapitaleinkommen – Einkommen aus solchen Vermögensgegenständen wie Aktien, festverzinsliche Wertpapiere und Immobilien – weit stärker in den Händen einiger weniger konzentriert als das verdiente Einkommen. Das gilt auch für das »Einkommen aus Unternehmertätigkeit« derer, die ein Unternehmen besitzen. Doch der Besitz ist nicht mehr die Hauptquelle des Elitestatus. Auch Multimillionäre beziehen heutzutage den größten Teil ihres Einkommens in Gestalt einer Vergütung für ihre Arbeit.

Dabei sprechen wir natürlich nicht von Lohnsklaven, die sich für einen Stundenlohn abplacken. Wenn der typische Amerikaner mit hohem Einkommen um 1905 ein Industriebaron war, dem Fabriken gehörten, so ist sein Pendant 100 Jahre später ein Spitzenmanager, der für seine Mühen mit Boni und Aktienoptionen üppig belohnt wird. Auch ganz oben erhalten die 0,1 Promille der Bevölkerung – die Reichsten von 10 000 – fast die Hälfte ihres Einkommens in Form eines Gehalts. Rund die Hälfte des Lohneinkommens dieser Superelite entstammt nach grober Schätzung den Verdiensten von Spitzenmanagern – nicht nur Unternehmensführer, sondern auch solche ein paar Stufen darunter – in Großunternehmen. Der Rest des Lohneinkommens der obersten 0,1 Promille scheint großenteils aus den Einkommen von Sport- und Entertainment-Größen zu bestehen.

Die wachsende Ungleichheit hängt daher direkt damit zusammen, wie die Gesellschaft ihre vermeintlich Besten und Intelligentesten bezahlt. Sie haben immer gut verdient, aber heute verdienen sie unglaublich gut.

Die Frage ist natürlich, wie es dazu kam. Es gibt für das große Einkommensgefälle, das sich seit den siebziger Jahren herausgebildet hat, zwei konkurrierende Erklärungen. Die eine, die von Leuten bevorzugt wird, die als vernünftig und umsichtig gelten wollen, besagt, dass es an der gestiegenen Nachfrage nach Fachkräften liegt, die im Wesentlichen durch technische Veränderungen hervorgerufen wurde, wobei die Globalisierung nachgeholfen hat. Die andere Erklärung unterstreicht die Bedeutung von Veränderungen in den Institutionen, den Normen und der politischen Macht.

Die Nachfrage nach Fachkräften

Nach der gängigen Erklärung für die wachsende Ungleichheit – ich bin versucht, sie die sichere Erklärung zu nennen, weil sie von Leuten bevorzugt wird, die kein Aufsehen erregen möchten – nimmt die Ungleichheit vor allem deshalb zu, weil die Nachfrage nach Fachkräften steigt, hauptsächlich bedingt durch den technischen Wandel. So hatte etwa Edward Lazear, Vorsitzender des Rates der Wirtschaftsberater im Jahr 2006, Folgendes zu sagen:

Die Ungleichheit ist zum größten Teil Ausdruck eines steigenden Ertrages der »Investition in Kenntnisse« – die Arbeitnehmer haben höhere Schulabschlüsse, erhalten mehr Ausbildung und erwerben neue Fähigkeiten. [...] Wie erklärt sich dieses Auseinanderdriften der Einkommen der Fachkräfte und der Einkommen der Geringqualifizierten? Letztlich kann dies nach Ansicht der meisten Ökonomen auf den technischen Wandel zurückgeführt werden, der sich in den letzten zwei, drei Jahrzehnten vollzogen hat. In unserer technisch hochentwickelten Gesellschaft haben Fachkenntnisse einen höheren Wert als in einer technisch weniger hochentwickelten Gesellschaft. [...] Mit der wachsenden Bedeutung von Computern werden die

Fähigkeiten, die im Studium und durch Investitionen in das Lernen im Beruf erworben werden, geradezu unentbehrlich für einen produktiven Mitarbeiter. Die typischen Tätigkeiten von heute erfordern ein weit höheres Maß an technischen Kenntnissen als die Tätigkeiten, die 1900 oder 1970 von den Arbeitnehmern ausgeübt wurden.[3]

Lazears Bemerkungen kann man noch hinzufügen: Die Informationstechnologie in Gestalt von Personalcomputern, Mobiltelefonen, Local Area Networks, des Internets und dergleichen erhöht die Nachfrage nach Leuten, die eine hinreichende formale Ausbildung genossen haben, um die neuen Geräte bauen, programmieren, bedienen und reparieren zu können. Gleichzeitig reduziert sie die Nachfrage nach Arbeitern für Routineaufgaben. In modernen Büros gibt es zum Beispiel weit weniger Sekretärinnen als 1970, weil die Textverarbeitung den Bedarf an Schreibkräften weitgehend eliminiert hat, und Netzwerke haben die Notwendigkeit der physischen Aktenablage stark reduziert, doch Manager gibt es noch genauso viele wie vorher. Strichcodeleser, die an lokale Netze angeschlossen sind, reduzierten die Zahl der Leute, die an den Registrierkassen sitzen, und derer, die für die Kontrolle des Lagerbestandes benötigt werden, aber dafür gibt es mehr Marketingberater als jemals zuvor. Ähnlich verhält es sich in der gesamten Wirtschaft.

Die Hypothese, der technische Wandel habe durch Steigerung des Bedarfs an Fachkräften zu wachsender Ungleichheit geführt, ist unter Ökonomen so verbreitet, dass sie auf Tagungen oft nur die Abkürzung SBTC (*skill-biased technical change*, Verschiebung der Arbeitsnachfrage in Richtung höherer Qualifikationen durch technischen Wandel) benutzen, ohne sie zu erklären, in der Annahme, ihre Zuhörer wüssten schon, wovon sie reden. Für die Zugkraft dieser Hypothese gibt es drei Gründe. Erstens das zeitliche Zusammentreffen: Der Aufwärtstrend der Ungleichheit begann etwa zur gleichen Zeit wie die Explosion der Rechenleistung und ihrer Anwendungen. Gewiss waren Mainframerechner – gewaltige Maschinen, die in einem eigenen Raum standen und die Gehaltsabrechnung und andere Unternehmensdaten verarbeiteten – schon in den sechziger Jahren weit verbreitet. Aber sie hatten kaum Einfluss auf die Art der Tätigkeit der meisten Mitarbeiter. Richtig zur Geltung kam die moderne Informationstechnologie erst, als Intel 1971 die erste integrierte Schaltung – den ersten Computerchip – einführte. Erst das ermöglichte die Allgegenwart der Technologie. Zweitens gehört SBTC zu jenen Hypothesen, mit denen Ökonomen sich wohl fühlen: Es geht nur um Angebot und Nachfrage, und man braucht nicht jene Dinge hinzuzuziehen, von denen die Soziologen sprechen, die aber die Ökonomen nur schwer in ihren Modellen berücksichtigen können, Dinge wie Institutionen, Normen und politische Macht. Schließlich sagt SBTC, dass niemand an der wachsenden Ungleichheit schuld ist: Es ist einfach die Technologie, die durch die unsichtbare Hand zum Tragen kommt.

Nun gibt es aber auffallend wenig direkte Beweise für die Behauptung, der technische Wandel habe die steigende Ungleichheit verursacht. Tatsache ist, das die Wirkung der Technik auf Märkte nicht leicht zu messen ist; in dieser wie in anderen Fragen berufen Ökonomen sich hauptsächlich auf die Technik, um Dinge zu erklären, die sie mit anderen messbaren Kräften nicht erklären können. Das Verfahren funktioniert ungefähr so: Man nehme erstens an, dass steigende Ungleichheit durch Technik, wachsenden Außenhandel und Einwanderung verursacht wird. Dann schätze man die Auswirkungen des Handels und der Einwanderung ab – an sich schon eine tendenziöse Verfahrensweise, weil wir zumindest über das Volumen der Einfuhren und die Zahl der Einwanderer Daten haben. Schließlich schreibe man alles, was nicht mit diesen messbaren Faktoren zu erklären ist, der Technik zu. Ökonomen, die behaupten, der technische Wandel sei die Hauptursache der steigenden Ungleichheit, gelangen zu diesem Schluss also durch eine Ausschließung: Sie schlussfolgern, dass Handel und Einwanderung nicht ausreichen, um die beobachtete Veränderung zu erklären, und folglich muss die Technik die Schuldige sein.

Die Hauptfaktoren, die Ökonomen sonst noch zur Erklärung

der steigenden Ungleichheit in Erwägung gezogen haben, sind, wie gesagt, die Einwanderung und der Außenhandel, die beide im Prinzip ebenfalls die Folge gehabt haben müssten, dass die Löhne der höher qualifizierten steigen und die der geringer qualifizierten Amerikaner sinken.

Die Einwanderung ist natürlich schon für sich allein ein sehr heißes politisches Thema. Im Jahr 1970, fast ein halbes Jahrhundert nachdem das Einwanderungsgesetz von 1923 der Masseneinwanderung aus Niedriglohnländern einen Riegel vorgeschoben hatte, waren weniger als 5 Prozent der erwachsenen Amerikaner im Ausland geboren. Aber aus Gründen, die bis heute einigermaßen unklar sind*, begann die Einwanderung sich in den späten sechziger Jahren zu beschleunigen und schnellte nach 1980 in die Höhe. Heute machen Einwanderer rund 15 Prozent des Arbeitskräftepotenzials aus. Allein das müsste schon einen gewissen Druck auf das gesamte Lohnniveau ausgeübt haben: Um amerikanische Arbeitsplätze konkurrieren erheblich mehr Arbeitskräfte, als es ohne Einwanderung der Fall gewesen wäre.

Außerdem kam während der letzten Generation eine Mehrheit der Einwanderer aus Lateinamerika, und der Rest kam zum großen Teil aus anderen Drittweltländern; das Bildungsniveau der legalen und illegalen Einwanderer liegt folglich weit unter dem von gebürtigen Amerikanern. Der Schulabschluss eines Drittels der Einwanderer entspricht nicht dem Highschool-Abschlusszeugnis. Durch die große Zahl von Einwanderern ist daher das Potenzial der Arbeitskräfte mit geringem Bildungsgrad in den Vereinigten Staaten gewachsen, während Arbeitnehmer mit hohem Bildungsgrad relativ knapp geworden sind. Nach dem Gesetz von Angebot und Nachfrage müsste die Einwanderung die Löhne von geringer qua-

---

* 1965 wurde das Einwanderungsgesetz mit dem Hauptziel der Familienzusammenführung geändert, während man vorher bestrebt gewesen war, die Herkunftsländer der Einwanderer auf Westeuropa zu beschränken. Doch Ökonomen, die die Einwanderung aus Mexiko untersuchten, fanden, dass es auch vor 1965 relativ wenige Schranken gab.

lifizierten Arbeitnehmern gesenkt und die von hochqualifizierten Arbeitnehmern erhöht haben.

Die Auswirkungen sind jedoch bestenfalls mittelmäßig. Selbst George Borjas und Larry Katz von Harvard, die unter den Mainstream-Ökonomen die pessimistischsten Annahmen machen, gehen davon aus, dass durch Einwanderung die Löhne von Highschool-Abbrechern um rund 5 Prozent gesunken sind, während sie sich bei Arbeitnehmern mit Highschool-Abschluss weit geringer ausgewirkt und bei Arbeitnehmern mit hohem Bildungsgrad einen geringen positiven Effekt gehabt haben. Andere Ökonomen halten die Zahlen von Borjas-Katz im Übrigen für zu hoch.

In Kapitel 8 werde ich zeigen, dass die Einwanderung die Ungleichheit auf eine eher indirekte Weise gefördert haben könnte, indem sie das *politische* Kräfteverhältnis auf der ökonomischen Skala noch oben verschob. Doch der direkte ökonomische Effekt war bescheiden.

Was war mit dem Außenhandel? Ein starker Außenhandel hat wahrscheinlich keinen oder nur einen geringen Effekt auf die Einkommensverteilung. So hat sich der Handel mit Automobilen und Autoteilen zwischen den Vereinigten Staaten und Kanada – zwei Hochlohnländern, die in dieser Branche unterschiedliche Nischen besetzt haben und sich gegenseitig mit Gütern beliefern, die mit ungefähr derselben Mischung aus qualifizierten und unqualifizierten Arbeitnehmern produziert wurden – wahrscheinlich nicht sonderlich auf die Lohnungleichheit in beiden Ländern ausgewirkt. Ganz anders sieht es dagegen beim amerikanischen Handel mit sagen wir Bangladesch aus. Bangladesch exportiert hauptsächlich Bekleidung, das klassische arbeitsintensive Gut, erzeugt von Arbeitnehmern, die wenig formale Bildung benötigen und nicht mehr Kapitalausstattung als eine Nähmaschine. Umgekehrt kauft Bangladesch technisch anspruchsvolle Güter – Flugzeuge, Chemikalien, Computer.

Es steht außer Frage, dass der Handel Amerikas mit Bangladesch und anderen Drittweltländern einschließlich Chinas die Ungleichheit vergrößert. Angenommen, Sie kaufen eine in Bangladesch hergestellte Hose, die auch im Inland hätte hergestellt werden können. Mit dem Kauf der ausländischen Hose zwingen Sie praktisch die Arbeitnehmer, die mit der Herstellung einer Hose *Made in America* Beschäftigung gehabt hätten, sich nach einer anderen Arbeit umzusehen. Das Umgekehrte gilt natürlich auch, wenn die Vereinigten Staaten etwas exportieren: Wenn Bangladesch ein Boeing-Flugzeug kauft, brauchen sich die amerikanischen Arbeitnehmer, die mit der Herstellung dieses Flugzeugs beschäftigt sind, nicht nach einer anderen Arbeit umzusehen. Doch die Arbeit, die in US-Exporten steckt, ist eine ganz andere als die Arbeit, die in amerikanischen Branchen beschäftigt wird, die mit Importen konkurrieren. Wir exportieren eher »qualifikationsintensive« Produkte wie Flugzeuge, Supercomputer und Hollywood-Filme; wir importieren eher »arbeitsintensive« Güter wie Hosen und Spielsachen. Der amerikanische Handel mit Drittweltländern mindert also die Beschäftigungsmöglichkeiten für geringer qualifizierte amerikanische Arbeitnehmer, während er den Bedarf an höher qualifizierten Arbeitnehmern erhöht. Das verstärkt ohne Zweifel das Lohngefälle zwischen den Geringerqualifizierten und den Höherqualifizierten und trägt zur wachsenden Ungleichheit bei. Und das rapide Wachstum des Handels mit Niedriglohnländern, speziell Mexiko und China, lässt vermuten, dass dieser Effekt sich in den letzten 15 Jahren verstärkt hat.

Die Verschiebung der Arbeitsnachfrage in Richtung höherer Qualifikationen durch technischen Wandel, die Einwanderung und der wachsende Außenhandel erklären aber – und das muss man wirklich begreifen – bestenfalls eine wachsende Kluft zwischen minder gebildeten und höher gebildeten Arbeitnehmern. Und das ist ungeachtet der Behauptungen von Lazear und vielen anderen nur ein Teil der Geschichte der steigenden Ungleichheit. Es stimmt, dass Bildung sich in wachsendem Maße bezahlt gemacht hat – aber auch bei den meisten Leuten mit College-Abschluss hinkte der Lohnzuwachs hinter der steigenden Produktivität her. So ist das

Realeinkommen des mittleren College-Absolventen seit 1973 nur um 17 Prozent gestiegen.

Die großen Einkommenszuwächse sind nämlich nicht einer breiten Gruppe von gut bezahlten Arbeitnehmern zugeflossen, sondern einer schmalen Gruppe extrem gut bezahlter Leute. Diejenigen, die gewaltige Einkommen erzielen, sind im Allgemeinen auch gut gebildet, aber ihre Zuwächse sind nicht repräsentativ für die Zuwächse gebildeter Arbeitnehmer insgesamt. Sowohl Unternehmensführer (CEOs) als auch Lehrer haben in der Regel einen Magistergrad, aber das Einkommen der Lehrer ist seit 1973 nur bescheiden gestiegen, während das Einkommen der CEOs vom Dreißigfachen des Einkommens eines durchschnittlichen Arbeitnehmers im Jahr 1970 auf mehr als das Dreihundertfache heute gestiegen ist.

Die Beobachtung, dass das Einkommen selbst hoch gebildeter Amerikaner in den meisten Fällen hinter den Durchschnitt zurückgefallen ist, während eine Handvoll Leute unglaublich zugelegt hat, macht die Verschiebung der Arbeitsnachfrage in Richtung höherer Qualifikationen durch technischen Wandel als Erklärung für die Ungleichheit unglaubwürdig und spricht für das Argument, dass dafür hauptsächlich Veränderungen verantwortlich sind, die sich in Institutionen, etwa der Stärke der Gewerkschaften, und in Normen vollzogen haben, beispielsweise der einst wirkungsvollen, heute aber schwachen Überzeugung, dass es schlecht für die Moral ist, wenn der Verdienst des Chefs gewaltig über dem der Arbeitnehmer liegt.

Institutionen: Das Ende des Vertrages von Detroit

Die Idee, dass Veränderungen in Institutionen und Veränderungen in Normen und nicht eine anonyme Verschiebung der Arbeitsnachfrage in Richtung höherer Qualifikationen durch technischen Wandel die steigende Ungleichheit erklären, hat unter Ökonomen zunehmend Anklang gefunden, aus zwei Gründen. Erstens verknüpft eine Institutionen-und-Normen-Erklärung der steigenden Ungleichheit das aktuelle Geschehen mit dem dramatischen *Rückgang* der Ungleichheit – der Großen Kompression –, der in den dreißiger und vierziger Jahren zu beobachten war. Zweitens hilft ein Institutionen-und-Normen-Ansatz, die amerikanische Sonderstellung zu erklären: In keinem anderen hoch entwickelten Land ist die Ungleichheit im selben Maße gestiegen wie hier.

Die Große Kompression selbst und mehr noch ihre Nachwirkung sprechen sehr dafür, dass die Einkommensverteilung entscheidend von gesellschaftlichen Kräften und nicht von der unsichtbaren Hand bestimmt wird. Das Mittelschicht-Amerika, in dem die Babyboomer aufwuchsen, ist, wie in Kapitel 3 erörtert, nicht allmählich entstanden. Es wurde in sehr kurzer Zeit durch die Gesetzgebung des New Deal, das Wirken der Gewerkschaften und die Lohnkontrolle während des Zweiten Weltkriegs geschaffen. Dennoch hat sich die relativ flache Einkommensverteilung, die während des Krieges durchgesetzt wurde, auch nach Abschaffung der kriegsbedingten Kontrolle der Wirtschaft noch jahrzehntelang behauptet. Diese Fortdauer spricht entschieden dafür, dass anonyme Marktkräfte nicht so ausschlaggebend sind, wie man es im Einführungskurs in die Volkswirtschaftslehre lernt. Piketty und Saez drücken es so aus:

Die Kompression der Löhne während des Krieges kann mit den Lohnkontrollen der Kriegswirtschaft erklärt werden, aber wie können wir den Umstand erklären, dass die Bezieher hoher Einkommen nicht wieder auf den alten Stand kamen, nachdem die Lohnkontrollen weggefallen waren? Diese Tatsache lässt sich nicht direkt mit Erklärungen in Einklang bringen, welche die Verringerung der Ungleichheit allein dem technischen Wandel zuschreiben. [...] Dieses Muster beziehungsweise diese Entwicklung der Ungleichheit ist ein weiterer indirekter Beweis dafür, dass marktfremde Mechanismen wie etwa Arbeitsmarktinstitutionen und soziale Normen bezüglich der Ungleichheit an der Bestimmung der Vergütung beteiligt sein könnten.[4]

Die MIT-Ökonomen Frank Levy und Peter Temin haben als Erste
eine Erklärung für das Funktionieren dieser »Arbeitsmarktinstitutionen und sozialen Normen« geliefert.[5] Sie verweisen auf eine
Reihe von institutionellen Vereinbarungen, die sie als »Vertrag von
Detroit« bezeichnen — diesen Namen gab das Magazin *Fortune*
einer wegweisenden Vereinbarung, die 1949 zwischen der Auto-
mobilarbeiter-Gewerkschaft United Auto Workers (UAW) und General Motors geschlossen wurde. In diesem Abkommen wurden
den UAW-Mitgliedern ein mit der Produktivität steigender Lohn
sowie eine Krankenversicherung und eine betriebliche Altersversorgung zugesichert; GM bekam dafür Arbeitsfrieden.

Levy und Temin fassen unter diesen Begriff nicht nur das spezifische Abkommen zwischen den Autofirmen und ihren Arbeitern,
sondern auch die Art und Weise, in der dieses Abkommens in der
gesamten amerikanischen Wirtschaft Nachahmung fand. Andere
Gewerkschaften stützten sich in ihren Verhandlungsforderungen
auf den Maßstab, den die UAW gesetzt hatten, und so kam es zur
Ausbreitung von Lohn-und-Zusatzleistungen-Paketen, die, wenngleich in der Regel nicht so üppig wie das, was Walter Reuther
herausholen konnte, den Arbeitnehmern doch die Teilhabe an den
Früchten des Fortschritts sicherten. Merkliche Auswirkungen hatte
das auch für nicht organisierte Arbeitnehmer, denn durch die Dro-
hung, dass die Gewerkschaft in Aktion treten könnte, wurden
nicht organisierte Arbeitgeber vielfach veranlasst, ihren Beschäftigten mehr oder weniger dasselbe zu bieten, was deren organisierte Kollegen bekamen: Kennzeichnend für die Wirtschaft der
fünfziger und sechziger Jahre waren »Musterlöhne«, bei denen die
Tarifabschlüsse zwischen großen Gewerkschaften und Konzernen
die Norm für die Wirtschaft insgesamt setzten.

Durch die Existenz starker Gewerkschaften wurden gleichzeitig die Einkommen sowohl des Managements als auch der Aktionäre gezügelt. Den Spitzenmanagern war bewusst, dass sie sich
Probleme mit ihren Arbeitern einhandeln würden, wenn sie sich
Riesengehälter gönnten, und Konzerne, die hohe Gewinne mach-

ten, aber nicht die Löhne erhöhten, setzten den Arbeitsfrieden aufs Spiel.

Auch die Bundesregierung war informell am Vertrag von Detroit beteiligt. Sie griff auf unterschiedliche Weise ein, um die Verhandlungsposition der Arbeitnehmer zu stärken und übermütige Selbstbedienung des Spitzenmanagements in Schranken zu halten. Die Produktivität der Arbeiter war in den sechziger Jahren erheblich niedriger als heute, aber der Mindestlohn war inflationsbereinigt deutlich höher. Das Arbeitsrecht wurde im Sinne der Gewerkschaften ausgelegt und angewandt. Und wenn man den Eindruck hatte, dass Großunternehmen und Spitzenmanager die Grenze überschritten hatten, wurde oft auch direkter politischer Druck auf sie ausgeübt. Ein berühmtes Beispiel ist die Forderung von John F. Kennedy an die Stahlunternehmen, eine Preiserhöhung zurückzunehmen, nachdem sie gerade einen bescheidenen Tarifvertrag abgeschlossen hatten.

Wie sehr sich die Beziehungen zwischen Arbeitgebern und Arbeitnehmern seit dem Vertrag von Detroit gewandelt haben, erkennt man im Vergleich zweier symbolträchtiger Unternehmen, das eine aus der Vergangenheit, das andere aus der Gegenwart.

In den letzten Jahren des Nachkriegsbooms war General Motors Amerikas größter privater Arbeitgeber, abgesehen von dem regulierten Telefonmonopol. Entsprechend gehörte der Chef zu den höchstbezahlten Managern Amerikas: Charles Johnson bezog 1969 ein Gehalt von 795 000 Dollar, rund 4,3 Millionen Dollar in heutigen Preisen – und dieses Gehalt löste beträchtliche Kritik aus. Aber die normalen GM-Mitarbeiter wurden ebenfalls gut bezahlt. Bei der Autoindustrie verdienten in der Produktion tätige Arbeiter 1969 im Durchschnitt fast 9 000 Dollar, was heute über 40 000 Dollar entspricht. GM-Mitarbeiter, die außerdem hervorragende Zusatzleistungen für Krankenversicherung und Altersversorgung erhielten, wurden voll und ganz der Mittelschicht zugerechnet.

Heute ist Wal-Mart mit 800 000 Angestellten Amerikas größter Arbeitgeber. Der Vorstandsvorsitzende Lee Scott erhielt 2005 fast

23 Millionen Dollar. Das ist mehr als das Fünffache von Charles Johnsons inflationsbereinigtem Gehalt, aber über die Vergütung von Mr. Scott hat man sich kaum aufgeregt, weil sie für den Chef eines Großunternehmens heutzutage nicht außergewöhnlich ist. Aufmerksamkeit erregen dagegen die Löhne, die die Mitarbeiter von Wal-Mart erhalten, weil sie selbst nach heutigen Maßstäben niedrig sind. Wal-Mart-Angestellte ohne Führungsfunktion erhalten im Durchschnitt etwa 18 000 Dollar im Jahr, inflationsbereinigt weniger als die Hälfte dessen, was GM-Arbeiter vor 35 Jahren bekamen. Wal-Mart ist außerdem bekannt dafür, dass nur ein geringer Teil seiner Mitarbeiter Krankenversicherungszuschüsse erhält und dass diese Zuschüsse knauserig sind.[6]

Piketty und Saez, Levy und Temin und eine wachsende Zahl weiterer Ökonomen sind der Ansicht, der Unterschied zwischen GM damals und Wal-Mart heute sei repräsentativ für das, was in der Wirtschaft insgesamt in den siebziger Jahren und der Folgezeit passiert ist: Der Vertrag von Detroit wurde annulliert, die Institutionen und Normen, die nach dem Zweiten Weltkrieg die Ungleichheit begrenzten, sind verschwunden, und die Ungleichheit hat wieder ein Ausmaß wie im Goldenen Zeitalter erreicht. Die starke Spreizung der Einkommen seit den siebziger Jahren ist mit anderen Worten nichts anderes als die Umkehrung der Großen Kompression. In den dreißiger und vierziger Jahren wurden Institutionen geschaffen und Normen aufgestellt, welche die Ungleichheit begrenzten; seit den siebziger Jahren wurden diese Institutionen und Normen geschleift, mit dem Ergebnis wachsender Ungleichheit. Der Institutionen-und-Normen-Ansatz fasst den Aufstieg und Niedergang Mittelschicht-Amerikas zu einer einzigen Geschichte zusammen.

Dieser Ansatz liefert zudem eine zutreffende Vorhersage über die unterschiedliche Entwicklung der Ungleichheit in verschiedenen Ländern. Von den Kräften des technischen Wandels und der Globalisierung ist bekanntlich jedes hoch entwickelte Land betroffen: Die Informationstechnologie wurde in Europa fast so rasch angewandt wie bei uns, und billige Kleidung stammt in Europa mit derselben Wahrscheinlichkeit aus China wie in Amerika. Wären Technik und Globalisierung die Triebkräfte hinter der steigenden Ungleichheit, müsste die Ungleichheit in Europa im selben Maß steigen wie in den Vereinigten Staaten. Schaut man jedoch auf die Institutionen und Normen, findet man unter den hoch entwickelten Ländern ganz unterschiedliche Verhältnisse: In Europa zum Beispiel sind die Gewerkschaften nach wie vor stark, und hergebrachte Normen, die sehr hohe Gehälter verurteilen und die berechtigten Ansprüche der Arbeitnehmer betonen, sind nicht verblasst. Wenn es also tatsächlich an den Institutionen liegt, wäre zu erwarten, dass die amerikanische Erfahrung der steigenden Ungleichheit eine Ausnahme ist, die in Europa kein Echo findet.

Und bei diesem Vergleich gewinnt ein Institutionen-und-Normen-Ansatz: Amerika ist ein Sonderfall. Den klarsten Beweis liefern die Einkommensteuerdaten, anhand derer man den Anteil der Einkommen vergleichen kann, die der wirtschaftlichen Elite zufallen. Aus diesen Daten geht hervor, dass alle hoch entwickelten Länder im Zweiten Weltkrieg und in der Folgezeit eine Große Kompression erlebten, einen scharfen Rückgang der Ungleichheit. Diese Angleichung wurde seit den siebziger Jahren rückgängig gemacht, und inzwischen sind die Auswirkungen der Großen Kompression vollständig beseitigt. In Kanada, das eng mit der amerikanischen Wirtschaft verbunden ist, und in Großbritannien, das unter Margaret Thatcher ebenfalls eine Zeit konservativer Vorherrschaft erlebte, gab es eine begrenzte Entwicklung zu erneuter Ungleichheit. In Japan und Frankreich hat sich dagegen, was die Ungleichheit angeht, seit 1980 sehr wenig geändert.[7]

Nicht ganz so schlüssige Informationen liefern außerdem Untersuchungen des Haushaltseinkommens. Hier ist das Bild verschwommener, doch abermals ragen die Vereinigten Staaten und – in geringerem Maß – Großbritannien als Länder heraus, in denen die Ungleichheit deutlich zugenommen hat, während sie in anderen hoch entwickelten Ländern nur geringfügig zugenommen oder sich gar nicht geändert hat.[8]

Kurz gesagt, die Indizien sprechen eindeutig für die Annahme, dass Institutionen und Normen und nicht die Technik oder die Globalisierung die Hauptquellen der wachsenden Ungleichheit in den Vereinigten Staaten sind. Das offensichtliche Beispiel für den Wandel der Institutionen ist der Zusammenbruch der amerikanischen Gewerkschaftsbewegung. Aber was meine ich, wenn ich von sich wandelnden Normen spreche?

Normen und Ungleichheit: Der Fall der explodierenden Spitzengehälter

Wenn Ökonomen darüber sprechen, wie sich wandelnde Normen zu wachsender Ungleichheit geführt haben, denken sie oft an ein ganz konkretes Beispiel: die explosionsartige Zunahme der Spitzengehälter. Zwar sind die Chefs von Großunternehmen nicht die einzigen Gewinner der wachsenden Ungleichheit, aber wegen ihrer herausragenden Stellung kann man an ihnen gut zeigen, was sich innerhalb der Wirtschaft im breiteren Rahmen abspielt.

Nach einer Federal-Reserve-Studie erhielten die Topmanager von 102 Großunternehmen (das waren Unternehmen, die in der Zeit von 1940–1990 irgendwann zu den 50 umsatzstärksten gehörten) in den siebziger Jahren ein durchschnittliches Jahresgehalt von etwa 1,2 Millionen Dollar in heutigen Preisen. Das war, gelinde gesagt, kein Elendsgehalt. Aber es war nur ein wenig mehr, als die Topmanager in den dreißiger Jahren bekommen hatten, und es war »nur« das Vierzigfache dessen, was damals der durchschnittliche, ganztägig beschäftigte Arbeitnehmer in der amerikanischen Wirtschaft verdiente. In den ersten Jahren des gegenwärtigen Jahrzehnts lagen die durchschnittlichen Spitzengehälter bei über neun Millionen Dollar im Jahr – das 367-fache des Lohns des durchschnittlichen Arbeitnehmers. Riesige Gehaltserhöhungen erlebten auch andere führende Manager, wenngleich diese nicht an die der Chefs heranreichten: Die beiden folgenden ranghöchsten

Manager von Großunternehmen bekamen in den siebziger Jahren das 31-fache des durchschnittlichen Arbeitnehmergehalts, in den ersten Jahren des neuen Jahrtausends dagegen das 169-fache.[9]

Beginnen wir bei dem Versuch, diese merkwürdige Entwicklung halbwegs zu verstehen, mit einer idealisierten Annahme über die Determinanten der Managergehälter.[10] Gehen wir davon aus, dass der Gewinn eines Unternehmens von der Qualität seines Chefs abhängt und dass der Einfluss des Chefs auf den Gewinn umso größer ist, je größer das Unternehmen ist. Nehmen wir ferner an, die Qualität potenzieller Chefs sei beobachtbar, sodass allgemein bekannt ist, wer der hundertstbeste, der neunundneunzigstbeste und so weiter Topmanager in Amerika ist. In diesem Fall werden die Unternehmen um Topmanager konkurrieren, und am Ende landen die besten Chefs bei den größten Unternehmen, wo ihr Beitrag sich am stärksten auswirkt. Und als Ergebnis dieser Konkurrenz wird sich im Gehalt des jeweiligen Chefs seine Qualität widerspiegeln.

Aus dieser Annahme folgt unmittelbar, dass selbst kleine Unterschiede der wahrgenommenen Chef-Qualität sich in großen Unterschieden der Gehälter niederschlagen werden. Das liegt an der Konkurrenz: Für ein Riesenunternehmen kann der Umstand, ob es den zehntbesten oder den elftbesten Chef hat, ohne weiteres eine Gewinndifferenz von zig Millionen Dollar pro Jahr bedeuten. In diesem Sinne besagt das idealisierte Modell, dass Spitzenmanager ihr Gehalt durchaus verdienen. Ferner geht aus dem idealisierten Modell hervor, dass es, wenn Spitzenmanager heute weit mehr verdienen als vor einer Generation, aus irgendeinem Grund – intensiverer Wettbewerb, höhere Aktienkurse oder was auch immer – heute wichtiger ist als früher, das Unternehmen von dem besten Mann führen zu lassen.

Wenn wir aber einmal die idealisierten Annahmen lockern, ist unschwer zu erkennen, warum Spitzengehälter in weit geringerem Maße von den fundamentalen Kräften von Angebot und Nachfrage bestimmt und weit stärker von Veränderungen der sozialen

Normen und der politischen Macht abhängig sind, als sich aus
dieser Modellvorstellung ergibt.

Erstens ist weder die Qualität von Chefs noch das Ausmaß, in
dem diese Qualität sich auswirkt, eindeutig zu beziffern. Die Produktivität eines Unternehmensführers zu beurteilen ist etwas anderes als die Messung, wie viele Ziegel ein Maurer in einer Stunde
vermauern kann. Ein Manager lässt sich nicht einmal zuverlässig
anhand der Gewinnsituation des von ihm geführten Unternehmens
beurteilen, weil der Gewinn von vielen Faktoren abhängt, auf die
der Spitzenmanager keinen Einfluss hat. Überdies kann es über
längere Zeiten ganz vom Betrachter abhängen, wie er die Gewinnsituation einschätzt: Enron machte auf fast alle den Eindruck eines
sagenhaft erfolgreichen Unternehmens, und das Bauunternehmen
Toll Brothers, der König der McMansions, sah nach einem großar-
tigen Erfolg aus, solange sich die Immobilienblase noch aufblähte.
Der Frage, wie viel ein Spitzenmanager verdienen soll, haftet also
etwas sehr Subjektives, ja sogar Modisches an. In den fünfziger
und sechziger Jahren hielten Großunternehmen es nicht für wichtig, einen berühmten, charismatischen Führer zu haben: Chefs
brachten es selten auf die Titelseite von Wirtschaftsmagazinen,
und Unternehmen holten sie gern aus den eigenen Reihen, wobei
sie Wert auf die Fähigkeit zur Teamarbeit legten. Seit den achtziger
Jahren wurden Chefs dagegen zu Rockstars: Sie definierten ihr Unternehmen im selben Maß, wie ihr Unternehmen sie definierte. Sind
Aufsichtsräte heute klüger, als sie es früher waren, als es üblich
war, tüchtige Leute aus den eigenen Reihen an die Spitze zu berufen, oder sind sie nur dem Starkult erlegen?

Zweitens hängt – selbst unter der Annahme, dass Aufsichtsräte
sowohl die Qualität von Spitzenkräften als auch das Ausmaß, in
dem die Qualität sich auf die Gewinnsituation auswirkt, zutreffend
beurteilen – die Summe, die sie ihren Spitzenmanagern letztlich
zahlen, weitgehend davon ab, was *andere* Unternehmen machen.
So erhielten Leute, die als Managementsuperstars wahrgenommen
wurden, in den sechziger und siebziger Jahren selten exorbitante

Gehälter. Riesengehälter an der Spitze wurden sogar als ein denkbares Hindernis für den Teamgeist und als mögliche Ursache von Problemen mit der Belegschaft gesehen. Und selbst wenn ein Unternehmensvorstand der Ansicht war, dass man einen Starmanager brauchte, musste er, um diesen Star zu gewinnen, keine Unsummen bieten. Heute dagegen sind Spitzengehälter von Millionen oder zig Millionen die Norm. Und auch Aufsichtsräte, die nicht der Idee einer Superstarführung erlegen sind, zahlen am Ende hohe Gehälter, teils um Manager zu gewinnen, die sie für befähigt halten, teils weil die Finanzmärkte misstrauisch gegen ein Unternehmen werden, dessen CEO nicht fürstlich bezahlt wird.

Wer sind schließlich, falls es einen Markt für Führungstalente gibt, genau die Käufer? Wer bestimmt, wie gut ein CEO ist und wie viel man ihm zahlen muss, um zu verhindern, dass ein anderes Unternehmen sein unternehmerisches Können abwirbt? Die Antwort liegt auf der Hand: Aufsichtsräte, die weitgehend vom CEO ausgewählt wurden, engagieren Vergütungsexperten, die fast immer vom CEO ausgesucht werden, um zu ermitteln, wie viel der CEO wert ist. Das führt dazu, dass sowohl die persönlichen Qualitäten des Managers als auch die Bedeutung dieser angeblichen persönlichen Qualitäten für den Gewinn des Unternehmens übertrieben dargestellt werden.

All das lässt die Annahme zu, dass Einkommen an der Spitze – die Gehälter der Spitzenmanager und analog die Einkommen vieler anderer Einkommenssuperstars – stark von »weichen« Faktoren wie sozialen Einstellungen und dem politischen Hintergrund abhängen können. Am stärksten wurde diese Ansicht wohl von Lucian Bebchuk und Jesse Fried in ihrem 2004 erschienenen Buch *Pay Without Performance* formuliert. Bebchuk und Fried behaupten, dass Spitzenmanager ihr Gehalt praktisch selbst bestimmen und dass weder der Markt für Talente noch die Qualität der Spitzenmanager irgendeine Bedeutung hat. Was allein die Spitzengehälter begrenzt, ist nach ihrer Ansicht der »Zwang der Empörung«: die Sorge, dass eine sehr hohe Managervergütung eine heftige Gegenreaktion bei ansonsten ruhigen Aktionären, Mitarbeitern, Politikern und der Öffentlichkeit auslösen könnte.[11]

Wenn das stimmt, kann man exorbitante Spitzengehälter als ein nicht so sehr im engen Sinne wirtschaftliches, sondern als ein soziales und politisches Phänomen auffassen: Die hohen Einkommen sind nicht aufgrund einer gestiegenen Nachfrage nach Talenten in die Höhe geschossen, sondern weil die Empörung durch verschiedene Faktoren abgetötet wurde. Medien, die fürstlich bezahlte Manager früher vielleicht verurteilt hatten, priesen stattdessen deren geschäftliches Genie; Politiker, die sich früher vielleicht an die Spitze populistischer Angriffe auf die Geldsäcke gesetzt hatten, bemühten sich, jenen zu schmeicheln, die Wahlkampfspenden bereitstellen; Gewerkschaften, die früher vielleicht gegen gigantische Boni der Spitzenmanager protestiert hatten, waren unter dem jahrelang betriebenen Union Busting, der systematischen Behinderung gewerkschaftlicher Organisation, zerbrochen. Ach, und dann ist da noch etwas. Weil der Spitzensteuersatz von 70 Prozent in den frühen siebziger Jahren auf 35 Prozent heute zurückgegangen ist, besteht für einen Spitzenmanager ein stärkerer Anreiz, sich seine Position zunutze zu machen: Er kann von seinem ausufernden Gehalt mehr für sich behalten. Und das Ergebnis ist eine Explosion der Einkommensungleichheit an der Spitze der Skala.

Die Idee, steigende Gehälter an der Spitze der Skala seien nicht auf die unsichtbare Hand des Marktes, sondern vor allem auf gesellschaftliche und politische Veränderungen zurückzuführen, kommt manchen unplausibel vor, weil sie zu sehr dem Einführungskurs in die Volkswirtschaftslehre widerspricht. Sie findet aber überraschende Unterstützer, denn einige der glühendsten Verfechter der heutigen Vergütung von Spitzenmanagern sagen praktisch dasselbe.

Bevor ich zu diesen Verfechtern komme, möchte ich einige Worte von einem zitieren, der dem, was diese sagten, gelauscht hatte. Aus Gordon Gekkos berühmter Ansprache vor den Aktionären von Teldar Paper in dem Film *Wall Street*:

Als unsere Wirtschaft noch nahezu jede Freiheit hatte und unser Land die industrielle Weltmacht war, gab es noch Verantwortung gegenüber dem Aktionär. Die Carnegies, die Mellons, die Männer, die dieses große Industrieimperium aufgebaut haben, waren eine Garantie dafür, weil es ihr Geld war, das sie riskiert haben. Heutzutage hat der Vorstand kein Vertrauen in das eigene Unternehmen! (...) Der entscheidende Punkt ist doch, dass die Gier, leider gibt es dafür kein besseres Wort, gut ist. Die Gier ist richtig. Die Gier funktioniert.

Wer den Film heute sieht, wird vielleicht nicht erkennen, dass die Worte, die Oliver Stone Gordon Gekko in den Mund legt, fast direkt dem entnommen waren, was die führenden Theoretiker damals über die Bezahlung von Spitzenmanagern verkündeten. Michael Jensen von der Harvard Business School und Kevin Murphy von der University of Rochester veröffentlichten 1990 einen Artikel in der *Harvard Business Review*, der ihre damals schon einflussreichen Ansichten über die Bezahlung von Spitzenmanagern zusammenfasste. Das Problem mit der amerikanischen Wirtschaft sei, dass »die Vergütung von Spitzenmanagern praktisch unabhängig von der Leistung ist. Im Durchschnitt bezahlt die amerikanische Wirtschaft ihre Führer wie Bürokraten. Ist es da ein Wunder, dass so viele CEOs sich wie Bürokraten verhalten statt wie die Wert maximierenden Unternehmer, die die Firmen brauchen, um ihr Standing auf den Weltmärkten zu verbessern?« Mit anderen Worten: Gier ist gut.[12]

Warum machten die Unternehmen dann die Bezahlung nicht von der Leistung abhängig? Wegen sozialen und politischen Drucks:

Warum knüpfen Aufsichtsräte die Bezahlung nicht enger an die Leistung? Kommentatoren bieten viele Erklärungen, aber fast jede Analyse, die wir gesehen haben, übersieht einen wichtigen Bestandteil – die mit der Bekanntgabe der Spitzengehälter verbundenen Kosten. Staatliche Enthüllungsvorschriften sorgen dafür, dass die Spitzengehälter ein sichtbares und umstrittenes Thema bleiben. Die Vorteile der Enthüllung liegen auf der Hand; sie bietet Sicherungen dagegen, dass Manager im geheimen Einverständnis mit »gefangenen« Aufsichtsräten das Unternehmen »ausplündern«.

Die Kosten der Enthüllung sind nicht so genau bekannt, aber sie könnten durchaus die Vorteile überwiegen. Die Arbeitsverträge von Managern sind keine Privatangelegenheit zwischen Arbeitgebern und Arbeitnehmern. Dritte spielen beim Vertragsabschluss eine wichtige Rolle, und starke politische Kräfte, die innerhalb und außerhalb von Unternehmen wirksam sind, nehmen Einfluss auf die Bezahlung von Managern. Außerdem entscheiden nicht die Aktionäre über die Vergütung, sondern Vergütungsausschüsse, die sich im Allgemeinen aus Aufsichtsräten anderer Unternehmen zusammensetzen. Diese Ausschüsse werden von den Aktionären gewählt, aber sie sind nicht deren perfekte Vertreter. Die öffentliche Enthüllung dessen, »was der Chef verdient«, liefert außenstehenden Gruppen mit ihren Sonderinteressen Munition. Die Reaktion der Vergütungsausschüsse auf die Unruhe wegen der Höhe der Gehälter besteht in der Regel darin, dass sie den Betrag, den der CEO verdient, ausdrücklich oder stillschweigend deckeln.[13]

Jensen und Murphy, die in einer Zeit schrieben, in der Spitzengehälter nach heutigen Maßstäben noch niedrig waren, waren mit anderen Worten der Ansicht, dass soziale Normen in Gestalt des Zwangs der Empörung die Spitzengehälter niedrig hielten. Das fanden sie natürlich nicht gut, sondern schlecht. Die Sorge, dass Manager sich durch ihre Position Vorteile verschaffen könnten, taten sie ab, indem sie »ausplündern« und »gefangene« in Anführungszeichen setzten. Doch unausgesprochen erklärten sie die Entwicklung der Spitzengehälter genauso wie die Kritiker der hohen Vergütung. Die Managergehälter, so legten sie dar, waren zwischen dem Ende der dreißiger Jahre und dem Beginn der achtziger Jahre real gesunken, obwohl die Unternehmen sehr viel größer geworden waren. Der Grund, behaupteten sie, sei öffentlicher Druck gewesen. Somit sagten sie, dass nicht wirtschaftliche Kräfte im engeren Sinne, sondern soziale und politische Erwägungen zu der starken Verringerung der Einkommensunterschiede zwischen Mitarbeitern und Chefs in der Nachkriegszeit führten.

Inzwischen ist die Idee, dass Riesengehälter Teil eines wohltuenden Systems sind, in dem Spitzenmanager einen Anreiz für gute Leistungen erhalten, zu einem makabren Scherz verkommen. Der 2001 in *Fortune* erschienene Artikel »The Great CEO Pay Heist«[14]

brachte den Zynismus auf den Punkt: »Sie haben vielleicht erwartet, dass es folgendermaßen läuft: Die Aktie steigt nicht, also sollte der CEO auch nicht belohnt werden. Aber in Wahrheit war es genau umgekehrt: Die Aktie steigt nicht, also müssen wir eine andere Möglichkeit finden, den CEO zu belohnen.« Der Artikel zitierte einen etwas reumütigen Michael Jensen: »Ich habe mir allgemein Gedanken darüber gemacht, dass diese Kerle nicht gut genug bezahlt werden. Aber jetzt bin sogar ich beunruhigt.« [15] Aber wie dem auch sei: Die Lehre, Gier sei gut, hat ihre Aufgabe erfüllt, indem sie dazu beitrug, soziale und politische Normen zu verändern. Gehälter, die vor einer Generation Schlagzeilen gemacht und einen allgemeine Aufruhr ausgelöst hätten, findet man heute nicht mehr erwähnenswert.

Es erstaunt nicht, dass die Spitzengehälter in europäischen Ländern, die nicht denselben Wandel der Normen und Institutionen erlebt haben, weit hinter den amerikanischen zurückgeblieben sind. Der Chef von BP, das seinen Sitz in Großbritannien hat, bekommt nicht einmal halb so viel wie der Chef von Chevron, einer Firma, die halb so groß ist wie BP, aber ihren Sitz in Amerika hat. Ein europäischer Gehaltsberater bemerkte dazu: »In den USA gibt es nicht den Faktor Scham. In Europa achtet man mehr auf den gesellschaftlichen Eindruck.« [16]

Fairerweise muss man sagen, dass Spitzenmanager nicht die einzigen Mitglieder der wirtschaftlichen Elite sind, deren Einkommen seit den siebziger Jahren in die Höhe geschossen sind. Einige Ökonomen weisen seit langem darauf hin, dass bestimmte Arten des technischen Wandels wie etwa der Aufstieg der Massenmedien große Gehaltsunterschiede zwischen Leuten erzeugen könnten, die äußerlich betrachtet gleiche Qualifikationen zu besitzen scheinen.[17] In der Tat mag der Aufstieg der Massenmedien teilweise erklären, warum Prominente der einen oder anderen Art heute so viel mehr verdienen als früher. Und man kann die Ansicht vertreten, dass die Technik auf ungeklärte Weise mit dafür verantwortlich ist, dass die Einkommenskluft unter Anwälten und anderen

Freiberuflern sich erweitert hat. Vielleicht können die Asse dank Faxgeräten und des Internets mehr Aufträge ergattern, bei denen es auf das gewisse Extra ankommt, während den weniger Talentierten die stumpfsinnige Routinearbeit bleibt. Gleichwohl beweist das Beispiel der Bezahlung von Spitzenmanagern, dass der Wandel von Institutionen und Normen zu steigender Ungleichheit führen kann – und internationale Vergleiche belegen, wie wir gesehen haben, dass die Veränderungen, die sich in den letzten 30 Jahren in Amerika vollzogen haben, nicht der Technik, sondern den Institutionen zuzuschreiben sind.

Der Grund

Seit den siebziger Jahren haben sich die Normen und Institutionen in den Vereinigten Staaten in einer Weise verändert, die eine deutlich verstärkte Ungleichheit förderte oder zumindest zuließ. Doch woher kam die Veränderung der Normen und Institutionen? Sie kam, wie es scheint, von der Politik.

Betrachten wir zum Beispiel das Schicksal der Gewerkschaften. Gewerkschaften waren einmal ein wichtiger Faktor der Begrenzung der Einkommensungleichheit, einerseits durch ihren direkten Einfluss, der sich in höheren Löhnen für ihre Mitglieder niederschlug, andererseits, weil das Vorbild der gewerkschaftlichen Tarifabschlüsse, welche die Löhne der schlechter bezahlten Arbeiter konsequent stärker anhoben, sich in den fünfziger und sechziger Jahren auf den gesamten Arbeitsmarkt auswirkte. Mit dem Niedergang der Gewerkschaften wurde dieser mäßigende Einfluss beseitigt. Doch wie kam es zum Niedergang der Gewerkschaften?

Nach landläufiger Ansicht beruht der Niedergang der Gewerkschaften auf dem Strukturwandel des Arbeitskräftepotenzials. Früher, so heißt es, dominierte in der amerikanischen Wirtschaft die Industrie, in der es auch die stärksten Gewerkschaften gab – man denke nur an die Automobil- und die Stahlarbeiter. Jetzt sind wir vornehmlich eine Dienstleistungswirtschaft, teils durch den technischen Wandel, teils, weil wir so viele Industrieerzeugnisse einführen. Also muss der Niedergang der Gewerkschaften mit der Deindustrialisierung zusammenhängen.

Das stimmt nun aber nicht. Zwar ist die Bedeutung der Industrie zurückgegangen, aber der Niedergang der Gewerkschaften rührt größtenteils daher, dass der gewerkschaftliche Organisationsgrad *innerhalb* der Industrie eingebrochen ist, von 39 Prozent der Beschäftigten im Jahr 1973 auf 13 Prozent im Jahr 2005. Außerdem gibt es kein ökonomisches Gesetz, dem zufolge sich die gewerkschaftliche Organisation auf die Industrie beschränken muss, ganz im Gegenteil. Eine Firma wie Wal-Mart, die nicht gegen ausländische Konkurrenz antreten muss, müsste eigentlich ein noch geeigneteres Ziel für gewerkschaftliche Organisationsbemühungen sein, als es Industrieunternehmen sind. Man male sich einmal aus, wie das die amerikanische Wirtschaft verändern würde: Wenn Wal-Mart-Angestellte einer Gewerkschaft angehörten, die höhere Löhne und bessere Zusatzleistungen fordern könnte, würden die Ladenpreise vielleicht etwas steigen, aber der Einzelhandelsriese würde nicht den Betrieb einstellen – und die amerikanische Mittelschicht hätte mehrere 100 000 Mitglieder mehr. Man stelle sich vor, dies würde auf die anderen Einzelhandelsriesen oder besser noch auf den gesamten Dienstleistungssektor übertragen, und sofort bekommt man einen Eindruck davon, wie die Große Kompression unter Franklin D. Roosevelt ablief.

Warum ist Wal-Mart dann nicht gewerkschaftlich organisiert? Warum hat die Gewerkschaftsbewegung in der Industrie insgesamt an Boden verloren und es gleichzeitig nicht geschafft, neue Mitglieder in den aufsteigenden Dienstleistungsbranchen zu gewinnen? Die Antwort ist schlicht und brutal: Die Wirtschaftsinteressen, die, so schien es, in den sechziger Jahren zu einer Einigung mit der Gewerkschaftsbewegung gekommen waren, sind seit den siebziger Jahren zu einer Offensive gegen die Gewerkschaften übergegangen. Und wir reden nicht von sanfter Überredung, wir reden von harten Kampfmaßnahmen, zu denen oft die illegale Entlassung von Arbeitnehmern gehörte, die sich zu organisieren versuchten oder gewerkschaftliche Aktivitäten unterstützten. Ende der siebziger, Anfang der achtziger Jahre wurde mindestens jeder 20. Arbeitnehmer, der für eine Gewerkschaft stimmte, illegal gefeuert, und es gibt Schätzungen, wonach es sogar jeder achte war.

Zu dem Einbruch, den die amerikanische Gewerkschaftsbewegung seit den siebziger Jahren erlebt hat, gibt es keine Parallele in einem anderen westlichen Land. Tabelle 5 zeigt einen aussagekräftigen Vergleich zwischen den Vereinigten Staaten und Kanada. In den sechziger Jahren waren die amerikanischen Arbeitnehmer sogar etwas stärker gewerkschaftlich organisiert als die kanadischen. Doch gegen Ende der neunziger Jahre waren die amerikanischen Gewerkschaften praktisch aus dem Privatsektor verdrängt, während die kanadische Gewerkschaftsbewegung sich im Wesentlichen behauptet hatte. Der Unterschied hatte natürlich politische Ursachen: Das veränderte politische Klima in den Vereinigten Staaten begünstigte den Kampf gegen die Gewerkschaften, was in Kanada nicht der Fall war.

In Kapitel 6 habe ich beschrieben, welche zentrale Rolle die Gewerkschaftsfeindlichkeit für den Aufstieg von Barry Goldwater spielte und wie entscheidend der Kampf gegen die Gewerkschaften zur Festigung der Wirtschaftsbasis der Konservativen Bewegung beitrug. In der zweiten Hälfte der siebziger Jahre hatte die Konservative Bewegung hinreichenden politischen Einfluss, um den Unternehmen den Eindruck zu vermitteln, sie könnten sich auf den Kampf gegen die Gewerkschaften einlassen.

Und nachdem Ronald Reagan Präsident geworden war, wurde die Kampagne gegen die Gewerkschaften durch politische Rückendeckung auf höchster Ebene unterstützt und gefördert. Insbesondere die Unterdrückung der Fluglotsengewerkschaft durch Reagan war das Signal für einen breiten Angriff auf die Gewerkschaften in der gesamten Wirtschaft. Das Zurückwerfen der Gewerkschaften, die einmal eine mächtige Bremse der Ungleichheit gewesen waren, war eine im breitesten Sinne politische Angelegenheit. Es war eine Probe der Ausübung von Macht, sowohl innerhalb des staatlichen Bereichs als auch in unserer Gesellschaft insgesamt.

Tabelle 5: Anteil der gewerkschaftlich organisierten Lohn- und Gehaltsempfänger

	Vereinigte Staaten	Kanada
1960	30,4	32,3
1999	13,5	32,6

Quelle: David Card, Thomas Lemieux und W. Craig Riddell, *Unionization and Wage Inequality: A Comparitive Study of the U.S., the U.K., and Canada* (National Bureau of Economic Research Arbeitspapier Nr. 9473, Januar 2003).

Um die große Kluft zu begreifen, müssen wir also verstehen, wie die Konservative Bewegung zu einem so machtvollen Faktor im politischen Leben Amerikas wurde.

Kapitel 8

Die Politik der Ungleichheit

Sechs Jahre lang, von 1994 bis zum Ende von Clintons Amtszeit, tobte ein erbitterter Machtkampf zwischen einem republikanischen Kongress und einem demokratischen Präsidenten. Das dramatische Impeachment-Verfahren von 1998 ist das Ereignis, das den meisten in Erinnerung geblieben ist. Doch aufschlussreicher war die Stilllegung der Regierung Ende 1995 [durch die republikanische Blockade von Clintons Haushaltsplan mussten Tausende von Regierungsangestellten in Zwangsurlaub gehen – Anm. d. Ü.], bei der es nicht um persönliches Verhalten, sondern um Staatsangelegenheiten ging. Es war ein unverhüllter Kampf um unterschiedliche Auffassungen von Staat und Gesellschaft.

Zu der Stilllegung kam es vor allem, weil Newt Gingrich, der Sprecher des Repräsentantenhauses, einen Plan durchsetzen wollte, der zu einer einschneidenden Kürzung der Mittel für Medicare[1] geführt hätte und, nicht minder wichtig, gesunden Senioren einen Anreiz gegeben hätte, aus Medicare auszusteigen, was sowohl den gesamtgesellschaftlichen Charakter des Programms als auch dessen finanzielle Basis ausgehöhlt hätte. Faktisch wollte Gingrich Medicare dem langsamen Tod durch Erdrosselung ausliefern. Gingrich verfügte über genügend Stimmen, um den Plan durch den Kongress zu bringen, aber er hatte nicht die Stimmen, die nötig gewesen wären, um ein Veto des Präsidenten umzustoßen. Deshalb versuchte er, Clinton zum Handeln zu zwingen, indem er der Bundesregierung die Mittel verweigerte, die sie für die Fortsetzung der Regierungsarbeit brauchte.

Nun ist eine Stilllegung der Bundesregierung nicht buchstäblich so zu verstehen, dass sämtliche Bundesbehörden dichtgemacht werden. Etwa die Hälfte der Beschäftigten arbeitete weiter, und die wichtigsten Dienste wurden aufrechterhalten. Aber die Grobheit des Vorgehens war dennoch bemerkenswert: In ihrem Drang, eine der Säulen des amerikanischen Wohlfahrtsstaates einzureißen, waren die Republikaner bereit, die Funktionsfähigkeit der Regierung in Frage zu stellen.

Wie sich zeigte, hatte Gingrich sowohl Clinton als auch die Wähler falsch eingeschätzt. Clinton blieb standhaft. Der Stillstand wurde von der Öffentlichkeit nicht der Regierung Clinton, sondern Gingrich angelastet, und schließlich gaben die Republikaner klein bei. Das Impeachment gegen Clinton drei Jahre später, das ansonsten etwas Abwegiges hat, versteht man am besten als Gingrichs Versuch, Rache zu nehmen. Die Stilllegung von 1995 zeigte, wie weit die Polarisierung der amerikanischen Politik inzwischen gediehen war, und im Unterschied zum Impeachment verriet die Konfrontation von 1995 auch, um was es in diesem polarisierenden Kampf wirklich ging.

Viele Politiker und Journalisten leiden an einem Übel, dem einige Liberale den Namen »Broderismus«[2] verliehen haben und das sie veranlasst, dem Ende der überparteilichen Zusammenarbeit nachzutrauern, aber so zu reden, als beruhe die Unfähigkeit heutiger Politiker, miteinander auszukommen, auf rätselhaften Charaktermängeln. Dass einige unserer führenden Politiker Charaktermängel in Hülle und Fülle haben, steht außer Zweifel – Clinton hatte seine Probleme, und Gingrich, der seine eigene Affäre mit einer Untergebenen noch fortsetzte, als er Clintons Unmoral anprangerte, legte eine unter Politikern seltene Mischung aus Großmäuligkeit und Heuchelei an den Tag. Doch der Grund dafür, dass die Politik etwas so Erbittertes und Parteiisches angenommen hat, ist im politischen und nicht im persönlichen Bereich zu suchen.

In der großen Ära der Zusammenarbeit beider Parteien äußerte sich nicht das vornehme Wesen einer früheren Generation von Politikern. Sie war vielmehr Ausdruck des gedämpften Charakters der politischen Konflikte in einer Zeit, in der die Parteien in Grundfragen nicht so weit auseinander waren. Nach der Wahl von 1948 waren die Republikaner zu dem Schluss gekommen, dass die Errungenschaften des New Deal unumkehrbar seien, und unterließen entsprechende Versuche, während die Demokraten, die in den dreißiger und vierziger Jahren eine Revolution gemacht hatten, sich nunmehr einem Programm kleiner Reformen verschrieben. So kam es, dass während einer ganzen Generation das Einseitig-Parteiische schweigen musste. Diese Ära endete, und die erbitterte Polarisierung kam wieder zum Vorschein, als die Republikaner es sich abermals anders überlegten. Der große Haß, der heute zwischen den Parteien herrscht, rührt daher, dass die Republikaner seit den siebziger Jahren erneut zu einer Partei wurden, die sich durch ihre Gegnerschaft gegen eine Besteuerung der Reichen und Leistungen an die Armen und die Mittelschicht definiert und bereit ist, für diese Zielsetzung alles zu tun, koste es, was es wolle.

Zu verstehen, was die Parteien voneinander trennt, ist das eine, die Ursachen zu verstehen das andere. Der Marsch der Republikanischen Partei nach rechts wirft in der Tat zwei große Rätsel auf: Warum startete eine von zwei großen Parteien Amerikas einen Kreuzzug für die Demontage des Wohlfahrtsstaates ausgerechnet in einer Zeit rapide zunehmender Ungleichheit, in der man hätte erwarten sollen, dass die Besteuerung der Reichen zwecks Finanzierung von Leistungen an die Mittel- und Unterschicht mehr und nicht weniger Anklang findet? Und wieso konnte die Republikanische Partei trotz ihres antipopulistischen Wirtschaftsprogramms so viele Wahlen gewinnen?

In diesem Kapitel will ich versuchen, das erste Rätsel zu lösen, und mir das zweite für das nächste Kapitel aufsparen. Doch ehe ich zur Sache komme, möchte ich einem verbreiteten Einwand begegnen, nämlich der Behauptung, dass die Parteien sich, gleichgültig, was sie sagen, in der Praxis nicht sehr voneinander unterscheiden.

Was die Parteien voneinander trennt

Im Wahlkampf 2000 verspottete Ralph Nader Politiker der beiden großen Parteien als »Republikraten«, als ununterscheidbare Interessenvertreter der Besitzenden. Als George W. Bush es während dieser Wahl irgendwie schaffte, dass die Presse ihn als einen Gemäßigten darstellte, waren die meisten Amerikaner anderer Meinung, und in dieser Hinsicht fasst die überwältigende Mehrheit der Amerikaner die Parteien in der Tat als sehr verschieden auf. Aber vielleicht gibt die Art, wie die Parteien wahrgenommen werden, ja keinen verlässlichen Hinweis darauf, was sie tatsächlich tun. Sind sie wirklich so verschieden?

Als Nader in den sechziger Jahren bekannt wurde, waren die Parteien einander wirklich so ähnlich, wie er es schildert. Bis in die Mitte der siebziger Jahre waren sie in vielerlei Hinsicht kaum auseinanderzuhalten: John F. Kennedy senkte die Steuern, Richard Nixon erhöhte sie, und bei der Abstimmung über bedeutende Gesetze stimmten Abgeordnete beider Parteien zuweilen mit dem Gegner. So fanden die Gesetze, mit denen 1965 Medicare und Medicaid geschaffen wurden, erhebliche Zustimmung bei den Republikanern, während ein ansehnlicher Teil der Demokraten dagegen stimmte. Bei der abschließenden Abstimmung im Repräsentantenhaus stimmten 70 Republikaner mit ja und 47 mit nein. Aber das war eine andere politische Ära.

Wie sehr sich die Dinge geändert haben, erkennt man an einem leicht messbaren Indikator der Parteiunterschiede: der Steuerpolitik, speziell der Steuerpolitik gegenüber den Reichen. Reagan, Clinton und George W. Bush nahmen zu Beginn ihrer Regierungszeit bedeutende Änderungen in der Steuerpolitik vor. Reagan und Bush senkten die Steuern für die Reichen; Clinton erhöhte sie.

Speziell Reagan begann seine Amtszeit mit einer deutlichen Verringerung der persönlichen Einkommensteuersätze und einer merklichen Senkung des effektiven Steuersatzes für Unternehmensgewinne. Beide Maßnahmen verschafften Haushalten mit höherem

Einkommen unverhältnismäßig große Vorteile, jenen Haushalten, die zuvor einen weit höheren Einkommensteuersatz zu zahlen hatten und denen zugleich der größte Teil der Aktien gehörte, die von den geringeren Unternehmensteuern profitierten. Clinton hob dagegen den Einkommensteuersatz für die höchste Einkommenskategorie an, während er die Einkommensobergrenze für die Pflicht zur Leistung von Medicare-Beiträgen abschaffte – das traf im Wesentlichen dieselbe Elite, die zuvor am stärksten von Reagans Steuersenkungen profitiert hatte. Bush senkte die Steuern zweimal, 2001 und 2003, wobei er die kurze Illusion des Erfolgs im Irak nutzte, um die zweite Runde der Senkungen durchzusetzen. Bei der ersten Senkungsrunde wurde der Einkommensteuerspitzensatz deutlich reduziert und die Erbschaftsteuer, die nur die Reichen belastet, stufenweise gesenkt, während bei der zweiten die Steuern auf Dividenden und Veräußerungsgewinne gesenkt wurden, was wiederum vor allem den höchsten Einkommensgruppe zugute kam.

Tabelle 6: Durchschnittliche Bundessteuersätze auf das oberste 1 Prozent

1980	34,6	1994	35,8
1982	27,7	2000	33,0
1992	30,6	2004	31,1

Quelle: Congressional Budget Office, »Historical Federal Effective Tax Rates«, http://www.cbo.gov/ftpdoc.cfm?index=7718&type=1.

Tabelle 6 zeigt für ausgewählte Jahre den wirklichen effektiven Steuersatz, den das oberste eine Prozent der Bevölkerung zahlt, also den Prozentsatz des Einkommens, den Angehörige dieser Gruppe (die gegenwärtig einem Jahreseinkommen von 425 000 Dollar oder mehr entspricht) tatsächlich an Steuern abführen. Bestimmt haben die Reichen unter Reagan und Bush II eine Menge gewonnen und unter Clinton eine Menge verloren. (Sowohl unter Reagan als auch unter Clinton schliffen sich die anfänglichen Steueränderungen mit der Zeit ab, weil beide Präsidenten sich mit einer gegnerischen Kongressmehrheit einigen mussten, aber am Grundsatz ändert das nichts.)

Bei der Abstimmung über diese Steueränderungen hielten sich die Abgeordneten in den meisten Fällen an die Linie ihrer Partei. Die Clinton-Gore-Steuererhöhung von 1993 wurde vom Repräsentantenhaus ohne eine einzige republikanische Stimme angenommen; die Bush-Steuersenkung von 2003 wurde vom Repräsentantenhaus mit nur einer republikanischen Gegenstimme und der Zustimmung von nur sieben Demokraten angenommen. Der Gasoline for America's Security Act von 2005 – im Wesentlichen eine Reihe von Steuervergünstigungen für Ölgesellschaften – wurde mit einer Stimme Mehrheit angenommen, mit nur 13 republikanischen Gegenstimmen und keiner einzigen demokratischen Ja-Stimme.

Was die Ausgaben betrifft, ist das Verhalten der Abgeordneten weniger eindeutig, aber nur, weil die Parteien ihre Vorhaben nicht so recht durchzusetzen vermochten.

Reagan hatte anfangs tiefe Einschnitte in die Social Security vor, gab den Versuch aber angesichts der massiven Ablehnung im Kongress und in der Öffentlichkeit auf. Was er dagegen durchdrücken konnte, waren neue Regeln, in deren Folge die Leistungen nach dem Lebensmittelmarkenprogramm, der Hilfe für Familien mit abhängigen Kindern und der Arbeitslosenversicherung eingeschränkt wurden. Clinton hatte bekanntlich versucht, eine Art von allgemeiner Krankenversicherung einzuführen, und war auf der ganzen Linie gescheitert. Er setzte dagegen eine beträchtliche Erhöhung der Arbeitseinkommensteuergutschrift durch, die die Einkommen von Niedriglohnarbeitern anhebt.

Nachdem die Republikaner in der Wahl von 1994 die Mehrheit im Kongress erlangt hatten, versuchten sie, wie wir sahen, die Finanzierung von Medicare auszuhöhlen. Sie scheiterten, und Bush junior setzte sogar eine nennenswerte Ausweitung der Medicare-Leistungen auf rezeptpflichtige Medikamente durch. Das war jedoch eindeutig als politischer Deckmantel gedacht, denn das neue

Programm war darauf ausgerichtet, die Interessen der Pharmaindustrie zu begünstigen. Außerdem machte Bushs Medicare-Gesetz mit der Einführung hoher Subventionen für Medicare Advantage Plans, bei denen Steuergelder über private Agenten verteilt werden, einen großen Schritt auf Gingrichs Ziel zu, Medicare zu privatisieren. 2005 unternahm Bush den Versuch, die Sozialversicherung teilweise zu privatisieren, bei gleichzeitiger Kürzung zugesicherter künftiger Leistungen; wäre es Wirklichkeit geworden, hätte Bushs Vorhaben die traditionelle Sozialversicherung innerhalb weniger Jahrzehnte beseitigt. Doch dieser Versuch scheiterte rasch, genau wie Reagans Versuch, die Sozialversicherung herunterzuschrauben.

Der Unterschied zwischen den Parteien ist also keine Einbildung. Republikaner senken Steuern für die Reichen und versuchen, staatliche Sozialleistungen zu kürzen und den Wohlfahrtsstaat zu untergraben. Demokraten erhöhen die Steuern für die Reichen und versuchen, staatliche Sozialleistungen auszubauen und den Wohlfahrtsstaat zu stärken.

Und die Öffentlichkeit hat die Veränderung mitbekommen. In den sechziger und siebziger Jahren wurde die Frage, ob es einen merklichen Unterschied zwischen den Parteien gebe, zu etwa gleichen Teilen von den Wählern bejaht und verneint. Hatten 1972 nur 46 Prozent der Amerikaner merkliche Unterschiede zwischen den Parteien gesehen, so waren es 2004 76 Prozent.[3]

Die Radikalisierung der Republikanischen Partei

»Die allgemeine Krankenversicherung«, erklärte der Präsident, »ist eine Idee, deren Zeit in Amerika gekommen ist. Handeln wir jetzt, um allen Amerikanern finanziellen Zugang zu einer medizinischen Versorgung hoher Qualität zu garantieren.« War das die Stimme von Bill Clinton? Nein, es war Richard Nixon, dessen 1974 vorgetragener Comprehensive Health Insurance Plan in groben Zügen den Plänen ähnelte, die heute von liberalen Demokraten wie John Edwards vertreten werden. Aus dem Gesetz wurde jedoch nichts, weil Nixon bald darauf in die Watergate-Affäre verwickelt war.[4]

Von Mitgliedern der Konservativen Bewegung hört man heute zuweilen die verächtliche Äußerung, Nixon habe wie ein Liberaler regiert. Und das stimmt auch, was die Wirtschafts- und Umweltpolitik angeht, zumindest nach heutigen Maßstäben. Nixon schlug nicht nur eine allgemeine Krankenversicherung vor, er drängte auch auf ein garantiertes Mindesteinkommen. Was die Einnahmenseite betrifft, setzte Nixon 1969 eine Steuererhöhung durch, und er führte die alternative Mindeststeuer ein, mit der man gegen reiche Amerikaner vorgehen konnte, die es fertigbrachten, Steueroasen zu nutzen, um Steuern zu vermeiden. An einer anderen Front setzte er das Luftreinhaltungsgesetz durch und deckte den Kongress mit Dutzenden von Umweltschutzmaßnahmen ein. Ehemalige Mitarbeiter des Bundesamtes für Umweltschutz sagten mir, die Nixon-Jahre seien ein Goldenes Zeitalter gewesen.

Kurz, Nixon war eine Figur des Übergangs. Wenngleich er viele der politischen Schachzüge verwendete, die man mit der Konservativen Bewegung in Verbindung bringt, so war er doch eher ein Pragmatiker als ein Ideologe, was auf viele Republikaner zutraf. In den Jahren nach Nixon änderte sich der Charakter der Republikanischen Partei zusehends. Thomas Edsall von der *Washington Post* veröffentlichte 1984 *The New Politics of Inequality*, eine sehr aufschlussreiche und weitblickende Analyse der politischen Veränderungen, die schon damals in der amerikanischen Politik zu beobachten waren. Im Mittelpunkt seiner Untersuchung stand die Erneuerung und Radikalisierung der Republikanischen Partei, die sich nach seiner Ansicht in der zweiten Hälfte der siebziger Jahre vollzogen hatte:

Solche Gruppen, die einander bisher bekämpft und beargwöhnt hatten, wie die Gemeinschaft der Wirtschaftslobbyisten; rechtsorientierte ideologische Organisationen, die sich konservativen sozialen und kulturellen Werten

verschrieben hatten; Wirtschaftsinteressen aus dem Sonnengürtel, insbesondere unabhängige Ölfirmen; eine Reihe sogenannter neokonservativer
oder Kalter-Krieg-Intellektueller mit kompromisslosen Ansichten zur Ver-
teidigungs- und Außenpolitik, die, auch wenn manche nominell zu den Demokraten gehören, die Politik und die politischen Schritte der Grand Old
Party unterstützen; Ökonomen, die einen radikalen Umbau des Steuersys-
tems befürworten, mit Steuervergünstigungen für Unternehmen und Wohlhabende – all diese Gruppen fanden, dass die Republikanische Partei genügend Gemeinsamkeiten bot, um ein Bündnis zu bilden.[5]

Mit anderen Worten: Die Konservative Bewegung hatte die Grand
Old Party übernommen.

Ronald Reagan war der erste Präsident der Konservativen Bewegung. In seinem engeren Beraterkreis herrschten Ansichten, die
einst mit Eisenhowers Ausdruck auf eine »winzige Splittergruppe«
beschränkt gewesen waren: David Stockman, Reagans Budget-
direktor, sah in der Sozialversicherung ein Beispiel eines »wirklich-
keitsfernen Sozialismus«, während glühende Verfechter der An-
gebotsdoktrin, die der Ansicht waren, durch Steuersenkungen
würden die Steuereinnahmen steigen, Schlüsselstellungen im Fi-
nanzministerium und in anderen Regierungsstellen erhielten. Reagan tat außerdem sein Möglichstes, um Nixons Umwelterfolge
rückgängig zu machen, indem er den Haushalt des Bundesamtes
für Umweltschutz zusammenstrich und seinen Durchsetzungsmaß-
nahmen die Zähne zog. Sein erster Innenminister James Watt war
ein glühender Feind des Umweltschutzes mit starken Bindungen
zur religiösen Rechten, der die Fläche der Staatsländereien, auf der
Kohle abgebaut werden durfte, verfünffachte. Watts musste bekanntlich zurücktreten, nachdem er damit geprahlt hatte, dass zu
seinen Mitarbeitern »ein Schwarzer, eine Frau, zwei Juden und ein
Krüppel« gehörten.[6]

Reagans Fähigkeit, Programmpunkte der Konservativen Bewegung durchzusetzen, wurde jedoch durch die politischen Realitäten
begrenzt. Während seiner gesamten Regierungszeit besaßen die
Demokraten die Mehrheit im Repräsentantenhaus. Bis auf seine

beiden letzten Amtsjahre hatten die Republikaner die Mehrheit im Senat, aber etliche republikanische Senatoren waren noch Gemäßigte vom Schlage Eisenhowers. Diese politischen Realitäten zwangen Reagan zur Mäßigung. So musste er, obwohl sein engerer Kreis die Leistungen der Sozialversicherung zusammenstreichen wollte, die Finanzen der Social Security durch eine Steuererhöhung sicherstellen.

Aber nach Reagan wurde die Republikanischen Partei durchgreifend radikalisiert. Schauen wir in die Programmerklärung der Republikanischen Partei von Texas im Jahr 2004, die einen Eindruck davon vermittelt, was die treuen Parteianhänger wirklich denken; nationale Programmerklärungen müssen zumindest den Anschein von Mäßigung erwecken, aber in Texas können Republikaner noch Republikaner sein. Darin wird die Abschaffung von Bundesämtern gefordert, »inklusive, aber nicht beschränkt auf die Behörde für Alkohol, Tabak und Schusswaffen; die Stelle des Leiters der Bundesgesundheitsbehörde; das Bundesamt für Umweltschutz; das Energieministerium, das Ministerium für Wohnungsbau und Städteplanung, das Gesundheitsministerium, das Bildungsministerium, das Handels- und das Arbeitsministerium«. Das Programm fordert ferner die Privatisierung der Sozialversicherung und die Abschaffung des Mindestlohns. Faktisch wollen die Republikaner von Texas den New Deal komplett aufheben.

In Wahrheit wollen die Vertreter der Konservativen Bewegung noch weiter gehen, wie es ihre Kampagne für die Abschaffung von Steuern auf ererbten Reichtum verdeutlicht. Die Erbschaftsteuer ist eine ehrwürdige Institution, die in ihrer modernen Form im Jahr 1916 eingeführt wurde. Es ist die Bundessteuer mit der stärksten Progression, das heißt, sie belastet die Reichen unverhältnismäßig stärker als jede andere Steuer. In den späten neunziger Jahren, vor Bushs Steuersenkungen, war lediglich der Nachlass von 2 Prozent der Verstorbenen groß genug, um überhaupt für die Besteuerung in Frage zu kommen. Was die Einnahmen betrifft, so kam das reichste 1 Prozent der Bevölkerung für fast zwei Drittel der Erbschaftsteuer auf, und die reichsten 10 Prozent zahlten 96 Prozent dieser Steuer.[7]

Da nur eine Handvoll Wähler Erbschaftsteuer zahlt, während viele Wähler Nutznießer staatlicher Programme sind, zu deren Finanzierung die Erbschaftsteuer herangezogen wird, sollte man meinen, dass eine Partei, die sich um mittlere oder typische Wähler kümmert, dazu neigt, die Erbschaftsteuer in Ruhe zu lassen. Das hat die Republikanische Partei denn auch 70 Jahre lang getan: Ihr letzter ernsthafter Versuch vor den letzten Jahren, die Erbschaftsteuer aufzuheben, fiel in die Jahre 1925–26 – und dieser Versuch scheiterte großenteils daran, dass sogar einige Republikaner sich gegen die Aufhebung aussprachen.[8] Doch in den neunziger Jahren machte die Republikanische Partei die Aufhebung der Erbschaftsteuer erneut zu einer vordringlichen Sache. Und Bushs Steuersenkungen von 2001 umfassten einen stufenweisen Abbau der Erbschaftsteuer, mit sinkenden Steuersätzen und steigenden Ausnahmetatbeständen, der im Jahr 2010 mit der völligen Abschaffung der Steuer enden soll. Die Republikanische Partei von heute ist mit anderen Worten gewillt, bei der Senkung von Steuern für die Reichen weiter zu gehen als die Republikanische Partei der zwanziger Jahre, der letzten Goldenen Jahre des Langen Goldenen Zeitalters.

Einige bewegte Konservative äußern sich freimütig über ihren Wunsch, die Uhr zurückzudrehen. Der Steuerrebell Grover Norquist, den man als »Feldmarschall« der Steuersenkungskampagne bezeichnet hat, ist am besten bekannt für seinen Ausspruch: »Mein Ziel ist, den Staat in 25 Jahren zu halbieren, ihn so klein zu kriegen, dass wir ihn in der Badewanne ersäufen können.«[9] Doch noch enthüllender ist seine Aussage, dass er Amerika zurückbringen möchte in »die McKinley-Ära, ohne den Protektionismus«, zurück zu der Art, wie Amerika war »bis zu Teddy Roosevelt, als die Sozialisten die Macht übernahmen. Die Einkommensteuer, die Erbschaftsteuer, die Regulierung, all das.«[10]

Die Republikanische Partei von heute ist demnach in die Hände

von Radikalen geraten, von Leuten, die das 20. Jahrhundert rückgängig machen wollen. Da es in der Demokratischen Partei keine
entsprechende Radikalisierung gab, ist die Machtübernahme der
Rechten in der Grand Old Party die tiefere Ursache der erbitterten
parteilichen Polarisierung von heute. Wie aber konnten Vertreter
der Konservativen Bewegung in einer der beiden großen Parteien
Amerikas die Macht an sich reißen und behaupten?

Die riesige Verschwörung

Das Wesen des Einflusses der Konservativen Bewegung auf die Republikanische Partei lässt sich sehr einfach zusammenfassen: Ja,
Virginia, es gibt eine riesige rechte Verschwörung. Das heißt, es
gibt ein Verbundsystem von Institutionen, die letztlich einer kleinen Gruppe von Leuten verantwortlich sind, die gemeinsam die
Treuen belohnen und die Abweichler bestrafen. Diese Institutionen stellen gehorsamen Politikern die Mittel zur Verfügung, um
Wahlen zu gewinnen, bieten ihnen im Fall der Niederlage eine sichere Zuflucht und nach dem Ausscheiden aus dem Amt lukrative
Karrieremöglichkeiten. Linientreuen Politikern garantieren sie eine
wohlwollende Berichterstattung, während sie Gegner schikanieren
und zermürben. Und sie unterhalten ein großes stehendes Heer
von Parteiintellektuellen und Aktivisten.

Die Welt der rechten Denkfabriken ist zwar bei weitem nicht
das wichtigste Element der »riesigen Verschwörung«, aber sie bietet doch einen brauchbaren Einblick in die Funktionsweise der
Verschwörung. Hier ein paar Szenen aus dem Leben einer modernen Denkfabrik:

Beispiel: Bruce Bartlett, ein konservativer Ökonom und ehemaliger Mitarbeiter der Regierung Reagan, arbeitet am National
Center for Planning Analysis (NCPA), einer Denkfabrik, die sich
darauf spezialisiert hat, für die Privatisierung einzutreten. Finanziert wird das NCPA durch Zuwendungen von zwölf Stiftungen,

darunter Castle Rock, Earhart, JM, Koch, Bradley, Scaife und Olin.[11] Enttäuscht von der Politik von George W. Bush, schreibt Bartlett *Impostor*, ein Buch, das Bush bezichtigt, kein echter Konservativer zu sein. Er wird umgehend aus seiner Stellung in der Denkfabrik entlassen.

Beispiel: Senator Rick Santorum, ein harter Konservativer, der den relativ gemäßigten Staat Pennsylvania vertritt, wird bei der Zwischenwahl 2006 hinweggefegt. Prompt übernimmt er eine Stelle als Direktor des »America's Enemies«-Programms am Ethics and Public Policy Center, einer Organisation, die sich selbst die Aufgabe gestellt hat, »den Zusammenhang zwischen der christlich-jüdischen moralischen Tradition und der öffentlichen Debatte über innen- und außenpolitische Fragen zu klären und zu verstärken«. Getragen wird das EPPC von Zuwendungen aus acht Stiftungen: Castle Rock, Earhart, Koch, Bradley, Smith Richardson, Olin und zweien der Scaife-Stiftungen.[12]

Beispiel: Das National Center for Public Policy Research (NCPPR) ist eine Denkfabrik mit der Aufgabe, »für die heutigen Probleme der öffentlichen Politik marktwirtschaftliche Lösungen bereitzustellen«, die in den letzten Jahren vornehmlich darin bestand, die globale Erwärmung in Zweifel zu ziehen. Es kam 2004 in die Nachrichten, als bekannt wurde, dass das NCPPR dem republikanischen Lobbyisten Jack Abramoff bei der Geldwäsche half: Die Denkfabrik überwies 1 Million Dollar an eine Direkt-Mail-Scheinfirma, die unter derselben Adresse firmierte wie Abramoff. Warum das NCPPR? Die Organisation stand seit ihrer Gründung im Jahr 1982 unter der Leitung von Amy Moritz Ridenour, einer Mitarbeiterin von Abramoff, da dieser 1981 Vorsitzender der College Republicans wurde. Auf der Gehaltsliste steht auch Ridenours Ehemann, und beide erhalten sechsstellige Gehälter. Das NCPPR wird finanziert von Castle Rock, Earhart, Scaife, Bradley und Olin.[13]

Zur Welt der rechten Denkfabriken gibt es auf der Linken nichts Vergleichbares. Die *Washington Post* hat ein regelmäßiges Feature unter dem Titel »Think Tank Town«, das »Kolumnen veröffentlicht, die von elf bedeutenden Denkfabriken eingereicht werden«. Von den solchermaßen geehrten Institutionen sind fünf Einrichtungen der Konservativen Bewegung: das American Enterprise Institute, das Cato Institute, die Heritage Foundation, das Manhattan Institute und das Hudson Institute. Nur eine, das Center for American Progress (CAP), kann wirklich als Zweig der progressiven Bewegung betrachtet werden – und es wurde erst 2003 gegründet. Andere Denkfabriken wie die Brookings Institution werden zwar häufig als »liberal« bezeichnet, sind aber in Wirklichkeit vage zentristische Organisationen ohne eine festgelegte politische Linie. Es gibt außer dem CAP noch einige progressive Denkfabriken, die in der politischen Debatte eine bedeutende Rolle spielen, beispielsweise das Center on Budget and Policy Priorities und das Economic Policy Institute. Was jedoch die Finanzierung und den Personalbestand angeht, sind diese Organisationen ein Nichts im Vergleich zu den Giganten der Konservativen Bewegung.

Dank der starken Vermehrung von Denkfabriken der Konservativen Bewegung seit den siebziger Jahren kann ein Bewegungs-Intellektueller anständig verdienen, wenn er für bestimmte Positionen eintritt. Das hat natürlich seinen Preis – wie Bruce Bartlett feststellen musste, wird von einem erwartet, ein Apparatschik und nicht ein unabhängiger Denker zu sein –, aber viele sehen darin ein gutes Geschäft.

Ins Leben gerufen wurden diese Denkfabriken weitgehend von einer Handvoll Stiftungen, die von reichen Familien geschaffen wurden. Die größeren Denkfabriken, insbesondere Heritage und AEI, erhalten außerdem beträchtliche Zuwendungen von Unternehmen.

Das Netz konservativer Denkfabriken hat seine Entsprechung in der Welt des Journalismus. Blätter wie *National Journal*, *Public Interest* und *American Spectator* wurden, genau wie die Denkfabriken der Konservativen Bewegung, mit viel Geld von rechtsorientierten Stiftungen gegründet – und es waren mehr oder weniger dieselben, die auch bei der Gründung der Denkfabriken halfen.

Es gibt außerdem eine Reihe von konservativ-bewegten Zeitungen: Die Kommentarseite des *Wall Street Journal* hat lange eine wichtige Rolle gespielt, während die von Sun Myung Muns Vereinigungskirche kontrollierte *Washington Times* faktisch zum Hausorgan der Regierung Bush geworden ist. Und dann ist da natürlich Fox News mit der Orwellschen Parole »Fair and Balanced«.

Schließlich gibt es den nicht zu übergehenden Nexus zwischen Lobbyisten und Politikern. Die scheinbare Vielfalt der Lobbyvereinigungen der Wirtschaft wie die scheinbare Vielfalt der konservativen Denkfabriken kaschieren die tatsächliche Zentralisierung der Bewegung. Bis zu seiner Wahlniederlage im Jahr 2006, die ihn nötigte, eine neue Aufgabe zu übernehmen und Amerikas Feinden entgegenzutreten, traf sich Senator Rick Santorum jeden Dienstag mit rund zwei Dutzend Lobbyisten. Hier eine Beschreibung dieser Treffen von Nicholas Confessore aus dem Jahr 2003:

Allwöchentlich lassen die anwesenden Lobbyisten eine Liste der offenen Stellen herumgehen und beraten darüber, wer unterstützt werden soll. Santorums Aufgabe ist, dafür zu sorgen, dass jede mit einem loyalen Republikaner besetzt wird – da ist zum Beispiel die Stelle des Stabschefs eines Senators frei, die eines Spitzenberaters des Weißen Hauses oder die eines weiteren Lobbyisten, der seine Verlässlichkeit unter Beweis gestellt hat. Nachdem Santorum sich für einen Kandidaten entschieden hat, sorgen die anwesenden Lobbyisten dafür, dass bekannt wird, wer die Gunst der republikanischen Führung genießt.[14]

Die wöchentlichen Besprechungen Santorums und ähnliche Besprechungen von Roy Blunt, dem Fraktionsführer der Mehrheit im Repräsentantenhaus, waren der Gipfel der »K Street Strategy« [an der K Street in Washington liegen die Büros der Lobbyisten – Anm. d. Ü.] – so tauften Grover Norquist und Tom DeLay, der ehemalige Mehrheitsführer im Repräsentantenhaus, ihren Plan, alle Demokraten aus den Lobbyvereinigungen zu vertreiben und die Stellen an loyale Republikaner zu vergeben. Mit dieser Strategie sollte unter anderem sichergestellt werden, dass der Löwenanteil der Parteispenden aus der Wirtschaft den Republikanern zufiel und die Demokraten finanziell ausgehungert wurden, ein Ziel, das man auch mit direktem Druck verfolgte. 1995 stellte DeLay eine Liste der 400 größten politischen Aktionskomitees zusammen, einschließlich der Beträge und des Anteils, den sie der einen oder anderen Partei zukommen ließen. Dann bestellte er die als »unfreundlich« eingestuften Lobbyisten in sein Büro und erklärte ihnen, was Sache ist. »Wenn man in unserer Revolution mitspielen will, muss man sich an unsere Regeln halten«, erklärte er der *Washington Post*.[15] Die Einflussnahme auf die Lobbyisten sorgte jedoch, was ebenso wichtig war, für Loyalität innerhalb der Republikanischen Partei, denn es waren eine Menge Protektionsposten zu vergeben, sehr, wirklich sehr gut bezahlte Protektionsposten, mit denen man diejenigen belohnen konnte, die sich der Parteilinie unterwarfen.

Die einzelnen Institutionen der Konservativen Bewegung schaffen für republikanische Politiker einen starken Anreiz, Positionen weit rechts von der Mitte einzunehmen. Es geht nicht nur um Wahlkampfspenden, sondern auch um die eigenen finanziellen Aussichten. Die Öffentlichkeit ist entschieden der Ansicht, dass Medicare seine Verhandlungsmacht nutzen sollte, um niedrigere Arzneimittelpreise herauszuholen. Doch der von den Demokraten zu den Republikanern übergewechselte Abgeordnete Billy Tauzin, der von 2001 bis 2004 Vorsitzender des Ausschusses für Energie und Handel war, drückte ein Medicare-Gesetz durch, das Verhandlungen über Preise ausdrücklich untersagte, und bezog anschließend als Chef der größten Lobbyvereinigung der Pharmaindustrie ein angeblich siebenstelliges Gehalt. Rick Santorum war für Pennsylvania eindeutig zu weit rechts, fand aber nach seiner Niederlage ohne Schwierigkeiten einen schönen Posten bei einer Denkfabrik, während Lincoln Chafee, der gemäßigte Republikaner aus Rhode Island, der im selben Jahr seinen Sitz im Senat verlor, sich mit einem einjährigen Lehrauftrag an der Brown University begnügen musste.

Lincoln Chafees Niederlage bringt mich zu einem anderen Aspekt der Einflussnahme der Institutionen der Konservativen Bewegung auf die Republikaner: Sie unterstützen nicht nur republikanische Politiker, die sich der Parteilinie unterwerfen, sie bestrafen auch diejenigen, die das nicht tun. Chafee sah sich bei den Vorwahlen einer widerlichen Kampagne von rechts ausgesetzt. Sein Gegner Steve Laffey bekam Spenden von über einer Million Dollar vom Club for Growth, der sich darauf verlegt hat, Republikaner zu disziplinieren, die nicht energisch genug für Steuersenkungen eintreten. »Wir möchten als diejenigen gesehen werden, die Steuersenkungen durchsetzen«, erklärte Stephen Moore, der damalige Vorsitzende des Clubs im Jahr 2001.

Der Club hatte große Hoffnungen, Chafee auszuschalten. Zwei Jahre zuvor hätte ein vom Club for Growth gesponserter Kandidat bei der Vorwahl in Pennsylvania um ein Haar Senator Arlen Specter geschlagen, der auch zu den relativ gemäßigten Republikanern gehörte. Ein republikanischer Kongressabgeordneter sagte dazu im Jahr 2001: »Wenn alle Republikaner für Bushs Steuersenkung stimmen, dann ist klar, dass sie um ihren Sitz bangen und verhindern möchten, dass Steve Moore in ihrem Wahlbezirk einen Konkurrenzkandidaten aufstellt.«

Specter war erstmals 1980 in den Senat gewählt worden und ist damit ein Überbleibsel aus den Zeiten, als in der Grand Old Party noch Platz für Gemäßigte war.

Jüngere republikanische Politiker sind im Allgemeinen schon in einer Partei groß geworden, die von der Konservativen Bewegung geprägt war. Die äußerste Rechte hatte sich schon 1972 der College Republicans [Studentenvereinigung der Republikaner – Anm. d. Ü.] bemächtigt, als kein anderer als Karl Rove zum Vorsitzenden der Organisation gewählt wurde. Zu den Ehemaligen dieser Vereinigung gehören unter anderen Rick Santorum, Grover Norquist, Ralph Reed und Jack Abramoff. Vertreter der Konservativen Bewegung haben die Mehrheit im Republican National Committee, und das heißt, dass sie für die Aufstellung von Kongresskandidaten zuständig sind; dass sie Gesinnungsgenossen aufstellen, ist nicht zu vermeiden. Die wenigen gemäßigten Republikaner, die noch im Kongress sitzen, wurden mit seltenen Ausnahmen erstmals vor Reagan gewählt beziehungsweise spätestens vor der Wahl von 1994, welche die Vorherrschaft des Gingrich-Flügels in der Partei besiegelte.

Ein letzter Punkt: Die Institutionen der Konservativen Bewegung sorgen für eine Kontinuität der Ziele, die auf der Gegenseite ohne Parallele ist. Jimmy Carter versuchte eine nationale Energiepolitik zu begründen, die die Abhängigkeit von Ölimporten reduzieren sollte, und damit hatte es sich; keiner rechnete damit, dass Bill Clinton dort weitermachen würde, wo Carter aufgehört hatte. Ronald Reagan versuchte vergeblich, die Leistungen der Sozialversicherung zusammenzustreichen; für die Konservative Bewegung war das nur ein taktischer Rückschlag. In einem mittlerweile berühmten Artikel von 1983 forderten Analytiker des Cato Institute und der Heritage Foundation, die Zustimmung zur Sozialversicherung mit einer »leninistischen Strategie« zu untergraben, um »die politischen Voraussetzungen dafür zu schaffen, dass sich das Fiasko der letzten 18 Monate nicht wiederholt«.[16] Diese Strategie lag dem Versuch von George W. Bush zugrunde, das System zu privatisieren – und es wird weitere Versuche geben, bis die Konservative Bewegung so gründlich besiegt wird wie der Konservatismus vor dem New Deal.

Wie kam es dazu?

Der Mechanismus der sich erweiternden Kluft zwischen den Parteien ist klar. Erbitterter Parteienstreit ist zur Regel geworden, weil die Republikaner nach rechts gerückt sind, und die Grand Old Party ist nach rechts gerückt, weil sie in die Hände der Konservativen Bewegung geraten ist. Offen ist nur, woran das letztlich lag. Seit jeher gibt es reiche Familien, die keine Steuern mögen, Unternehmen, die keine Regulierung wollen, und Intellektuelle, die den Wohlfahrtsstaat für illegitim halten. Doch in den fünfziger und sechziger Jahren waren diese Gruppen marginal und wurden von beiden Parteien als Spinner betrachtet. Was machte sie zu einer Kraft, die stark genug ist, das politische Leben Amerikas umzukrempeln?

Die Bewegungskonservativen selbst, sofern sie sich über die Gründe ihres Aufstiegs überhaupt Gedanken machen, führen ihn darauf zurück, dass gute Ideen über schlechte triumphierten. Die Geschichte geht ungefähr so: Die Weltwirtschaftskrise und linke Propaganda verleiteten die Menschen zu dem Irrglauben, sie bräuchten einen ausgabefreudigen Staat, der sie beschützt. Die Institutionen des ausgabefreudigen Staates verewigten sich dann selbst. Doch tapfere Männer von Milton Friedman bis Ronald Reagan brachten den Republikanern nach und nach bei, dass der Staat das Problem und nicht die Lösung ist. Und die Kluft zwischen den Parteien besteht nur deshalb, weil einige das noch nicht eingesehen haben.

Dieser heroischen Darstellung des politischen Wandels steht am anderen Ende die geradezu mechanistische Auffassung gegenüber, dass dem Aufstieg der Konservativen Bewegung wachsende wirtschaftliche Ungleichheit zugrunde liegt. Als ich mit diesem Buch begann, vertrat ich, wie in Kapitel 1 erwähnt, diese Ansicht, die man etwa so beschreiben kann: Geld kauft sich Einfluss, und da die kleine Gruppe der reichsten Amerikaner dank solcher Ungleichheit fördernder Kräfte wie dem technischen Wandel reicher wurde, ist sie reich genug geworden, um sich eine Partei zu kaufen. Aus dieser Sicht ist der Aufstieg der Konservativen Bewegung ein Nebenprodukt der wachsenden Ungleichheit.

Dass die drastische Zunahme der Einkommensungleichheit seit den siebziger Jahren das politische Leben Amerikas verändert hat, ist sicherlich plausibler als die Annahme, das alles sei der Genialität einiger Intellektueller zuzuschreiben. Doch die Hypothese, die zunehmende Konzentration der Einkommen habe die wirtschaftliche Elite ermächtigt und den Rechtsschwenk der Republikaner hervorgerufen, stößt auf ein zeitliches Problem. Der scharfe Schwenk der

Republikanischen Partei nach rechts begann, bevor von der zunehmenden Ungleichheit der Einkommen etwas zu sehen war. Ronald
Reagan wurde 1980 nominiert, in einem Jahr, in dem die Reichen
im Vergleich zum durchschnittlichen Amerikaner nicht reicher waren, als sie es während der Eisenhower-Jahre gewesen waren. Im
Kongress begann die politische Verschiebung mit den Wahlen von
1976 und 1978. Wie Edsall darlegt, wuchs »der harte Kern jüngerer,
ideologisch festgelegter republikanischer Senatoren« von vier im
Jahr 1975 auf elf im Jahr 1979, und eine entsprechende Verschiebung vollzog sich auch im Repräsentantenhaus.[17] Die Eroberung
der College Republicans durch Bewegungskonservative fand ebenfalls früher statt: Karl Rove wurde 1972 zum Vorsitzenden gewählt.
Und die wichtigsten Institutionen der Konservativen Bewegung
wurden etwa zur selben Zeit geschaffen. So wurde die Heritage
Foundation 1971 gegründet. Der Business Roundtable, der mehrere
locker organisierte Gruppen zu einer einflussreichen Lobby für eine
wirtschaftsfreundliche Politik vereinte – und schließlich die Basis
von Santorums »K Street«-Treffen bildete –, entstand 1972, und
kurz darauf wurde die Handelskammer der Vereinigten Staaten als
eine bedeutende Interessenvertretung wieder ins Leben gerufen.

Nimmt man die in Kapitel 7 von mir vorgelegten Beweise dafür
hinzu, dass hinter der Zunahme der Ungleichheit weitgehend Veränderungen von Institutionen und Normen standen und dass politische Veränderungen zu diesen Veränderungen von Institutionen
und Normen führten, so büßt die mechanistische Auffassung, dass
die Ungleichheit die Republikaner habe nach rechts rücken lassen,
ihre Plausibilität weitgehend ein. Wahrscheinlich hat die steigende
Einkommenskonzentration den Rechtstrend der Republikaner verstärkt, weil die Zahl und der Reichtum von Spendern zunahmen,
die entsprechend kompromisslose Politiker fürstlich zu finanzieren
vermochten. Aber es muss etwas anderes gewesen sein, das den Prozess in Gang setzte.

Dieses Etwas ist meines Erachtens die in den Kapiteln 6 und 7
beschriebene Kräftekonstellation. Um es kurz zu wiederholen:

Ende der fünfziger Jahre, Anfang der sechziger Jahre wurde aus den »neuen Konservativen«, der kleinen, elitären Gruppe um die *National Review*, durch die Fusion mit anderen Splittergruppen, die mit dem gemäßigten Mittelschicht-Amerika der Nachkriegsjahre unzufrieden waren, eine ernst zu nehmende Bewegung. Glühende Antikommunisten fanden in der Konservativen Bewegung Gleichgesinnte, die ihre Befürchtungen teilten. Leute, die sich darüber empörten, dass andere Sozialhilfe bekamen, fanden eine Bewegung, die ihrem Ressentiment zu politischer Respektabilität verhelfen konnte. Geschäftsleute, die sich darüber ärgerten, dass sie mit Gewerkschaften verhandeln mussten, fanden eine Bewegung, die ihren Ärger in wirksame politische Aktion umsetzen konnte.

Diese Konvergenz von Kräften war stark genug, Barry Goldwater zu nominieren, aber nur, weil das republikanische Establishment überrumpelt wurde. Und Goldwater erlitt eine haushohe Niederlage. Gleichwohl machte die Bewegung weiter und lernte dazu. Reagan brachte der Bewegung bei, wie man elitäre Wirtschaftideen in populistische Worte kleidet. Nixon zeigte, obwohl er kein Bewegungskonservativer war, wie man die dunkle Seite Amerikas – kulturelle und soziale Ressentiments, Besorgnisse um die Sicherheit im In- und Ausland und vor allem die Rassenfrage – ausschlachten kann, um Wahlen zu gewinnen.

Das Letztere war entscheidend. Die Fähigkeit, Rechtsaußen-Positionen statt in vergeblichen Protest in eine siegreiche Strategie umzusetzen, erbrachte die großen Gelder, welche die Institutionen der Konservativen Bewegung schufen – die »riesige rechte Verschwörung«, die wir heute kennen.

Damit sind wir jedoch bei dem zweiten Rätsel, das ich in diesem Kapitel benannt habe: Wieso konnten Befürworter eines beschnittenen Wohlfahrtsstaates und regressiver Steuersätze Wahlen gewinnen, obwohl die wachsende Ungleichheit der Einkommen dem Wohlfahrtsstaat mehr Zuspruch hätte verschaffen müssen? Das ist das Thema des nächsten Kapitels.

Kapitel 9

Massenzerstreuungswaffen

Wähler richten sich nicht nur nach ihrem Eigennutz – ein völlig eigennütziger Bürger würde gar nicht erst wählen gehen, da die Kosten des Wegs zum Wahllokal die voraussichtliche Auswirkung einer einzelnen Stimme auf sein Wohlergehen übersteigen. Manche mögen aus Prinzip gegen den »ausgabefreudigen Staat« stimmen, obwohl sie wahrscheinlich Nettoempfänger staatlicher Programme sind, während andere großzügige Sozialprogramme unterstützen, die sie selbst wahrscheinlich nicht benötigen werden. Dennoch würden wir erwarten, dass sich in den Präferenzen der Wähler bis zu einem gewissen Grad ihr Eigennutz ausdrückt. Und das ist auch der Fall: Die Wahrscheinlichkeit, dass sie höhere staatliche Ausgaben, staatliche Arbeitsbeschaffungsprogramme und dergleichen befürworten, ist bei Wählern im unteren Drittel der Einkommensverteilung erheblich höher als bei Wählern im oberen Drittel.[1] Denn der »ausgabenfreudige Staat« (im amerikanischen Sprachgebrauch »big government«), also der Wohlfahrtsstaat, leistet zweierlei. Erstens ist er eine Art Versicherung: Er schützt die Menschen vor einigen Lebensrisiken, indem er ihnen zusichert, dass sie, geschehe, was da wolle, im Alter nicht verhungern werden, oder dass sie sich, wenn sie über 65 sind, eine Operation noch leisten können. Zweitens sorgt er für eine breite Umverteilung der Einkommen nach unten.

Nehmen wir zum Beispiel die Auswirkungen von Medicare. Medicare ist eine sehr effektive Form der Sozialversicherung. Es verschafft selbst denen Seelenfrieden, die an Steuern und Prämien mehr in das System einzahlen, als sie an Leistungen erhalten. Ziemlich viele Amerikaner von Ende 50, Anfang 60 glauben, dass sie durchhalten müssen, bis sie Medicare erreichen, während sie Krankenversicherungsprämien zahlen, die sie sich nicht leisten können, oder ohne Versicherung in der sorgenvollen Hoffnung leben, nicht ernstlich krank zu werden, bis sie endlich den magischen 65. Geburtstag erreichen.

Es gibt aber noch einen Grund für die Beliebtheit von Medicare. Es ist, auch wenn es selten als solches angepriesen wird, ein Umverteilungsprogramm, das von einer wohlhabenden Minderheit nimmt und einer weniger wohlhabenden Mehrheit gibt. Die von Medicare garantierten Leistungen sind für alle dieselben, aber der größte Teil der Steuern, die das Programm finanzieren – sie sind mehr oder weniger dem Einkommen proportional[2] –, wird von nur 25 Prozent der Bevölkerung aufgebracht. Vergessen wir nicht, dass die Vereinigten Staaten, was die Einkommen angeht, das Gegenteil von Lake Wobegon sind: Die meisten liegen unter dem Durchschnitt. Ein staatliches Programm, das jeden besteuert und jedem Leistungen bereitstellt, muss den meisten Amerikanern daher als ein gutes Geschäft vorkommen.

Der Umverteilungsaspekt von Medicare ist charakteristisch für den Wohlfahrtsstaat insgesamt. Bedürftigkeitsorientierte Programme wie Medicaid und Lebensmittelmarken sind eine offenkundige Umverteilung von Einkommen, aber das gilt auch für Leistungsansprüche der Mittelschicht. Amerikaner, die zu den unteren 60 Prozent der Verdiener gehören, können erwarten, dass sie an Sozialversicherungsleistungen erheblich mehr erhalten, als sie an Sozialversicherungsbeiträgen gezahlt haben, während diejenigen, die zu den oberen 20 Prozent gehören, erwarten können, weniger zu erhalten, als sie gezahlt haben.[3]

Angesichts dessen sollte man erwarten, dass die öffentliche Meinung bei steigender Einkommensungleichheit nach links rückt, dass die Wähler also stärker Programme unterstützen, welche die Reichen besteuern und der Bevölkerung insgesamt Leistungen bereitstellen. Das wird in einem gewissen Umfang durch Umfragen bestätigt: Während die Republikanische Partei weit nach rechts rückte, ging aus Meinungsumfragen hervor, dass die Öffentlichkeit eher ein wenig nach links rückte.

Die wichtigste Informationsquelle über langfristige Entwicklungen der öffentlichen Meinung in den Vereinigten Staaten ist American National Election Studies, eine Organisation, die in Umfragen, die zum Teil bis in die fünfziger Jahre zurückreichen, immer wieder dieselben Fragen gestellt hat. Am aufschlussreichsten sind drei Fragen, die sich mehr oder weniger direkt auf den Umfang der staatlichen Aktivität und die Großzügigkeit des Wohlfahrtsstaates beziehen.

Bei einer Frage, die der medizinischen Versorgung gilt, werden die Befragten gebeten, sich auf einer Skala von 1 bis 7 einzuordnen, wobei 1 entschiedene Zustimmung für ein staatliches Programm bedeutet, das die Behandlungskosten deckt, während 7 bedeutet, dass man seine Kosten selber trägt und sich privat versichert. 1972 ordneten sich 37 Prozent der Befragten unter 1, 2 oder 3 ein, befürworteten also eine staatliche Krankenversicherung, während 35 Prozent sich unter 5, 6 oder 7 einstuften. 2004 war die Zustimmung zu einer staatlichen Krankenversicherung auf 42 Prozent gestiegen, während die Gegenposition auf 27 Prozent gesunken war.

Eine zweite Frage lautet, ob der Staat »dafür sorgen soll, dass jeder eine Arbeit und einen ausreichenden Lebensstandard hat«. 1972 waren 28 Prozent der Meinung, dass der Staat das tun sollte, während 40 Prozent meinten, der Staat solle »jeden für sich selbst sorgen lassen«. 2004 lauteten die entsprechenden Zahlen 31 und 42 Prozent; es gab weniger Unentschiedene, aber an dem grundlegenden Verhältnis hatte sich nichts geändert.

Eine dritte Frage wollte schließlich wissen, ob die Dienstleistungen und Ausgaben des Staates erhöht oder vermindert werden sollten. Leider reicht diese Frage nur bis 1982 zurück, als 32 Prozent für weniger und 25 Prozent für mehr Ausgaben waren. 2004 wünschten nur 20 Prozent eine Verringerung, 43 Prozent dagegen eine Erhöhung der staatlichen Ausgaben.

Diese Daten deuten darauf hin, dass die Wählerschaft eher nach links gerückt ist. Sie ist vielleicht nicht so weit nach links gerückt, wie angesichts der steigenden Ungleichheit zu erwarten gewesen wäre. Jedenfalls ist die öffentliche Meinung, anders als die Republikanische Partei, nicht scharf nach rechts geschwenkt. Dennoch gewinnen die Republikaner eine Wahl nach der anderen, eine Beobachtung, die nach der Zwischenwahl von 2006 ihre Gültigkeit teilweise, aber nicht gänzlich eingebüßt hat. Wie ist der Wahlerfolg der Republikaner zu erklären?

Kansas macht uns Sorgen

Eine Bewegung, die die Steuern senken und gleichzeitig den Wohlfahrtsstaat demontieren will, hat es naturgemäß schwer, die Massen für sich zu gewinnen. Steuersenkungen, speziell solche, wie die Bewegungskonservativen sie wünschen, kommen überwiegend einer kleinen Minderheit der Bevölkerung zugute, während die Nachteile eines geschwächten Sicherheitsnetzes eine sehr viel breitere Schicht treffen. Die naturgegebene Unpopularität konservativer Politik kann durch Organisation und Geld bis zu einem gewissen Grad wettgemacht werden – aber um Wahlen zu gewinnen, müssen die Bewegungskonservativen eine Möglichkeit finden, das Thema zu wechseln.

In seinem berühmten, 2004 (auf deutsch 2005) erschienenen Buch *Was ist mit Kansas los?* zeichnete Thomas Frank ein trostloses Bild von Wählern aus der Arbeiterschaft, die man immer wieder mühelos durch Nebensächlichkeiten in die Irre führt:

Der Trick ist immer derselbe, und die Selbsttäuschung bleibt. Sie stimmen gegen die Abtreibung – was Sie kriegen, ist eine Senkung der Steuer auf Vermögenserträge. Sie stimmen dafür, dass unser Land wieder stark wird – was Sie kriegen, ist die Entindustrialisierung. Sie stimmen dafür, dass die politisch korrekten Professoren eins auf den Deckel bekommen – was Sie kriegen, ist die Deregulierung des Strommarktes. Sie stimmen dafür, dass uns der Staat in Ruhe lässt – was Sie kriegen, sind allgegenwärtige Kartelle und Monopole, von den Medien bis zur Fleischindustrie. Sie stimmen dafür, dass man energisch gegen Terroristen vorgeht – was Sie kriegen, ist die Privatisierung der Sozialversicherung. Sie stimmen dafür, dass dem Elitedenken ein Schlag versetzt wird – was Sie kriegen, ist eine Gesellschaftsordnung, in der die Vermögen stärker konzentriert sind, als wir es je erlebt haben, eine Ordnung, in der die Arbeiter nichts mehr zu melden haben und die Chefs Gelder einstreichen, die jede Vorstellung übersteigen.[4]

Ist das ein wahrheitsgetreues Bild? Ich war von Franks Buch hingerissen, als es herauskam, und ich halte es immer noch für einen meisterhaft geschriebenen Essay über die geniale Fähigkeit der Konservativen Bewegung, emotionale Fragen auszuschlachten, und ihre Heuchelei, was die maßgebenden Prioritäten angeht. Doch Politikwissenschaftler, vor allem mein Princeton-Kollege Larry Bartels – der eine wissenschaftliche Erwiderung unter dem Titel »What's the Matter with *What's the Matter with Kansas?*« verfasste –, haben das Ausmaß, in dem Wähler aus der Arbeiterschaft sich *wirklich* haben täuschen lassen, in Zweifel gezogen.

Tatsache ist, dass das Wahlverhalten mit der Zeit nicht in schwächerem, sondern in stärkerem Maße klassengebunden wurde, und angesichts der Veränderung des Wesens der Republikanischen Partei würde man auch nichts anderes erwarten. In den fünfziger und sechziger Jahren wurde die Republikanische Partei von Männern geführt, die Eisenhowers Doktrin eines »modernen Republikanismus« folgten, von Männern, die das Vermächtnis des New Deal akzeptierten. Bei Weißen mit hohem Einkommen war die Wahrscheinlichkeit, dass sie sich als Republikaner betrachteten oder für republikanische Kandidaten stimmten, in jenen Jahrzehnten kaum höher als bei Weißen mit niedrigem Einkommen. Seit die Republikanische Partei unter den Einfluss der Konservativen Bewegung geraten ist, hat sich jedoch eine deutliche Klassenteilung ergeben. Die Wohlhabenden wählen zunehmend republikanisch, während Weiße mit geringerem Einkommen, insbesondere außerhalb der

Südstaaten, tatsächlich in stärkerem Maß demokratisch wählen als vor einem halben Jahrhundert.

Dennoch gab es *etwas*, das der Konservativen Bewegung erlaubte, Wahlen zu gewinnen, obwohl die von ihr vertretene Politik bei einer Mehrheit der Wähler eigentlich unpopulär war. Sprechen wir also über die von den Konservativen ausgeschlachteten immateriellen Probleme und beginnen wir mit dem Problem, das Frank in seiner wunderbaren Schimpftirade merkwürdigerweise nicht erwähnte: der Rasse.

Philadelphia

Fragen Sie die Leute auf der Straße, was ihnen spontan zu dem Namen Ronald Reagan einfällt, und Sie werden wahrscheinlich zu hören bekommen: »Steuersenkungen« oder »Kommunismus besiegt«. Dabei hat Reagan seinen Kampf um die Präsidentschaft nicht mit Kundgebungen über Wirtschaft oder Außenpolitik begonnen. Als er sich 1976 um die republikanische Nominierung bewarb, profilierte er sich mit der groben Übertreibung eines Falles von Sozialbetrug in Chicago, wobei er den Ausdruck »Welfare Queen« einführte.[5] Die Rasse der Frau erwähnte er nicht – das war gar nicht nötig. Er eröffnete seinen Wahlkampf im Jahr 1980 mit einer Rede über die Rechte der Einzelstaaten auf einem Volksfest bei Philadelphia, Mississippi, jener Stadt, in der 1964 drei Bürgerrechtsaktivisten ermordet worden waren. Alle verstanden die Botschaft.

Wenn man bedenkt, wie viel über die Veränderungen in der amerikanischen Politik während der letzten Generation geschrieben wurde und wie man sich mit den Ursachen des Niedergangs der Demokraten und des Aufstiegs der Republikaner abgequält hat, ist es erstaunlich, das sich das ganze Phänomen zum großen Teil in nur sechs Worten zusammenfassen lässt: Weiße Südstaatler begannen republikanisch zu wählen.

Ehe ich auf diese politische Veränderung eingehe, möchte ich
einen Blick auf den geschichtlichen Hintergrund werfen. Politisch
stehen die Vereinigten Staaten seit langem rechts von anderen hoch
entwickelten Ländern. Ausgaben für Subventionen und Transferleistungen – im Wesentlichen wohlfahrtsstaatliche Ausgaben – haben in den Vereinigten Staaten seit dem 19. Jahrhundert einen geringeren Anteil am BIP als in Europa. Schon 1937 gaben europäische
Länder, bezogen auf die Größe ihrer Volkswirtschaft, für wohlfahrtsstaatliche Programme ebenso viel aus wie die Vereinigten
Staaten erst im Jahr 1970, nach der Einführung von Medicare und
Medicaid.

Wie erklärt sich dieser Unterschied? Die Frage ist alt, reicht sie
doch mindestens zurück bis 1906, bis zu Werner Sombarts Buch
Warum gibt es in den Vereinigten Staaten keinen Sozialismus? Der
Unterschied ist auf alles Mögliche zurückgeführt worden, von hohen Löhnen – »An Roastbeef und Apple Pie«, schrieb Sombart,
»wurden alle sozialistischen Utopien zuschanden«[6] – bis zu tieferen
kulturellen Einstellungen. Doch die systematischste neuere Einschätzung von Alberto Alesina, Edward Glaeser und Bruce Sacerdote, drei Harvard-Ökonomen, kam zu dem Schluss, der wichtigste
Faktor der fortdauernden Sonderstellung Amerikas sei wahrscheinlich die Rasse:

Rassenzwietracht bestimmt in entscheidendem Maß die Ansichten über die
Armen. Da Minderheiten unter den ärmsten Amerikanern stark überreprä-
sentiert sind, werden alle einkommensbezogenen Umverteilungsmaß-
nahmen besonders in Richtung der Minderheiten umverteilen. Im Kampf
gegen eine linke Politik haben die Gegner der Umverteilung immer wieder
zu rassischer Rhetorik gegriffen. In allen Ländern ist rassische Zersplitte-
rung ein starker Prädiktor für Umverteilung. In den Vereinigten Staaten ist
Rasse der wichtigste Prädiktor für Bejahung der Sozialhilfe. Die getrübten
Rassenbeziehungen Amerikas sind eindeutig ein wichtiger Grund für das
Fehlen eines amerikanischen Wohlfahrtsstaates.[7]

Bestätigt wird diese Schlussfolgerung sowohl durch die Geschichte
der politischen Auseinandersetzungen um wohlfahrtsstaatliche Pro-

gramme als auch durch die heutige Gestalt der regionalen politischen Einstellungen.

Beginnen wir mit der New-Deal-Reform, zu der es nicht kam: der allgemeinen Krankenversicherung. Jedes hoch entwickelte Land außer den Vereinigten Staaten hat ein allgemeines System der Gesundheitsversorgung – warum wir nicht? Die wohl beste Gelegenheit, ein solches System zu schaffen, kam in den späten vierziger Jahren, als Harry Truman versuchte, ein System zu schaffen, das im Wesentlichen wie Medicare für die ganze Bevölkerung ausgesehen hätte. Umfragen ergaben eine überwältigende öffentliche Unterstützung für ein allgemeines System (genau wie heute). Doch Trumans Versuch scheiterte, wie in Kapitel 4 geschildert, am Widerstand zweier wichtiger Gruppen: des amerikanischen Ärzteverbandes und der Südstaaten-Weißen, die aufgrund ihrer niedrigen Einkommen von dem Programm profitiert hätten, es aber dennoch ablehnten, weil sie fürchteten, es werde zu rassisch integrierten Krankenhäusern führen.[8]

Die Auswirkungen der Rassenfrage auf die Zustimmung zum Wohlfahrtsstaat werden auch aus einem Vergleich zwischen den Bundesstaaten deutlich. Alesina, Glaeser und Sacerdote zeigen, dass zwischen der rassischen Zusammensetzung eines Staates und seiner politischen Einstellung eine starke Korrelation besteht. Je höher der schwarze Anteil an der Bevölkerung eines Staates ist, desto niedriger sind generell die Sozialausgaben pro Kopf. Das mag bis zu einem gewissen Grad auf die Tatsache zurückgehen, dass die Südstaaten trotz der Nordwanderung der Afroamerikaner und der Konvergenz der regionalen Einkommen sowohl schwärzer als auch ärmer sind als der Rest der Vereinigten Staaten. Aber es liegt nicht nur daran: Selbst nach Berücksichtigung der Einkommenshöhe bleibt die Korrelation bestehen.

Um das konkreter zu veranschaulichen, können wir politische Einstellungen und Politik in Massachusetts und Virginia miteinander vergleichen. Sowohl nach dem durchschnittlichen als auch nach dem mittleren Pro-Kopf-Einkommen sind die beiden Staaten in etwa miteinander vergleichbar; das bedeutet, dass die Höhe der Einkommen in beiden Staaten ähnlich ist und dass es hinsichtlich der Konzentration der Einkommen an der Spitze keine großen Unterschiede gibt. Doch in den politischen Einstellungen unterscheiden sie sich drastisch: Massachusetts ist bekanntermaßen liberal, während Virginia seit langem zutiefst konservativ ist. (Das könnte sich jetzt ändern, aber die Stärkung der Demokraten in Virginia ist ein ganz junges Phänomen.) Ähnliche Paarvergleiche kann man zwischen anderen Staaten der einstigen Konföderation und ihrem wirtschaftlichen Pendant im Norden anstellen; in den meisten, aber nicht in allen Fällen ist der südlichere, schwärzere Staat weit konservativer. Es fällt schwer, daraus nicht zu folgern, dass der Unterschied auf der Rasse beruht.

Doch die New-Deal-Koalition umfasste aus Gründen, die in Kapitel 4 erörtert wurden, auch den Süden. Es war nackter Eigennutz im Spiel: Der Süden war lange eine arme Region, die vom Wohlfahrtsstaat unverhältnismäßig stark profitierte. Die Geschichte spielte eine Rolle: Die Republikanische Partei blieb in den Augen des Südens die Partei Lincolns. Und dann war da die anfängliche Bereitschaft der Liberalen im Norden, einen Pakt mit dem Teufel zu schließen und die Rassentrennung stillschweigend zu akzeptieren, wenn der Süden dafür die umfassendere wohlfahrtsstaatliche Agenda unterstützte.

Doch schließlich scheiterte die Ehe zwischen den Südstaaten-Weißen und dem Rest der Demokratischen Partei an unversöhnlichen Differenzen. Der Prozess begann mit Barry Goldwater, der sich nachdrücklich für die Rechte der Einzelstaaten aussprach und gegen das Bürgerrechtsgesetz von 1964 zu Felde zog. Abgesehen von Arizona lagen alle Staaten, in denen Goldwater bei der Wahl von 1964 gewann, im Süden. 1968 stimmte ein Großteil des Südens für [den Demokraten – Anm. d. Ü.] George Wallace, aber Nixon holte sich mehrere Randstaaten. 1980 konnte Reagan mit kaum verhüllten Appellen an segregationistische Regungen Staaten im Süden gewinnen, während die Demokraten zunehmend mit den Bürgerrechten und der positiven Diskriminierung in Verbindung gebracht wurden. Das eigentliche Rätsel ist, warum es so lange gedauert hat, bis der Süden eine vollkommen gewendete Delegation in den Kongress schickte.

Welcher Anteil am politischen Aufstieg der Konservativen Bewegung kann dem Stellungswechsel des Südens zugeschrieben werden? Die Zahlen lassen den Schluss zu, dass *allein* der Stellungswechsel für den Triumph der Konservativen – und für einiges mehr – verantwortlich war.

Vergleichen wir, wie sich das Repräsentantenhaus an zwei Daten im Abstand eines halben Jahrhunderts zusammensetzte. Nach der Wahl von 1954 hatten die Demokraten 232 von 435 Sitzen, und damit begann, wie sich zeigen sollte, eine 40-jährige Vorherrschaft. Nach der Wahl von 2004 hatten die Republikaner genau dieselbe Zahl von Sitzen, wie sie die Demokraten 1954 errungen hatten, und damit die größte Mehrheit, die sie in ihrer zwölfjährigen Herrschaft je erreichen sollten. Wo errangen nun die Republikaner ihren Vorsprung? Die Antwort ist, dass die Demokraten außerhalb des Südens sogar Sitze *gewannen*. Mehr als der gesamte Nettoverlust der Demokraten an die Republikaner ging auf den Stellungswechsel des Südens zurück.

Im Stellungswechsel des Südens kommt eine Änderung des Wahlverhaltens der Südstaaten-Weißen zum Ausdruck. 1954 wählten die Weißen aller Einkommensstufen im Süden mit weit größerer Wahrscheinlichkeit demokratisch als ihre Pendants im Norden. 2004 waren Weiße mit niedrigem Einkommen im Süden nicht stärker demokratisch orientiert als Weiße mit niedrigem Einkommen in anderen Teilen des Landes, während Südstaaten-Weiße mit mittlerem und höherem Einkommen überproportional republikanisch orientiert waren. Bei den Präsidentschaftswahlen 2000 und 2004 gaben Weiße außerhalb des Südens Bush den Vorzug, allerdings mit nur geringer Mehrheit. Im Süden stimmten sie mit Mehrheiten von 35 und mehr Prozentpunkten für Bush, genug, um die überwältigend demokratische Stimmabgabe der Schwarzen im Süden

zu überwiegen.[9] Ohne diese Stimmen der Südstaaten-Weißen wäre
Bush längst nicht so weit gekommen, dass ihn letztlich die umstrit-
tenen Wahlzettel von Florida ins Weiße Haus tragen konnten.

Angesichts der überragenden Bedeutung, die der Kehrtwende
des Südens zukommt, stellt sich der politische Erfolg der Konservativen Bewegung als eine Geschichte von geradezu peinlicher
Schlichtheit dar. Sie geht so: Dank ihrer Organisation, der ver-
netzten Institutionen, welche die reale Grundlage der riesigen rechten Verschwörung bilden, konnten die Vertreter der Konservativen
Bewegung bestimmenden Einfluss auf die Republikanische Partei
gewinnen und deren politische Haltung scharf nach rechts verschieben. Im überwiegenden Teil der Vereinigten Staaten befrem-
dete dieser Rechtsschwenk die Wähler, die nach und nach den
Demokraten näher rückten. Dass die Republikaner dennoch Präsidentenwahlen gewinnen und schließlich die Mehrheit im Kongress
erringen konnten, lag daran, dass sie das Rassenproblem ausschlachten konnten, um die politische Vorherrschaft im Süden zu
erlangen. Ende der Geschichte.

Vielleicht ist die Geschichte aber noch nicht ganz zu Ende. Schon
vor der Wahl von 2006 waren einige Analytiker – vor allem der
Politikwissenschaftler Tom Schaller von der Universität von Maryland – der Ansicht, die Republikaner hätten sich überdehnt und
seien ihrerseits anfällig geworden für eine regionale Kehrtwende,
wie sie die Demokraten von der Macht vertrieben hatte.[10] So wie
die Demokraten noch lange etliche Kongresssitze für den Süden
besetzten, als die historische Vernunftehe zwischen New Dealern
und Dixiecrats [Demokraten in den Südstaaten – Anm. d. Ü.]
längst gescheitert war, so schickten relativ gemäßigte Bezirke im
Rest des Landes weiterhin Republikaner in den Kongress, als die
republikanische Kongressfraktion in der Praxis längst zu einem geschlossenen rechten Stimmblock geworden war. Im Jahr 2006 gingen denn auch einige dieser Republikaner endlich ihres Sitzes ver-
lustig. Nach der Wahl von 2006 entfielen 42 Prozent der Sitze, die
noch von Republikanern besetzt waren, auf den Süden, nicht viel

weniger als die 47 Prozent der von Demokraten besetzten Sitze, die 1954 auf den Süden entfielen.[11]

Trotz allem bleibt eines rätselhaft: Was glauben die Weißen im Süden von den Republikanern zu bekommen? Republikaner in Washington haben die Welt nicht sicher gemacht für Verfechter der Rassentrennung – und gerechterweise muss man sagen, dass es zweifelhaft ist, ob viele Südstaatler eine Rückkehr zur Rassentrennung anstreben würden, falls der Bund es zuließe. Was Reagan in Philadelphia, Mississippi, vortrug, war vorwiegend Symbolik – ein Ärgernis für tadelsüchtige Yankees –, aber kein ernsthaftes Versprechen, die Errungenschaften der Bürgerrechtsbewegung wieder abzuschaffen. Vielleicht hätte Franks Buch besser *What's the Matter with Dixie?* heißen und die Schimpftirade folgendermaßen lauten sollen: »Sie *stimmen* für die gute alte Zeit, als der Süden noch in Blüte stand – was Sie *kriegen*, ist die Privatisierung der Sozialversicherung.« Und als Bush tatsächlich versuchte, sein im Jahr 2004 erhaltenes »Mandat« zu nutzen, um die Sozialversicherung zu privatisieren, war die Ablehnung im Süden fast genauso stark wie im Rest des Landes.[12]

Wenn die Konservativen Wahlen gewinnen konnten, obwohl ihre wirtschaftspolitischen Entscheidungen eine Minderheit gegenüber der Mehrheit begünstigten, dann hauptsächlich wegen der Rassenfrage. Gab es noch andere Formen, die Massen abzulenken?

Reiche des Bösen und Übeltäter

»Die Konservativen sahen die Barbarei von 9/11 in den Angriffen und bereiteten sich auf den Krieg vor; die Liberalen sahen die Barbarei der Angriffe von 9/11 und wünschten, Anklagen vorzubereiten und unseren Angreifern Therapie und Verständnis anzubieten.« So sprach Karl Rove, der politische Chefstratege von George Bush, in einer 2005 gehaltenen Rede.[13]

Rove führte, wie wir mittlerweile wissen, den letzten, äh, Krieg:

Im Jahr 2005 nagte das Debakel im Irak heftig an der verbreiteten Vorstellung, Republikaner seien besser als Demokraten geeignet, das Land zu schützen. Doch wie war es zu dieser Vorstellung gekommen, und in welchem Maß trug sie dazu bei, dass die Republikaner Wahlen gewannen?

Vielfach hört man, der Vorsprung der Republikaner in Fragen der nationalen Sicherheit gehe auf den Vietnam-Krieg zurück, genauer gesagt auf Richard Nixons Erdrutschsieg 1972 über George McGovern. Aber wenn man sich die reale politische Geschichte dieses Landes genauer anschaut, zeigt sich wie so oft, dass es alles andere als klar ist, ob das, was allgemein bekannt ist, auch zutrifft. Rick Perlstein hat argumentiert, dass auch die Wahl von 1972 eher eine persönliche Niederlage für McGovern als eine Ablehnung der Demokraten war, die im Senat sogar zulegten und im Repräsentantenhaus nur geringfügige Verluste erlitten.[14]

Genauer gesagt, geht aus den vorliegenden Umfragen *nicht* hervor, dass die Demokraten in den Jahren unmittelbar nach dem Fall Saigons von der Öffentlichkeit als schwach in Fragen der nationalen Sicherheit wahrgenommen wurden. Noch im Oktober 1979 ergab eine vom Nationalkomitee der Republikaner in Auftrag gegebene Umfrage, in der es darum ging, welcher Partei man zutraute, besser »für militärische Sicherheit zu sorgen«, 29 Prozent für die Republikaner und 28 Prozent für die Demokraten, während 21 Prozent sagten, beide würden es gut machen.[15] Die Vorstellung, die Demokraten seien schwach in Fragen der nationalen Sicherheit, eine Vorstellung, die es möglich machte, 9/11 parteilich auszuschlachten, setzte sich eigentlich erst in den achtziger Jahren fest. Und sie hatte sehr wenig mit den Realitäten der Verteidigungs- und Außenpolitik zu tun. Sie gehörte eher ins Reich der Fabel und hing vor allem mit der Rambofizierung der Geschichte zusammen.

Es fällt immer schwer, sich eine Niederlage einzugestehen. Nach dem Ersten Weltkrieg glaubten viele Deutsche bekanntlich an die »Dolchstoßlegende«, an den Mythos, dem deutschen Heer sei von einer schwachen zivilen Führung »ein Dolchstoß in den Rücken«

versetzt worden. Und seit dem Fall Saigons hat es Amerikaner gegeben, die wie die Deutschen nach dem Ersten Weltkrieg für
Dolchstoß-Theorien empfänglich waren, bis hin zu der Behauptung, die Militärs hätten den Krieg gewinnen können, wenn nur
Zivilisten ihnen nicht die Hände gebunden hätten. Als die Erinnerungen an den Vietnam-Krieg mit all seinem Grauen und seiner
Vergeblichkeit noch frisch waren, bildeten diese Amerikaner jedoch eine kleine, wenn auch lautstarke Minderheit.

Wenn es einen Moment gegeben hat, in dem diese Theorien zur
landläufigen Meinung wurden, dann mit dem Erfolg des 1982 her-
ausgekommenen Films *Rambo*, in dem Rambo erklärt: »Ich hab'
nur alles getan, um zu gewinnen, aber irgendjemand ließ uns nicht
gewinnen.« Er schimpft außerdem über »diese Maden auf dem
Flughafen. Sie haben gegen mich demonstriert, mich angespuckt
und einen Babymörder genannt«. Tatsächlich sind Bilder von Demonstranten, die heimkehrende Soldaten anspucken, zum festen
Bestandteil der Popularkultur geworden. Es gibt keinen Beweis dafür, dass so etwas je passiert ist; es gibt keine glaubhaft dokumentierten Fälle, in denen heimkehrende Veteranen bespuckt oder Babymörder genannt wurden. Dennoch setzte sich der Mythos von
Liberalen, die sich gegenüber Soldaten respektlos benehmen, in
den Köpfen fest.

Auf den Dolchstoß folgten die Rachefantasien.

Die verwegenen Sieben (1983), *Missing in Action* (1984), und
Rambo 2. Der Auftrag (1984) – Filme, die den gestörten, beschä-
digten Veteranen aus dem ersten Film als Actionheld neu erfanden
– zapften einen Markt für Fantasien an, in denen rebellische Soldaten den Krieg faktisch noch einmal führten und gewannen.

Die neue, kämpferische Stimmung des Landes war unzweifelhaft Wasser auf die Mühlen der Konservativen. Wie viele Liberale
tatsächlich gegen den Vietnam-Krieg waren, spielte vermutlich
keine große Rolle – in den achtziger Jahren war das wirkliche Geschehen weitgehend dem allgemeinen Gedächtnis entfallen. Was
zählte, war die Übereinstimmung zwischen Furcht und Abscheu

vor dem Kommunismus, wie sie von der Konservativen Bewegung mobilisiert wurden, und den Wünschen eines Landes, das sich vom Post-Vietnam-Syndrom erholte. Als Reagan die Sowjetunion als ein »Reich des Bösen« bezeichnete, reagierten Liberale und Gemäßigte mit Spott – nicht weil sie in Fragen der nationalen Sicherheit schwach waren, sondern weil sie die Aufgabe, Sicherheit zu erreichen, pragmatisch auffassten. Aber vielen Amerikanern gefiel das.

Den Bemühungen der Konservativen Bewegung, sich als Verteidiger des Landes darzustellen, kam die Tatsache zustatten, dass das Militär selbst, von jeher eine konservative Institution, ab Mitte der siebziger Jahre noch konservativer wurde. 1976 bezeichnete sich eine Mehrheit der hohen Offiziere als Unabhängige, und ein Drittel bezeichnete sich als Republikaner; 1996 betrachteten sich zwei Drittel als Republikaner.[16] Dieser Wandel der politischen Identifikation hatte wahrscheinlich mehrere Ursachen. Eine davon war, dass die Militärs, die die Niederlage in Vietnam nicht so verwinden konnten wie die Zivilisten, möglicherweise empfänglicher waren für den Dolchstoß-Mythos. Vielleicht hatte es auch etwas mit dem Budget zu tun: Carter fuhr die Militärausgaben nach Vietnam herunter, Reagan erhöhte sie drastisch, Clinton verringerte sie abermals, diesmal nach dem Fall der Sowjetunion. Auch die regionale politische Einstellung spielte eine Rolle. In einem Bericht[17] heißt es:

[Die Hinwendung der Militärs zu den Republikanern] war auch eine Folge der veränderten Einstellungspolitik und der Schließung von Standorten, und hinzu kam die fortgesetzte Republikanisierung des amerikanischen Südens. Seit dem Ende der sechziger Jahre wurden viele ROTC-Ausbildungsmaßnahmen [Reserve Officer Training Corps] im Nordosten geschlossen und im Süden ausgebaut. Ende der neunziger Jahre liefen über 40 Prozent aller ROTC-Programme im Süden, hauptsächlich an staatlichen Universitäten, obwohl weniger als 30 Prozent der Studenten des Landes im Süden zu Hause waren. Bei der Schließung von Standorten verfuhr man ähnlich, mit dem Ergebnis, dass Soldaten heute überproportional an Standorten im Süden und Südwesten stationiert sind.

Nicht zuletzt dürften auch »Werte« eine Rolle gespielt haben: In dem Maß, wie die amerikanische Gesellschaft permissiver wurde, nahm beim Militär, wo Ehebruch unter bestimmten Umständen noch immer als Straftat gilt, die Entfremdung zu. Die sexuelle Revolution, die wir gewöhnlich mit den sechziger Jahren in Verbindung bringen, wurde erst in den siebziger Jahren zu einem Massenphänomen, ein Sachverhalt, den John Updike mit dem Titel eines seiner zahlreichen Romane über Ehebruch und die Verfassung des Menschen unterstreicht: *Erinnerungen an die Zeit unter Ford*.

In dem Maße, wie die Konservative Bewegung an Einfluss gewann, konnte sie sich in die Flagge hüllen, um zu behaupten, sie sei in Fragen der nationalen Sicherheit stärker als die Gegenseite, und sich auf die Unterstützung einer großen Mehrheit führender Militärs berufen.

Nun lässt sich aber kaum beweisen, dass der wahrgenommene Vorsprung der Republikaner in Fragen der nationalen Sicherheit bei irgendeiner Wahl vor 9/11 eine entscheidende Rolle gespielt hätte. Diese Wahrnehmung hat den Demokraten mehrmals geschadet. Das Bild von Michael Dukakis in einem Panzer trug dazu bei, dass er 1988 die Wahl verlor, und der Aufruhr um Schwule im Militär half den Republikanern 1994, die Mehrheit im Kongress zu erreichen. Die Wählerstimmen von Soldaten gaben 2000 den Ausschlag, aber das gilt auch für viele andere Dinge: Bei einem so knappen Wahlausgang kann man jeden Faktor, der der Republikanischen Partei ein paar tausend Stimmen verschaffte, als ausschlaggebend bezeichnen.

Erst bei den Wahlen von 2002 und 2004 wurde die nationale Sicherheit zu einer Frage, mit der man wirklich Wahlen gewinnen konnte. Angesichts von Wirtschaftsskandalen, einer schwachen Konjunktur und der Tendenz, dass die Partei des Präsidenten bei Zwischenwahlen normalerweise Sitze verliert, hätten die Republikaner im Jahr 2002 eigentlich an Boden verlieren und die Mehrheit im Senat sowie möglicherweise auch im Repräsentantenhaus an die Demokraten abgeben müssen. Doch die Nation scharte sich um George Bush, als er versprach, die für 9/11 verantwortlichen »Übeltäter« zu bestrafen und Osama tot oder lebendig herbeizuschaffen. Und Bushs Partei ließ sich dazu herbei, die Ungeheuerlichkeit auf geschmacklose Weise politisch auszuschlachten, indem sie beispielsweise Werbespots brachte, in denen die Gesichter von Demokraten sich langsam in das Gesicht von Saddam Hussein verwandelten. Resultat war ein gewaltiger Sieg für die Grand Old Party.

Als 2004 gewählt wurde, mehrten sich bereits die Zweifel am Irak-Krieg, doch viele Wähler wollten die Realität noch immer nicht zur Kenntnis nehmen. Am Vorabend der Wahl war eine Mehrheit nach wie vor der Meinung, dass die Vereinigten Staaten »das Richtige« taten, als sie in den Irak einmarschierten, dass sie sich auf dem Siegespfad befanden oder beides.[18] Und es war nahezu sicher die nationale Sicherheit, die Bush zur Mehrheit verhalf.

Unmittelbar nach der Wahl von 2004 wurde vielfach geäußert, dass die verbreitete Vorstellung, die nationale Sicherheit sei ein Pluspunkt der Republikaner, dazu beitragen werde, eine permanente republikanische Mehrheit zu zementieren. So behauptete Thomas Edsall, dessen prophetisches, 1984 erschienenes Buch *The New Politics of Inequality* ich bereits anerkennend zitiert habe, in seinem 2006 erschienenen Buch *Building Red America*, dass die nationale Sicherheit sich als dauerhafte Ursache einer republikanischen Mehrheit erweisen werde: »Jede Schwäche, die der Demokratischen Partei in Fragen der nationalen Verteidigung anhaftet, wird unter den Bedingungen eines ›langen Krieges‹ stark vergrößert.«[19]

Nun spricht aber einiges dafür, dass die erfolgreiche Ausschlachtung der Sicherheitsfrage in den Jahren 2002 und 2004 eine Strategie war, die ihrer Natur nach begrenzt, vielleicht sogar kontraproduktiv ist. Solange die Vereinigten Staaten sich nicht aktiv auf einen großen Krieg einlassen, besteht die Tendenz, dass die nationale Sicherheit mit der Zeit an Bedeutung verliert. Das musste George Bush senior 1992 erfahren: Der Golf-Krieg verhalf ihm 1991 vorübergehend zu einer Zustimmungsrate von 80 Prozent, doch ein Jahr später hatte sich die Aufmerksamkeit der Öffentlichkeit wirtschaftlichen Dingen zugewandt, und die Demokraten eroberten das Weiße Haus zurück, trotz des verbreiteten Eindrucks, sie seien schwach in Verteidigungsfragen.

Anfangs schien es, als werde es Bush junior genauso ergehen. Seine schwindelerregende Zustimmungsrate war bis zum Sommer 2002 gesunken, und die Öffentlichkeit beschäftigte sich inzwischen mit den Wirtschaftsskandalen und der schwachen Konjunktur. Dann kam der Aufmarsch für den Krieg mit dem Irak. Wir werden vielleicht nie erfahren, warum die Regierung den Krieg so dringend brauchte, aber militärisches Abenteurertum hat in der Tat die Wirkung, dass die nationale Sicherheit, ein Punkt, den die Republikaner gepachtet zu haben glaubten, beständig im Vordergrund steht.

Das Problem, das schließlich allzu deutlich wurde, besteht darin, dass man sich, wenn man die nationale Sicherheit ständig in den Vordergrund rückt, Auseinandersetzungen mit Leuten einhandelt, die zurückschießen – und in der Realität zielen die Bösen genauer als in den Rambo-Filmen. Der Sumpf im Irak war kein Zufall: Selbst wenn die Iraker uns mit Blumen und Süßigkeiten begrüßt hätten, hätte uns in der Folge ein größerer, schlimmerer Sumpf erwartet. »Jeder will nach Bagdad gehen. Echte Männer wollen nach Teheran gehen«, erklärte ein britischer Beamter 2002 gegenüber *Newsweek*.[20]

Im Übrigen passen die Konservative Bewegung und größere Kriegsanstrengungen nicht zusammen. Jede größere militärische Mobilisierung führt zu Forderungen, dass alle das gleiche Opfer zu tragen haben, und das bedeutet Steuererhöhungen, scharfes Vorgehen gegen vermutete Kriegsgewinnler und dergleichen. Beide Weltkriege führten zu erhöhten Mitgliederzahlen der Gewerkschaften, einer steileren Steuerprogression und einem Rückgang der Einkommensungleichheit – alles ein Anathema für Konservative. Über den verheerenden Mangel an Vorausplanung für die Zeit nach dem

Einmarsch in den Irak ist viel geschrieben worden. Was nicht hinreichend betont wird, ist der Umstand, dass die Regierung Bush glauben *musste*, der Krieg sei billig zu haben, denn eine realistische Einschätzung der Kosten und Erfordernisse des Krieges hätte die Steuersenkungspläne der Regierung unmittelbar in Frage gestellt. Hinzu kamen aber noch die von der geschlossenen Welt der Bewegungskonservativen herrührende Engstirnigkeit und Unbeweglichkeit und die ihrer Art des Regierens eigene Vetternwirtschaft und Korruption, und so war das Irak-Abenteuer von vornherein zum Scheitern verurteilt.

Wie es scheint, hat die Frage der nationalen Sicherheit der Konservativen Bewegung in den Jahren 2002 und 2004 zwei Wahlsiege beschert, die sie anders nicht hätte erringen können, Siege, die die Herrschaft der Republikaner über den Kongress und das Weiße Haus um vier Jahre über ihre natürliche Lebensdauer hinaus verlängerten. Die Folgen dieser Verlängerung, die sich noch, besonders am Obersten Gerichtshof, jahrzehntelang bemerkbar machen werden, will ich gar nicht kleinreden. Doch aus der Verteidigungspolitik werden die Konservativen, wie es derzeit aussieht, auf Dauer keinen Honig saugen können.

Die moralische Minderheit

Wir sind der Überzeugung, dass die Ausübung der Sodomie den Zusammenhalt der Gesellschaft gefährdet, zum Zusammenbruch der Familie beiträgt und zur Ausbreitung gefährlicher ansteckender Krankheiten führt. Homosexuelles Verhalten widerspricht den grundlegenden, unwandelbaren Wahrheiten, die, von Gott verfügt und von den Gründern unseres Landes anerkannt, von der Mehrheit der Texaner geteilt werden.

So steht es in der Wahlplattform der Republikanischen Partei von Texas, die außerdem verspricht, »mit dem Mythos der Trennung von Staat und Kirche aufzuräumen«.

Was die Rolle von Religion und moralischen Werten in der Politik der Ungleichheit angeht, erheben sich zwei Fragen. Zum einen geht es darum, wie stark der Einfluss ist, den Gläubige, die die Trennung von Staat und Kirche nicht akzeptieren – Michelle Goldberg nennt sie in ihrem haarsträubenden Buch *Kingdom Coming* christliche Nationalisten –, auf die Republikanische Partei gewonnen haben.[21] Zum anderen geht es um die Frage von Thomas Frank, wie weit die Mobilisierung von »Wertewählern« und die Beschwörung von Wertefragen zur Ablenkung von praktischen Alltagsproblemen es der Republikanischen Partei ermöglicht haben, eine antipopulistische Wirtschaftspolitik zu verfolgen.

Was die erste Frage nach dem Einfluss der christlichen Rechten auf die Republikanische Partei angeht, so ist die Antwort klar: Ihr Einfluss ist in der Tat sehr stark. Die zitierte Plattform der Republikaner von Texas stellt nicht die Ansichten einer Randgruppe innerhalb der Partei dar, sie stellt dar, was die aktive Basis denkt, aber in der Öffentlichkeit gewöhnlich nicht so laut sagt. Es ist eigentlich erstaunlich, wie lange die politischen Analytiker gebraucht haben, um die Stärke des Einflusses der christlichen Rechten zu erkennen. Zum Teil liegt es daran, dass die Regierung Bush es geschickt verstanden hat, Botschaften hinauszusenden, die nur vom gewünschten Zielpublikum verstanden werden. Ein typisches Beispiel ist Bushs Selbstbeschreibung als ein »mitfühlender Konservativer«, die die meisten als eine Erklärung verstanden haben, er werde das Netz der sozialen Sicherheit nicht zerreißen. Tatsächlich war es eine Anspielung auf das Werk von Marvin Olasky, einem Autor der christlichen Rechten. Sein 1992 erschienenes Buch *The Tragedy of American Compassion* stellte das amerikanische Wohlfahrtswesen des 19. Jahrhunderts, in dem private Gruppen von Gläubigen Hilfe und Religion zugleich verteilten, als Vorbild hin und zitierte zustimmend Autoren des Goldenen Zeitalters, die den Stab brachen über »jene milden, wohlmeinenden, weichherzigen Verbrecher, die darauf bestehen, unterschiedsloser Mildtätigkeit zu frönen«.[22]

Im Frühjahr 2007 wurde die Leitung des Justizministeriums der Regierung Bush endlich einer genauen Prüfung unterzogen, und es

stellte sich heraus, dass die christliche Rechte sich dort breitge-
macht hatte. Schlüsselposten waren mit Absolventen der Regent
University besetzt worden, jener Hochschule, die von dem Evangelisten Pat Robertson gegründet wurde und geleitet wird; die Bürgerrechts-Abteilung kümmerte sich nicht mehr so sehr um den
Schutz der Rechte von Minderheiten, sondern um den Schutz der
Evangelisierungsbemühungen religiöser Gruppen. In der Nah-
rungsmittel- und Medikamentenbehörde berief Bush W. David
Hager, den Koautor des Buches *As Jesus Cared for Women*, in dem
zur Behandlung des prämenstruellen Syndroms die Lektüre bestimmter Bibelstellen empfohlen wird, in das Beratungskomitee für
Fortpflanzungsmedizin; Hager war entscheidend daran beteiligt,
die Genehmigung für die Pille danach zu verzögern.[23] Der Mann,
den Bush 2006 zum Leiter der Abteilung für Familienplanung im
Gesundheitsministerium berief, Dr. Eric Keroack, arbeitete zuvor
in einer christlichen Schwangerschaftsberatung, die die Verabrei-
chung von empfängnisverhütenden Mitteln als »erniedrigend für
Frauen« betrachtet.[24] Die Beispiele ließen sich vermehren.

Die christliche Rechte, von der hier die Rede ist, ist nicht bloß
eine Gruppe von Leuten, die den Glauben mit konservativen politischen Neigungen verbinden. Wie Goldberg in *Kingdom Coming*
schreibt, strebt der christliche Nationalismus die »Herrschaft« an.
Er ist eine »totalitäre politische Ideologie, die »auf dem christlichen Herrschaftsanspruch besteht«.[25] Diese Ideologie hat auf die
moderne Republikanische Partei heute einen so starken Einfluss,
dass sich die Frage stellt, wer wen benutzt. Benutzt die Konservative Bewegung, wie Thomas Frank behauptet, die Religion, um die
Massen abzulenken, oder kooptieren die religiösen Gruppen auf
ihrem Weg zur Herrschaft Wirtschaftsinteressen?

Für unsere gegenwärtige Diskussion ist es wichtig, die Bedeutung der christlichen Rechten für *Wahlen* richtig einzuschätzen. Es
handelt sich um eine gut organisierte Gruppe, die bei knappen
Wahlen den Ausschlag geben kann, aber sie ist nicht groß genug,
um der Konservativen Bewegung zu erlauben, eine vollkommen

unpopuläre Wirtschaftspolitik zu verfolgen. Weiße, die häufig zur Kirche gehen, haben seit 1992 mit großer Mehrheit republikanisch gewählt, was vorher nicht der Fall war. Diese Beobachtung muss jedoch zweifach eingeschränkt werden. Die Verschiebung beruht erstens zum großen Teil auf dem Umschwenken des Südens, der weitaus religiöser ist als der Rest des Landes, zu den Republikanern. In dem Auseinanderklaffen der Hochreligiösen und der weniger Frommen spiegelt sich zweitens eine Bewegung in beide Richtungen: Die säkular Orientierten und diejenigen, die ihren Glauben leicht nehmen, haben sich den Demokraten zugewandt. Deshalb hat die Mobilisierung der religiösen Wähler, wie stark sie auch gewesen sein mag, nicht ausgereicht, die weißen Wähler außerhalb des Südens davon abzuhalten, zu den Demokraten zu tendieren.

Nochmals: Bei knappem Ausgang können mobilisierte evangelikale Wähler den Ausschlag geben. Ohne die Rolle der Kirchen hätte sich Ohio und damit das ganze Land 2004 möglicherweise für Kerry entschieden. Doch für die Erklärung des politischen Erfolgs der Konservativen ist die Religion nicht annähernd so wichtig wie die Rasse.

Arbeiter ohne Wahlrecht

Zu den Erklärungen des politischen Erfolgs der Konservativen muss noch ein weiterer Faktor hinzugenommen werden. Der typische Wähler ist weit besser gestellt als die typische Familie, zum einen, weil ärmere Bürger nicht so eifrig an der Wahl teilnehmen wie die Gutsituierten, und zum anderen, weil viele Bewohner der Vereinigten Staaten mit geringem Einkommen keine Bürger sind. Eine Wirtschaftspolitik, die einer wohlhabenden Minderheit nützt, aber einer Mehrheit schadet, muss daher bei einer Wahl nicht unbedingt den Kürzeren ziehen. Das parteiunabhängige Tax Policy Center hat zum Beispiel mehrere Berechnungen vorgelegt, wie sich

Bushs Steuersenkungen letztlich auf unterschiedliche Einkommensklassen auswirken, unter der Annahme, dass die entgangenen Steuereinnahmen irgendwie kompensiert werden, beispielsweise durch Einschnitte bei den Sozialprogrammen. Eine Berechnung unterstellt eine pauschale Finanzierung, was bedeutet, dass jeder Amerikaner unabhängig von seinem Einkommen den gleichen Verlust an staatlichen Leistungen erleidet. Bei dieser Annahme ist jeder mit einem Einkommen unter 75 000 Dollar ein Nettoverlierer. Das sind rund 75 Prozent der Bevölkerung. Für Leute in der Gruppe von 50 000 bis 75 000 Dollar wären die Verluste bescheiden. Doch trotzdem müssten die Steuersenkungen sehr unpopulär sein, weil 60 Prozent der Bevölkerung Jahreseinkommen von unter 50 000 Dollar haben. Nach den Unterlagen des Statistischen Bundesamtes haben aber weniger als 40 Prozent der *Wähler* Jahreseinkommen von unter 50 000 Dollar. Daran mag es liegen, dass man mit Steuersenkungen politisch nicht unbedingt den Kürzeren ziehen muss.

McCarty, Poole und Rosenthal legen Daten vor, aus denen hervorgeht, dass der Aufwärtstrend der Wählereinkommen im Vergleich zu den Einkommen aller US-Einwohner sich seit Anfang der siebziger Jahre beträchtlich verstärkt hat. Ein Grund könnte der Niedergang der Gewerkschaften sein, die früher eine Menge getan haben, um Arbeiter zu bewegen, wählen zu gehen. Ein anderer ist die rapide Zunahme der eingewanderten Bevölkerung, besonders seit 1980.[26]

Langfristig wird die Einwanderung dazu beitragen, die politische Strategie der Konservativen Bewegung zu untergraben, aus Gründen, auf die ich in Kapitel 10 ausführlich eingehen werde. Kurz, die Konservative Bewegung kann nicht verdeckte rassische Appelle an weiße Wähler richten und gleichzeitig um den wachsenden Wähleranteil mit Latino- und asiatischer Herkunft werben. Die Probleme, die sich für die Republikaner aus der Überschneidung von Einwanderung und Rasse ergeben, haben sich denn auch schon bei der Wahl von 2006 bemerkbar gemacht. Doch in den letzten 25 Jahren hat die Einwanderung zur Stärkung der Konservativen Bewegung beigetragen, weil sich durch sie der Anteil der Niedriglohnarbeiter, die an der Wahl teilnehmen, verringerte.

Eine Einwanderung großen Stils hat, wie in Kapitel 2 dargelegt, zur Festigung der konservativen Vorherrschaft während des Langen Goldenen Zeitalters beigetragen, weil sie dazu führte, dass ein beträchtlicher Teil der Niedriglohnarbeiter ohne Wahlrecht war. Das Ende der Einwanderung großen Stils in den zwanziger Jahren hatte die unerwartete Folge, dass ein größerer Teil der Bevölkerung wahlberechtigt wurde, und hat so zur Verschiebung der Kräfteverhältnisse nach links beigetragen. Der erneute Anstieg der Einwanderung seit den sechziger Jahren, bei dem der Zustrom von gering qualifizierten Niedriglohnarbeitern besonders aus Mexiko dominierte, hat den Anteil derer, die ohne Wahlrecht sind, weitgehend wieder auf das Niveau während des Goldenen Zeitalters gebracht. Die grafischen Darstellungen von McCarty, Poole und Rosenthal zeigen, dass die Einwanderung für die geringe Wahlbeteiligung von Menschen mit niedrigem Einkommen ein gewichtiger, aber nicht überwältigender Faktor ist, ein Faktor, der zum Erfolg der Konservativen beiträgt, aber nicht für ihn entscheidend ist. Allerdings müssen die Liberalen, wenn sie an eine Einwanderungsreform herangehen, die Auswirkungen auf die Vorenthaltung des Wahlrechts gründlich bedenken.

Wahlverhinderung

Eine letzte, unausweichliche Frage ist das Problem des Betrugs. Wie weit beruht die politische Strategie der Konservativen Bewegung darauf, Wahlen durch Betrügerei zu gewinnen? Einwände von der Art »Wie können Sie so etwas sagen?« können wir getrost übergehen. Wahlbetrug ist eine alte amerikanische Tradition, wie ich bei der Beschreibung der politischen Verhältnisse des Goldenen Zeitalters dargelegt habe. Und die Konservative Bewegung ist und war seit jeher zutiefst undemokratisch. 1957 pries die *National Review* Francisco Franco, der die gewählte Regierung Spaniens stürzte und eine Terrorherrschaft errichtete, als einen »Nationalhelden«. Im Jahr 2007 haben alle bedeutenden republikanischen Präsidentschaftskandidaten mit Ausnahme von John McCain das Conservative Political Action Committee mit einer Ansprache beehrt. Nachdem Mitt Romney, der ehemalige Gouverneur von Massachusetts, zu der Versammlung gesprochen hatte, begrüßte er herzlich die nächste Rednerin, die Kolumnistin Ann Coulter,[27] von der die Aussage stammt, wir müssten »die Liberalen physisch einschüchtern«. Bei einer solchen Vorgeschichte besteht kein Anlass anzunehmen, dass führende Gestalten der Bewegung grundsätzlich davor zurückscheuen würden, Wahlen zu fälschen.

Fraglos bedienen sich die Republikaner, seit die Konservative Bewegung bei ihnen den Ton angibt, durchgängig der Wählerunterdrückung, worunter man den Einsatz aller verfügbaren Mittel versteht, um Wähler, die wahrscheinlich demokratisch stimmen werden, in der Regel Afroamerikaner, an der Stimmabgabe zu hindern. Im Jahr 2000 betrieb die republikanische Staatssekretärin von Florida, Katherine Harris, nach den Worten der *New York Times* eine »massive Säuberung der Wählerlisten«, aus denen überwiegend Schwarze gestrichen wurden, die man fälschlich als Straftäter identifizierte. Ohne diese Säuberung hätte George W. Bush es nicht ins Weiße Haus geschafft.[28] Im Jahr 2005 beschloss die republikanische Parlamentsmehrheit von Georgia ein Gesetz über die Identifikation von Wählern; eine mit der Prüfung des Gesetzes beauftragte Gruppe von Juristen im Bundesjustizministerium empfahl, das Gesetz abzulehnen, weil es wahrscheinlich schwarze Wähler diskriminieren werde, aber am nächsten Tag wurde die Empfehlung von höheren politischen Beamten umgestoßen.[29] Dies war Teil einer umfassenderen Strategie, bei der – charakteristisch für die Konservative Bewegung – politische Beamte mit privaten Organisationen zusammenarbeiten, die von den üblichen Quellen finanziert werden; in diesem Fall war es das

»American Center for Voting Rights«, das von dem Rechtsberater des Teams für den Bush-Cheney-Wahlkampf 2004 gegründet wurde und 2007 plötzlich von der Bildfläche verschwand, als die Entlassung von Staatsanwälten, die sich weigerten, Scheinvorwürfen von angeblichem Wahlbetrug nachzugehen, einen großen Skandal auslöste. *McClatchy Newspapers* beschrieb die Strategie folgendermaßen:

McClatchy Newspapers hat festgestellt, dass diese Wahlstrategie an mindestens drei Fronten befolgt wurde:
- Steuerbefreite Gruppen wie das American Center und die Lawyers Association wurden in Staaten mit unsicherem Wahlausgang eingesetzt, auf restriktive Vorschriften für die Identifizierung von Wählern zu drängen und die Abstimmung zu überwachen.
- Die Bürgerrechts-Abteilung des Justizministeriums stellte ihre traditionelle Aufgabe, für die Beachtung des Wahlrechts zu sorgen, auf den Kopf, indem sie Vorschriften erließ, die die Rechte von Minderheiten nicht wahren, sondern einengen.
- Das Weiße Haus und das Justizministerium ermunterten ausgewählte Staatsanwälte, Strafverfahren wegen Wahlbetrugs einzuleiten, obwohl Studien zeigen, dass Wahlbetrug kein weitverbreitetes Problem ist.[30]

Wählerunterdrückung ist also ein Bestandteil der politischen Strategie der Konservativen Bewegung. Sie kann bei knappem Wahlausgang entscheidend sein und fällt daher quantitativ in dieselbe Klasse wie die Mobilisierung der religiösen Rechten – nicht aber in dieselbe Klasse wie die Ausnutzung des rassistischen weißen Backlash, der nach wie vor grundlegend für die Fähigkeit der Konservativen Bewegung ist, Wahlen zu gewinnen.

Die wahrhaft erschreckende Frage ist, ob der Wahlbetrug sich nicht nur auf die Wählerunterdrückung beschränkt hat oder beschränken wird, sondern sich auch noch auf die Verfälschung der Stimmenauszählung erstreckt. Die größten Sorgen bereiten elektronische Wahlmaschinen mit Touchscreen. Der Staat Kalifornien hat den Einsatz von Touchscreen-Maschinen im August 2007 stark eingeschränkt, nachdem eine Prüfung durch Forscher der Univer-

sität von Kalifornien die schlimmsten Befürchtungen von Wahl-
rechtsaktivisten bestätigte. Maschinen von Diebold, Sequoia und
anderen großen Lieferanten sind in der Tat sehr anfällig für Ha-
cking, das die Wahlergebnisse verfälscht. Damit erhebt sich die
Frage, die zu beantworten ich gar nicht erst versuche, ob es in den
Jahren 2002 und 2004 und möglicherweise sogar 2006 tatsächlich
elektronischen Wahlbetrug gegeben hat. Wichtiger erscheint mir
die bestürzende Möglichkeit, dass die günstigen politischen Entwicklungen, die ich im nächsten Kapitel erörtern werde, durch ver-
mehrten Betrug zunichte gemacht werden könnten. Angesichts der
Vorgeschichte der Konservativen Bewegung können solche Sorgen
nicht einfach als verrückte Verschwörungstheorien abgetan werden. Sollte es zu Wahlfälschungen großen Stils kommen, ist alles
möglich – und Amerika wird in einer weit schlechteren Verfassung
sein, als selbst Pessimisten vermuten.

Die Grenzen der Ablenkung

Was ist eigentlich mit Amerika los? Wieso konnten Politiker, die
sich für Maßnahmen aussprechen, die den meisten schaden,
Wahlen gewinnen? Die Ansicht, die Konservative Bewegung habe
sichere Möglichkeiten gefunden, die Öffentlichkeit abzulenken
und die Menschen dazu zu bringen, gegen ihre eigenen Interessen
zu stimmen, ist nicht gänzlich falsch, aber sie ist stark übertrieben
worden. Dass Konservative trotz antipopulistischer Maßnahmen
Wahlen gewinnen konnten, beruht hauptsächlich auf der Ausschlachtung der Rassenspaltung. Die Religion und Beschwörungen
moralischer Werte hatten zwar eine gewisse Wirkung, waren aber
weit weniger wichtig; die nationale Sicherheit war in den Jahren
2002 und 2004 entscheidend, vorher aber nicht. Manches spricht
dafür, dass die von der Konservativen Bewegung entdeckten Möglichkeiten, die Wähler abzulenken, ihre Wirkung verlieren. Rassismus und soziale Intoleranz gehen zurück, und die Kompetenz, die

man den Republikanern in Fragen der nationalen Sicherheit zutraute, ist durch das Debakel im Irak weitgehend verbraucht. Zunehmend sorgt man sich wegen der Ungleichheit und der wirtschaftlichen Unsicherheit. Kurz, jetzt bietet sich eine politische
Chance für diejenigen, die der Meinung sind, wir seien in die
falsche Richtung gegangen. Der Rest des Buches handelt von den
Dimensionen dieser Chance und davon, was wir aus ihr machen
sollten.

Kapitel 10

Die neue Politik der Gleichheit

Der Sieg der Demokraten bei den Zwischenwahlen von 2006 war für viele ein Schock, obwohl er lange vorher durch Umfragen angekündigt worden war. Viele Analytiker hatten sich emotional und professionell ganz auf die Vorstellung von einer überwältigen politischen Überlegenheit der Republikaner festgelegt.

Ein ganzes Regalbrett ist bei mir mit Büchern aus den Jahren 2005 und 2006 gefüllt, die voll Kummer, Triumph oder schlichter Ehrfurcht erklären, wie die Republikanische Partei unbesiegbar wurde – durch ihre überragende Organisation, den Enthusiasmus ihrer Unterstützer, ihren finanziellen Vorsprung, ihre bis in alle Ewigkeit gepachtete Kompetenz in Fragen der nationalen Sicherheit und – einigen Darstellungen zufolge – ihre Fähigkeit, Wahlen zu manipulieren. In dem Glauben, die Republikaner hätten die Macht fest im Griff, konnten einige nicht fassen, was die Umfragen verkündeten – dass das amerikanische Volk genug von ihnen hatte.

Auch nachdem die Wahlergebnisse da waren, zögerte man sichtlich, sich vollständig einzugestehen, was da geschehen war. Monatelang wurde hinterher in vielen Analysen zweierlei behauptet: dass es nur ein knapper Sieg für die Demokraten war und/oder dass diejenigen Demokraten, die gewonnen hatten, es ihrer konservativen Haltung verdankten. Die erste Behauptung war vollkommen, die zweite überwiegend falsch.

Die neue demokratische Mehrheit im Repräsentantenhaus war nicht knapp, im Gegenteil. Sie war sogar größer als irgendeine republikanische Mehrheit während der zwölfjährigen Herrschaft der Grand Old Party. Dagegen war die neue demokratische Mehrheit im Senat tatsächlich hauchdünn, aber ausgehend von einem Rückstand von fünf Sitzen grenzte sie an ein Wunder, denn es wird jeweils nur ein Drittel des Senats gewählt. Und tatsächlich errangen die Demokraten sowie die mit ihnen verbündeten Unabhängigen 24 von 33 zu besetzenden Senatssitzen. Außerdem eroberten die Demokraten sechs Gouverneursposten und die Mehrheit in acht Staatsparlamenten.

Die Behauptung, Demokraten hätten gewonnen, weil sie konservativ geworden sind, ist nur etwas weniger falsch. Einige der neuen Gesichter im Kongress waren Demokraten, die in relativ konservativen Bezirken gewonnen hatten und selbst ein bisschen konservativer waren als der durchschnittliche Demokrat. Gleichwohl blieb es wahr, dass jeder Demokrat links von jedem Republikaner stand, sodass der Mehrheitswechsel die politische Waage stark nach links neigen ließ. Die neue, nicht von einem Flügel konservativer Südstaaten-Demokraten abhängige Mehrheit ist nach allen Maßstäben weit liberaler. Nancy Pelosi, die neue Sprecherin des Repräsentantenhauses, machte Schlagzeilen, weil sie die erste Frau auf diesem Posten ist – aber zugleich ist sie die progressivste Person, die es in diesem Amt jemals gab.

Doch was hatten der Sieg der Demokraten und die Linksverschiebung im Kongress zu bedeuten? War es ein anomales Ereignis, das speziell der Unfähigkeit der Regierung Bush zuzuschreiben war? Oder deutete es auf eine grundlegende politische Neuorientierung hin?

Das kann niemand mit Sicherheit sagen. Doch in diesem Kapitel werde ich die Ansicht begründen, dass die Wahl von 2006 keine Anomalie war, dass die amerikanische Öffentlichkeit tatsächlich bereit ist für etwas anderes – eine neue Politik der Gleichheit. Doch ob es zu dieser neuen Politik kommt, ist noch nicht ausgemacht. Damit es dazu kommt, müssen liberale Politiker die Chance ergreifen.

Ungleichheit tut weh

»Sind Sie mit den gegenwärtigen Verhältnissen in den Vereinigten Staaten im Großen und Ganzen zufrieden oder unzufrieden?« fragte Gallup im Juni 2007. Zufrieden waren nur 24 Prozent, unzufrieden 74 Prozent. Während ich dies im Sommer 2007 schreibe, sind die Amerikaner mit dem Zustand des Landes sehr unzufrieden.

Das hat eine Menge mit dem Sumpf im Irak zu tun. Auffällig ist aber, wie wenig die auf den ersten Blick ziemlich gute wirtschaftliche Lage die Stimmung im Lande aufgehellt hat. Das Bruttoinlandsprodukt wächst seit nahezu sechs Jahren; die Arbeitslosenquote beträgt nur 4,5 Prozent, vergleichbar mit dem Stand in den späten neunziger Jahren; die Börsenkurse haben neue Höchstwerte erreicht. Doch als Gallup fragte: »Wie würden Sie die wirtschaftlichen Bedingungen in diesem Land beurteilen?«, antwortete nur ein Drittel der Befragten mit »ausgezeichnet« oder »gut«. In den späten neunziger Jahren war der Anteil doppelt so hoch.

Auf der Suche nach einem Schuldigen beklagen die Konservativen, dass die Medien die guten Nachrichten über die Wirtschaft nicht bringen – so wie sie auch die guten Nachrichten über den Irak nicht bringen.

Scherz beiseite: Die schlechte Stimmung wegen des Kriegs färbt wahrscheinlich auf das Urteil über andere Dinge ab. Dennoch sollte man beachten, dass das Konsumklima 1968 – es war das Jahr der Tet-Offensive, gewaltiger Antikriegsdemonstrationen und, wie ich in Kapitel 5 belegt habe, eines allgegenwärtigen Eindrucks, dass alles auseinanderbricht – besser war als im Sommer 2007.[2] Das Ausmaß, in dem das Entsetzen über andere Aspekte der Lage des Landes die Einschätzung der wirtschaftlichen Lage zu beeinflussen vermag, ist demnach begrenzt, woraus man wiederum folgern kann, dass die allgemeine Unzufriedenheit mit der Wirtschaft nicht nur eine Projektion schlechter Gefühle wegen des Krieges ist. Es gibt noch einen wichtigen Gesichtspunkt: Die Unzufriedenheit der meisten mit der wirtschaftlichen Lage ist vollkommen verständlich. Ein gutes Abschneiden bei Gesamtwerten wie dem BIP hat sich wegen der zunehmenden Ungleichheit nicht in Vorteilen für den gewöhnlichen Arbeitnehmer niedergeschlagen.

Die derzeitige Abkoppelung des Schicksals normaler Amerikaner vom allgemeinen Wirtschaftswachstum ist, soweit ich es beurteilen kann, in der neueren Geschichte der Vereinigten Staaten ohne Beispiel. Während des Langen Goldenen Zeitalters war die Ungleichheit groß, aber weil sie stabil war, steigerte sich der Lebensstandard der meisten Arbeiter stetig, während die Wirtschaft wuchs. An dem Wachstum während des großen Nachkriegsbooms, der 1973 endete, hatten fast alle teil. Auch nachdem die Ungleichheit seit dem Ende der siebziger Jahre zuzunehmen begann, wirkte sich eine wachsende Wirtschaft noch vorteilhaft für fast alle aus. So nahm die Ungleichheit in den achtziger Jahren zwar zu, aber der Aufschwung der Wirtschaft von 1982 an war noch stark genug, dass Reagan 1984 »Morning in America« erklären konnte und George Bush senior 1988 die Wahl schaffte. In den neunziger Jahren nahm die Ungleichheit weiter zu, aber dennoch verbesserte sich die allgemeine Stimmung erheblich, als die Wirtschaft sich von dem Konjunktureinbruch der Jahre 1990–92 erholte.

Jetzt aber ist der Stillstand der Löhne und des mittleren Einkommens bei gleichzeitiger wirtschaftlicher Expansion insgesamt so deutlich geworden, dass die allgemeine Einschätzung der wirtschaftlichen Lage und die üblichen Maßstäbe der wirtschaftlichen Leistung völlig auseinanderklaffen. Die Jahre seit 2001 entsprachen also dem Eintreten von Bill Gates in die Bar: Der Durchschnitt ist heraufgegangen, aber für die meisten hat das keine Folgen. Oder um es weniger bildhaft auszudrücken: Die Unternehmensgewinne sind in die Höhe geschnellt – ihr Anteil am BIP ist derzeit der höchste seit 1929 –, und das gilt auch für die Einkommen an der Spitze der Skala. Die Löhne der meisten Arbeitnehmer haben dagegen kaum mit der Inflation Schritt gehalten. Nimmt man das wachsende Gefühl der Unsicherheit hinzu, besonders wegen des zerbröckelnden Systems der Krankenversicherung (darüber mehr in Kapitel 11), so versteht man vollkommen, dass die meisten die wirtschaftliche Lage pessimistisch beurteilen.

Aus Umfragen wissen wir im Übrigen, dass die Öffentlichkeit begreift, was die wachsende Ungleichheit zu bedeuten hat, und sich dafür ausspricht, dass der Staat etwas dagegen tut. Eine große Untersuchung des Pew Research Center über die Entwicklung der öffentlichen Meinung zeigte, dass so viele Menschen wie seit den frühen neunziger Jahren nicht mehr der Meinung sind, dass die Reichen reicher und die Armen ärmer werden, dass der Staat die Aufgabe hat, den Bedürftigen zu helfen, und dass jedem ausreichende Ernährung und ein Dach über dem Kopf garantiert werden sollte.[3] Das alles deutet darauf hin, dass eine Chance besteht, energisch auf Maßnahmen zu drängen, mit denen die Ungleichheit und/oder die wirtschaftliche Unsicherheit bekämpft wird.

Angesichts der Tatsache, dass wir heute ähnliche Umfrageergebnisse haben wie Anfang der neunziger Jahre, mögen bei manchen die Warnlichter angehen. Es war ja die wirtschaftliche Unzufriedenheit, die Bill Clinton 1992 ins Amt brachte, aber als er dann versuchte, eine Reform des Gesundheitswesens durchzusetzen – sie muss, wie ich in Kapitel 11 ausführlich darlegen werde, das Kernstück jedes progressiven Reformprogramms sein –, scheiterte er auf der ganzen Linie. Dieser parlamentarischen Niederlage folgte 1994 die vernichtende Wahlniederlage, die den Republikanern die Mehrheit im Kongress verschaffte. Damit stellt sich die Frage, ob die Geschichte sich wiederholen wird.

Für die Annahme, dass sie sich nicht wiederholen wird oder zumindest nicht wiederholen muss, sprechen mehrere Gründe. Erstens war Clintons Scheitern mit der Gesundheitsreform im Rückblick alles andere als unvermeidlich. Bessere Führungskunst, bessere Kommunikation mit dem Kongress und der Öffentlichkeit, und Clinton hätte mit einem schönen innenpolitischen Erfolg in der Tasche in das Jahr 1994 hineingehen können. Nachdem Clintons erster Vorstoß gescheitert war, bot eine Gruppe gemäßigter Demokraten und Republikaner eine Kompromisslösung an, die 85 Prozent der Unversicherten erfasst hätte, doch Hillary Clinton wies deren Annäherungsversuche zurück.

Wichtiger ist, dass die wirtschaftliche Unzufriedenheit heute, anders als Anfang der neunziger Jahre, sehr wahrscheinlich nicht durch andere Sorgen verdrängt werden wird. Wenn die Amerikaner 1992 wegen der wirtschaftlichen Lage bedrückt waren, so lag das weitgehend daran, dass die Wirtschaft insgesamt in schlechter Verfassung war und die Arbeitslosenquote weit über 7 Prozent betrug. Nachdem sich die Wirtschaft erholt hatte, verlor das wirtschaftliche Problem seine Dringlichkeit. Das Verlangen nach einer Gesundheitsreform schwand unter anderem deshalb, weil mehr Leute eine Stelle mit Zuschüssen für die Krankenversicherung bekamen. (Die nachlassende Sorge hatte noch einen weiteren Grund: In den neunziger Jahren schienen die ärztlichen Behandlungskosten durch die Budgetierung zurückzugehen. Auch darüber mehr in Kapitel 11.) Heute dagegen machen sich die Leute Sorgen um ihre Finanzen und die wirtschaftliche Lage, obwohl die Wirtschaft seit Jahren sehr erfreulich wächst und die Arbeitslosenquote nicht weit von historischen Tiefständen entfernt ist. Es sieht danach aus, dass die Forderungen an den Staat, etwas für die amerikanischen Arbeitnehmer zu tun, an Heftigkeit eher zu- als abnehmen werden.

Derweil hat sich etwas anderes geändert: Sowohl langfristige Entwicklungen der amerikanischen Gesellschaft als auch aktuelle Ereignisse haben die Fähigkeit der Konservativen Bewegung beschädigt, von der Sache abzulenken und die Realität, dass sie auf der Seite der Privilegierten stehen, dadurch zu verschleiern, dass sie die Aufmerksamkeit des Landes auf andere Dinge lenken. Eine wesentliche Ursache dieses Wandels ist die Art und Weise, wie Bush die Glaubwürdigkeit der Rechten in Fragen der nationalen Sicherheit beschädigt hat.

Irak und die neue Politik der nationalen Sicherheit

Wie Chris Hedges 2002 in seinem Buch *War Is a Force That Gives Us Meaning* gezeigt hat, konnte sogar die argentinische Junta der frühen achtziger Jahre trotz einer Hyperinflation und des wirtschaftlichen Zusammenbruchs für kurze Zeit Popularität erlangen, indem sie durch Besetzung der Falkland-Inseln einen sinnlosen Krieg mit Großbritannien vom Zaun brach.[4] In der extrem hohen Zustimmungsrate für George W. Bush nach 9/11 äußerte sich derselbe Effekt, sich um die Flagge zu scharen: Wenn Regierungen einen Krieg beginnen, erhalten sie zunächst immer eine fantastische öffentliche Unterstützung, egal, wie unfähig und korrupt die Regierung und wie dumm der Krieg ist.

Dennoch ist es zweifelhaft, dass ein demokratischer Präsident ebenso viel politischen Auftrieb erhalten hätte wie Bush. Unter Reagan und Bush I hatten die Republikaner ihren Ruf gefestigt, in Fragen der nationalen Sicherheit stärker zu sein als die Demokraten. Ob dieser Ruf je gerechtfertigt war, lassen wir einmal außer Acht – Tatsache ist, dass 9/11 genau in ein vorhandenes Drehbuch hineinpasste. Fragen danach, ob Bush Warnungen bezüglich der drohenden Gefahr ignoriert hatte, wurden beiseitegewischt. Der anfängliche Erfolg in Afghanistan wurde als eine große Leistung der Regierung Bush gewertet, so als sei die Klärung der Machtverhältnisse in einem Bürgerkrieg eines Drittweltlandes gleichbedeutend mit dem D-Day, der Landung der Alliierten in der Normandie. Über untergeordnete Details wie das Entkommen Osama bin Ladens aus den Bergen von Tora Bora ging man hinweg.

Normalerweise hätte die Frage der nationalen Sicherheit allmählich an politischer Bedeutung verloren, so wie es nach dem ersten Golf-Krieg der Fall war. Doch Bush und sein Gefolge fanden einen Weg, die Kriegspsychologie aufrechtzuerhalten. Wir haben ein ziemlich klares Bild davon, wie die Regierung Bush Amerika bezüglich des Kriegs mit dem Irak hinters Licht führte: selektive Informationen, ständige rhetorische Verknüpfung des Irak mit

9/11 und dergleichen. Weniger klar ist, warum die Regierung ein Regime angreifen wollte, dass mit 9/11 nichts zu tun hatte. Es scheint aber nahezu sicher zu sein, dass die vermuteten innenpolitischen Vorteile eines glorreichen kleinen Krieges bei der Angriffsentscheidung eine wichtige Rolle spielten. Der inzwischen unrühmlich bekannte »Mission Accomplished«-Fototermin mit der inszenierten Landung Bushs auf einem Flugzeugträger war weitgehend das, worum es in diesem Krieg überhaupt ging. Und der Krieg gereichte Bush erstaunlich lange zum Vorteil. Trotz der vergeblichen Suche nach Massenvernichtungswaffen und der steigenden Zahl getöteter amerikanischer Soldaten begann erst nach mehr als zwei Jahren Krieg eine Mehrheit der Amerikaner, den Einmarsch im Irak in Umfragen als einen Fehler zu bezeichnen.

Doch inzwischen ist der allgemeine Widerwille gegen den Irakkrieg zum zentralen Faktum der amerikanischen Politik geworden. Es kann sich dabei um ein nur kurzlebiges Phänomen handeln; die Frage für dieses Buch ist, ob das Debakel im Irak auf längere Sicht die politische Landschaft verändern wird. Ich denke, das wird es.

Im Idealfall wird die Öffentlichkeit aus dem Debakel den Schluss ziehen, dass man, wenn man einen Krieg gewinnen will, nicht einen Bewegungskonservativen engagieren sollte. Besser engagiert man einen Liberalen oder wenigstens einen Republikaner vom Schlage Eisenhowers. Das Scheitern im Irak war vielleicht unvermeidlich, aber wenn die Vereinigten Staaten noch so geringe Erfolgschancen gehabt haben sollten, so wurden sie vertan durch Fehler, die der Konservativen Bewegung eigentümlich sind. Insbesondere der übertriebene Optimismus der Regierung Bush und ihr Versuch, einen Krieg ohne großen Kostenaufwand, mit einer möglichst geringen Zahl von Bodentruppen, zu führen, ergaben sich zwangsläufig aus ihrer Festlegung auf Steuersenkungen. Ein freimütiges Eingeständnis, dass ein Krieg eine riskante, kostspielige Angelegenheit ist, hätte Forderungen nach sich gezogen, dass alle sich an den erforderlichen Opfern beteiligen; bekanntlich gingen in beiden Weltkriegen die Steuerlasten der Reichen in die Höhe, und die Ungleichheit ging zurück. Die Regierung Bush hatte dagegen vor, den Krieg für die Förderung ihres die Ungleichheit verstärkenden innenpolitischen Programms zu benutzen. Im Drehbuch standen ein Blitzkrieg, eine Siegesparade und danach eine weitere Runde von Steuersenkungen. Man musste daher annehmen, es würde alles ganz einfach sein, und Warnungen militärischer Fachleute, dass es so wahrscheinlich nicht klappen würde, in den Wind schlagen.

Überdies war die Vetternwirtschaft, die ein Wesensbestandteil der Konservativen Bewegung ist, maßgeblich am Scheitern des irakischen Wiederaufbaus beteiligt. Wichtige Posten wurden an unerfahrene Parteigetreue vergeben. Baufirmen mit politischen Beziehungen, die Pfusch ablieferten, beispielsweise ein neues Ausbildungszentrum für die Polizei, in dem Exkremente von der Decke herabtropfen, gingen straflos aus.[5] Es blühte die unverhüllte Korruption. Diese Versäumnisse und Fehler waren kein Zufall: Die systematische Benutzung der politischen Macht für die Begünstigung von Parteiverbündeten ist Bestandteil des Kitts, der die Konservative Bewegung zusammenhält. Um den Irak-Krieg mit Effizienz und Ehrlichkeit zu führen, so wie Franklin D. Roosevelt den Zweiten Weltkrieg führte, hätte man sich zumindest ein bisschen wie der New Deal verhalten müssen – und das war den Verantwortlichen verhasst.

Im Idealfall hätte die Öffentlichkeit, wie gesagt, aus dieser Erfahrung die Lehre ziehen müssen, dass Vertreter der Konservativen Bewegung eigentlich unfähig sind, das Land zu verteidigen. Zumindest sollte die Irak-Erfahrung es Konservativen auf lange Zeit unmöglich machen, mit kämpferischen Posen und aggressivem Gerede Wahlen zu gewinnen. Die Wähler werden sich merken, wohin uns das unter Bush gebracht hat – dass der aggressiv redende und posierende Führer das Land zu einem unnötigen und verheerenden Krieg verleitet hat. Und falls sie es vergessen, können Liberale sie daran erinnern. Es sollte daher geraume Zeit verstreichen, bevor ein anderer Vertreter der Konservativen Bewegung das wiederholen kann, was Bush in den Jahren 2002 und 2004 getan hat, nämlich die nationale Sicherheit dazu benutzen, die Öffentlichkeit vom zutiefst elitären, antipopulistischen Charakter seiner Politik abzulenken.

Allerdings haben Vertreter der Konservativen Bewegung wiederholt Wahlen auch in Jahren gewonnen, in denen die Öffentlichkeit nicht auf die nationale Sicherheit fixiert war. Die wichtigste anhaltende Quelle dieser Stärke in Wahlen war die Rassenfrage – man konnte einen Teil der weißen Wähler dadurch für sich gewinnen, dass man ihrer Angst vor den Schwarzen zumindest verdeckt Nahrung lieferte. Diese Kraftquelle ist nicht verschwunden. Es gibt jedoch guten Grund anzunehmen, dass das Rassenproblem nach und nach seine Durchschlagskraft verliert.

Verliert die Rasse ihren Stachel?

Im Jahr 2002 veröffentlichten Ruy Texeira und John Judis *The Emerging Democratic Majority*, ein Buch, das es dem 1969 erschienenen, weitblickenden Buch *The Emerging Republican Majority* von Kevin Phillips gleichtun sollte. Sie stützten sich wie Phillips auf demografische Entwicklungen, die ihrer Ansicht nach die Demokraten begünstigten. Die Siege der Republikaner in den Jahren 2002 und 2004 schienen ihre These völlig zu widerlegen, doch die Wahl von 2006 flößte ihr neues Leben ein. In einem 2007 erschienenen Artikel schreiben Texeira und Judis: »Diese Wahl signalisiert das Ende eines vorübergehenden Wiederauflebens der Republikaner, hervorgerufen durch Bushs Reaktion auf die Terrorangriffe vom 9. September, und die Rückkehr zu politischen und demografischen Entwicklungen, die auf eine demokratische und Mitte-Links-Mehrheit in den Vereinigten Staaten hinausliefen.«[6] Das ist nicht allzu weit von meiner Auffassung entfernt. Ich drücke sie nur direkter und gröber aus. Ich würde sagen, dass die politische Haltung des weißen Backlash, die ein integraler Bestandteil des Erfolges der Konservativen Bewegung war, an Wirksamkeit verliert, und zwar aus zwei Gründen: Amerika wird weniger weiß, und viele Weiße (aber nicht alle) werden weniger rassistisch.

Wenn ich von »Weißen« rede, meine ich damit »nichthispanische Weiße«. Die rasche Zunahme der hispanischen Bevölkerung, der Latinos, von 6,4 Prozent der Gesamtbevölkerung im Jahr 1980 auf 12,5 Prozent im Jahr 2000 ist der Hauptgrund für den Wandel der ethnischen Zusammensetzung Amerikas. Auch die asiatische Bevölkerung nimmt rapide zu, wenn auch von einer niedrigeren Basis aus: 1980 machten Asiaten 1,5 Prozent der Bevölkerung aus, 2000 dagegen 3,8 Prozent. Die beiden ethnischen Gruppen nehmen hauptsächlich durch Einwanderung zu, wenngleich die Latinos zusätzlich eine hohe Geburtenrate aufweisen.

Die unmittelbare politische Auswirkung der Einwanderung besteht, wie ich im Zusammenhang mit dem Langen Goldenen Zeitalter dargelegt habe, darin, Niedriglohnarbeiter ohne Wahlrecht zu schaffen und so das politische Kräfteverhältnis faktisch nach rechts zu verschieben. Wenn ein großer Teil der Arbeitnehmerschaft aus Niedriglohn-Einwanderern besteht, nehmen diejenigen, die von einer die Gleichheit fördernden Politik am meisten zu gewinnen haben, nicht an Wahlen teil, jene, die am meisten zu verlieren haben, aber wohl. Wenn das die ganze Geschichte wäre, wäre die sich ändernde ethnische Zusammensetzung der amerikanischen Bevölkerung nur ein Nebenprodukt eines Prozesses, der den Konservativen nützt und den Liberalen schadet. Aber es ist nicht die ganze Geschichte. Die neuen Einwanderer sind nicht weiß – jedenfalls werden sie von vielen gebürtigen weißen Amerikanern als nicht weiß wahrgenommen, und nur darauf kommt es an. Aus der Wechselwirkung dieser Tatsache mit den sich ändernden Einstellungen zur Rasse in Amerika entsteht eine Dynamik, die, denke ich, die Konservative Bewegung letztlich ihrer wirksamsten politischen Waffe beraubt.

Um diese Dynamik zu verstehen, muss man zunächst erkennen, dass die Einwanderung ein Problem ist, das die Koalition, die die Konservative Bewegung trägt, im Innersten spaltet. Wirtschaftskreise sind für die Einwanderung, weil sie ein zahlreiches, billiges

Arbeitskräftepotenzial schätzen. Wähler dagegen, die man mit der Rassenfrage beeinflussen kann und die für den Erfolg der Bewegung von entscheidender Bedeutung waren, neigen gleichzeitig dazu, entschieden nativistisch, also gegen die Einwanderung zu sein. John Judis hat das Profil republikanischer, einwanderungsfeindlicher Wähler beschrieben:

> Sie ähneln sehr den weißen Wählern aus der Arbeiterschaft, die in den siebziger und achtziger Jahren zu Republikanern wurden, weil sie gegen die Aufhebung der Rassentrennung und die Gegenkultur sind. In der Regel sind sie weiße evangelikale Protestanten mit geringeren Einkommen und ohne College-Abschluss, und sie kommen aus dem Süden, dem Mittleren Westen und dem nicht-pazifischen Westen. Sie wohnen in Kleinstädten und ländlichen Gebieten, meistens weit entfernt von Orten mit hohem Einwandereranteil, und betrachten sich als »Konservative«.[7]

Das Ergebnis ist ein erbitterter Streit über die Einwanderungspolitik innerhalb der Bewegung. Und das hat eine weitere Konsequenz: Die offenkundige Realität, dass ein bedeutender Flügel der modernen Republikanischen Partei scharf einwandererfeindlich ist, treibt nicht weiße Einwanderer in die Arme der Demokratischen Partei. Das hat man in Kalifornien schon erlebt: Pete Wilson, der ehemalige republikanische Gouverneur, errang 1994 einen sensationellen Sieg, indem er die illegale Einwanderung zum zentralen Thema seines Wahlkampfes machte. Doch darauf reagierte die wachsende hispanische Bevölkerung Kaliforniens, indem sie sich mit überwältigender Mehrheit den Demokraten zuwandte, wodurch die herrschende politische Einstellung eine entschieden liberale Richtung annahm. Auch die Wahl von Arnold Schwarzenegger zum Gouverneur änderte daran wenig: Schwarzenegger begriff rasch, dass er nur etwas ausrichten konnte, wenn er wie eine Neuauflage eines Eisenhowerschen Republikaners regierte; das ging so weit, dass man ihn genau wie den New Yorker Bürgermeister Michael Bloomberg (der sich jüngst zum Unabhängigen erklärte) oft als einen faktischen Demokraten bezeichnet.

Der politische Erfolg der Konservativen Bewegung beruht mit anderen Worten darauf, dass sie Weiße anzieht, die etwas gegen Schwarze haben. Nun fällt es aber schwer, gegen Schwarze zu sein, ohne gleichzeitig gegen Einwanderer zu sein. Und weil die Einwanderer aufgrund ihrer rapiden Zunahme zu einer immer stärkeren politischen Kraft werden, könnte die Rassenfrage, die einmal ein wichtiger Pluspunkt der Konservativen Bewegung war, allmählich zu einem Nachteil werden.

Die Republikaner haben versucht, dieses Problem dadurch einzugrenzen, dass sie den Einwanderern und ihren Nachkommen so lange wie möglich das Wahlrecht vorenthielten. Einige der in Kapitel 9 erwähnten vorgetäuschten Fälle von Wahlbetrug waren nicht gegen Schwarze gerichtet, sondern gegen Latinos. Die Juristen des Justizministeriums, die 2003 einmütig zu dem Schluss kamen, dass die berüchtigte Neufestlegung der texanischen Wahlbezirke gegen das Wahlrechtsgesetz verstößt, hoben besonders hervor, dass dadurch das Gewicht hispanischer Wählerstimmen vermindert werde. (Natürlich wurde das Votum der Fachjuristen durch führende politische Beamte des Ministeriums umgestoßen, die Neufestlegung kam durch und führte dazu, dass die Republikaner sechs Kongresssitze hinzugewannen.) Die Neufestlegung der Wahlbezirke verhinderte jedoch nicht, dass die Demokraten 2006 die Mehrheit im Repräsentantenhaus errangen, und man kann in solchen Machenschaften, so verwerflich sie auch sind, kaum mehr als eine Verzögerungstaktik sehen.

Abgesehen von der schlichten, nackten Tatsache, dass Amerika weniger weiß wird, gibt es einen erfreulicheren Grund für die Annahme, dass die politische Ausschlachtung der Rassenfrage an Zugkraft einbüßt: Der Rassismus ist im ganzen Land stark zurückgegangen. Das wird am eindrücklichsten durch Umfragen belegt, in denen es um ein Thema geht, das den Weißen einst die Haare zu Berge stehen ließ: die Rassenmischung. 1978, als der Aufstieg der Konservativen Bewegung zur Macht gerade einsetzte, waren nur 36 Prozent der von Gallup befragten Amerikaner be-

reit, Ehen zwischen Weißen und Schwarzen gutzuheißen, während
54 Prozent sie ablehnten. Noch 1991 sprach sich nur eine Mehrheit von 48 Prozent dafür aus. Doch im Jahr 2002 waren 65 Prozent der Amerikaner mit gemischtrassigen Ehen einverstanden; im
Juni 2007 lag diese Zahl bei 77 Prozent.

Für die Politik scheint das nicht von unmittelbarer Bedeutung
zu sein. Schließlich hat niemand vor, die einstigen gesetzlichen Ver-
bote gemischtrassiger Ehen wieder einzuführen. Doch bei der Fähigkeit der Rechten, rassische Spannungen auszuschlachten, geht
es gar nicht um die reale Politik – es geht darum, primitive Emotionen für sich nutzbar zu machen. Wenn die Stärke dieser primi-
tiven Emotionen nachlässt – und das ist der Fall –, büßt die Strategie ihre Wirksamkeit ein.

Dass der Rassismus nachgelassen hat, bedeutet nicht, dass uns
gleich eine politische Revolution ins Haus steht. Besonders der
tiefe Süden wird wohl noch auf absehbare Zeit eine Hochburg der
Republikaner bleiben. Aber die südliche Strategie franst buchstäblich an den Rändern aus: In den Randstaaten, zu denen jetzt auch
Virginia gehört, können Demokraten sich zunehmend Siegeschan-
cen ausrechnen. Der unerwartete Sieg, den der Demokrat James
Webb im Jahr 2006 im Kampf um den Senatssitz von Virginia über
den Republikaner George Allen errang, zeigte sehr schön, wie sich
der altmodische Rassismus in Verbindung mit der Einwanderungs-
frage zum Nachteil der Konservativen Bewegung auswirken kann.
Allen, ein Yuppie aus Kalifornien, der sich als alter Kumpel aus
dem Süden stilisierte, wurde wegen seines politischen Talents von
vielen so hoch geschätzt, dass man ihm zutraute, von den Republikanern als nächster Präsidentschaftskandidat nominiert zu werden. Aber dann kam es zu dem »Macaca«-Zwischenfall: Allen
verhöhnte S. R. Sidharth, einen dunkelhäutigen Mitarbeiter Webbs,
der in Amerika geboren ist, aber indische Vorfahren hat, mit einem
wenig bekannten rassistischen Schimpfwort. Der (wie fast alles
heute) auf Video festgehaltene Zwischenfall reichte aus, Webb zum
Sieg zu verhelfen.

Man kann die Bedeutung der sich wandelnden Einstellungen zur Rasse gar nicht hoch genug veranschlagen. Nur in den Vereinigten Staaten konnte die Konservative Bewegung zu einer einflussreichen politischen Kraft werden. Dass Vertreter dieser Bewegung hier florieren konnten, während Verfechter ähnlicher Ideen in Kanada und Europa an den Rand des politischen Spektrums verwiesen werden, liegt im Wesentlichen an der rassischen Spannung, die eine Hinterlassenschaft der Sklaverei ist. Wenn diese Spannung nachlässt, oder genauer gesagt, wenn der politische Preis, den Republikaner dafür zahlen müssen, dass sie diese Spannung auszubeuten versuchen, steigt, verliert Amerika gleich einen Teil seiner Sonderstellung, dann gleicht es sich anderen westlichen Demokratien an, in denen der Wohlfahrtsstaat und Maßnahmen zur Begrenzung der Ungleichheit weit stärkeren Zuspruch finden.

Was ist in Ordnung mit Kansas?

In der zitierten Pew-Studie über den langfristigen Einstellungswandel in Amerika verblüfft am stärksten der Abschnitt über soziale Verhaltensweisen und »Werte«. Bestürzt nimmt man zur Kenntnis, wie intolerant Amerika vor noch gar nicht so langer Zeit war und wie stark sich die Einstellungen verändert haben. So war 1987 mehr als die Hälfte der Befragten der Ansicht, Schulen sollten das Recht haben, homosexuelle Lehrer zu entlassen, und 43 Prozent glaubten, Aids könne eine Strafe Gottes für unsittliches Sexualverhalten sein. Bis 1997 waren die entsprechenden Zahlen auf 28 beziehungsweise 23 Prozent zurückgegangen. Oder nehmen wir die Rolle der Frauen in der Gesellschaft: 1987 widersprachen nur 29 Prozent strikt der Ansicht, die Frauen sollten wieder ihre traditionelle Rolle einnehmen – im Jahr 2007 waren es 51 Prozent.

Das Ausmaß des Einstellungswandels ist beeindruckend. Weniger klar sind die politischen Implikationen. Politikwissenschaftler sind, wie in Kapitel 9 dargelegt, skeptisch bezüglich der These von

»Was ist mit Kansas los?«: Dass weiße Arbeitnehmer durch religiöse und sittliche Fragen – im Unterschied zur Rassenfrage – dazu veranlasst worden seien, gegen ihre wirtschaftlichen Interessen zu stimmen, findet in den Zahlen keine Bestätigung. »Wertewähler« scheinen nur bei knappem Wahlausgang entscheidend zu sein. Wenn sittliche und religiöse Intoleranz dennoch von Vertretern der Konservativen Bewegung ausgebeutet wurde, so wird der Spielraum für diese Art von Ausbeutung doch ersichtlich kleiner.

Außerdem spricht einiges dafür, dass sich hinsichtlich sittlicher und religiöser Fragen eine ähnliche Entwicklung vollzieht wie hinsichtlich der Rasse: Je toleranter das Land wird, desto mehr gerät die Republikanische Partei, wenn sie sich auf eine intolerante Basis stützt, überkreuz mit der Mehrheit. Das einschlägige Beispiel liefert Kansas selbst, wo einige prominente Republikaner zu den Demokraten wechselten, um gegen die Vorherrschaft der religiösen Rechten in der lokalen Parteiorganisation zu protestieren. »Ich hatte von den theologischen Debatten darüber, ob Charles Darwin recht hatte, die Nase voll«, erklärte der bisherige Vorsitzende der Republikaner von Kansas zu seinem Parteiübertritt. Daraufhin forderte die Republikanische Partei von Kansas ihre Mitglieder auf, ein ganz schauriges, leicht maoistisch klingendes »Einigkeitsgelöbnis« zu unterschreiben, in dem sie erklären: »Ich werde niemals in meiner politischen oder persönlichen Zukunft Anlass finden, meine Parteiloyalität zu wechseln.«[8] Während ich dies schreibe, hat Kansas einen demokratischen Gouverneur, und zwei seiner vier Vertreter im Repräsentantenhaus sind Demokraten.

Auf der Suche nach Antworten

Die Amerikaner machen sich Gedanken über eine Wirtschaft, die die meisten von ihnen selbst in vermeintlich guten Zeiten im Stich lässt. Sie sind weniger anfällig geworden für Ablenkungsmanöver, seien es Appelle an rassische und sittliche Intoleranz, sei es Angstmache in Fragen der nationalen Sicherheit. Das alles spricht wohl dafür, dass die Zeit der Konservativen Bewegung vorbei ist.

Die Liberalen müssen jedoch mehr bieten als nur den Hinweis, dass sie nicht so schlimm sind wie die Leute, die Amerika in der letzten Zeit geführt haben. Es sei noch einmal an den New Deal erinnert: Nach dem Versagen der konservativen Regierung war der Sieg der Demokraten in der Wahl von 1932 mehr oder weniger unvermeidlich, aber es stand keineswegs fest, dass der Sieger ein bleibendes Vermächtnis hinterlassen würde. Die langfristige Nachwirkung des New Deal beruhte darauf, dass Franklin D. Roosevelt Lösungen für die Probleme der Ungleichheit und der wirtschaftlichen Unsicherheit bot. Dazu gehörten zu allererst die Institutionen des amerikanischen Wohlfahrtsstaates, vor allem die Sozialversicherung. Außerordentlich erfolgreich war der New Deal, wie wir sahen, auch in der Abflachung der amerikanischen Einkommensverteilung, ohne dass sich dies nachteilig auf das Wirtschaftswachstum ausgewirkt hätte.

Jetzt sind wir als Land abermals vom konservativen Regierungsstil angewidert. Es ist nicht ganz erneut die Situation von 1932, aber es ist doch ziemlich wahrscheinlich, dass Demokraten – und obendrein relativ liberale Demokraten – in Kürze sowohl die Mehrheit im Kongress als auch das Weiße Haus erobert haben werden. Die Frage ist, ob die neue Mehrheit etwas Bleibendes zuwege bringen wird.

Sie sollte dazu in der Lage sein. Die Liberalen von heute haben gegenüber den Liberalen vor 75 Jahren einen großen Vorteil: Sie wissen, was sie in zumindest einem wichtigen Punkt zu tun haben. Im nächsten Kapitel werde ich erklären, was alles dafür spricht, den New Deal dadurch zu vervollständigen, dass man den Amerikanern etwas verschafft, was die Bürger aller anderen hoch entwickelten Länder bereits haben: eine garantierte allgemeine Gesundheitsversorgung.

Kapitel 11

Die Notwendigkeit einer Gesundheitsreform

Die Vereinigten Staaten sind unter den wohlhabenden Ländern das einzige, das seinen Bürgern keine grundlegende Gesundheitsversorgung garantiert. Die meisten Erörterungen über die Gesundheitspolitik, meine eigene eingeschlossen, beginnen mit Fakten und Zahlen darüber, was es kostet und was es bringt, wenn diese Lücke geschlossen wird. Darauf werde ich gleich eingehen. Zuvor aber eine andere Frage: Was halten wir für moralisch geboten?

Es gibt ein moralisch stichhaltiges Argument gegen eine garantierte Gesundheitsversorgung, das im Wesentlichen darauf hinausläuft, dass das Leben ungerecht sein mag, dass es aber nicht Aufgabe des Staates sei, die Ungerechtigkeit aus der Welt zu schaffen. Wenn es, würde dieses Argument behaupten, Leute gibt, die sich eine Krankenversicherung nicht leisten können, ist das bedauerlich, aber es ist nicht Sache des Staates, sie über höhere Steuern zu unterstützen. Wenn Menschen aufgrund erblicher Veranlagung krankheitsanfällig sind oder sich irgendwann ein Leiden zuziehen, das es ihnen verwehrt, von da an eine Krankenversicherung zu bekommen, dann ist das eben Pech, aber Pech im Leben ist nichts Ungewöhnliches. Dagegen kann der Staat nichts tun, und er hat keinen Anlass, sich speziell um diese Probleme zu kümmern.

Ich stimme diesem Argument natürlich nicht zu. Wenn ich es vortrage, dann nicht nur, um es umzustoßen. Mir geht es vielmehr darum, dass es zwar ein moralisch stichhaltiges Argument gegen eine allgemeine Gesundheitsversorgung gibt, dass man dieses Argument in der politischen Auseinandersetzung aber praktisch nie zu hören bekommt. Bestimmt ist eine erkleckliche Zahl von Konservativen der Überzeugung, der Staat habe kein Recht, das Geld der Steuerzahler zu nehmen, um den Pechvögeln zu helfen; die verstorbene Molly Ivins zitierte gern die Äußerung eines texanischen Abgeordneten: »Woher kommt diese Idee, jeder habe einen Anspruch auf unentgeltliche Bildung? Auf unentgeltliche Gesundheitsversorgung? Auf alles Mögliche, ohne dafür zu zahlen? Sie kommt aus Moskau. Aus Russland. Sie kommt direkt aus dem Abgrund der Hölle.«[1] Von Politikern auf Bundesebene bekommt man dergleichen aber niemals öffentlich zu hören.

Dass sie es nicht sagen, liegt natürlich daran, dass sie wissen, dass die Wähler dem nicht zustimmen. Es dürfte schwerfallen, mehr als eine Handvoll Amerikaner zu finden, die es für richtig halten, Menschen wegen früherer Krankheiten die ärztliche Versorgung zu verweigern, und auch Umfragen zufolge ist eine große Mehrheit der Ansicht, allen amerikanischen Bürgern solle unabhängig von ihrem Einkommen ärztliche Versorgung garantiert werden. Dass eine allgemeine Gesundheitsversorgung moralisch gerechtfertigt ist, steht außer Frage.

Der Widerstand gegen eine allgemeine Gesundheitsversorgung stützt sich vielmehr auf die Behauptung, es sei nicht möglich, das moralisch Gerechtfertigte zu tun, oder, als Rückzugsargument, die Kosten seien zu hoch, sei es in Gestalt höherer Steuern, sei es in der Form, dass die Versorgungsqualität für diejenigen, die mit unserem derzeitigen System gut zurechtkommen, nachlassen würde. Hier kommen nun die Fakten und Zahlen ins Spiel. Tatsache ist, dass jedes andere hoch entwickelte Land es schafft, das angeblich Unmögliche zu realisieren und die medizinische Versorgung all seiner Bürger sicherzustellen. Die bereitgestellte Versorgungsqualität ist nach allen gängigen Maßstäben ebenso gut oder besser als bei uns. Und das alles schaffen sie mit geringeren gesundheitlichen Aufwendungen pro Kopf als bei uns. Die Gesundheitsversorgung entpuppt sich mit anderen Worten als ein Bereich, in dem es das moralisch Richtige ökonomisch gesehen umsonst gibt. Alle Tatsachen sprechen dafür, dass ein gerechteres System gleichzeitig billiger wäre als unser derzeitiges System und eine bessere Versorgung sicherstellen würde.

Es gibt, was die Gesundheitsversorgung angeht, noch einen wichtigen Punkt, über den man sich im Klaren sein muss: Dieses Problem liegt den Amerikanern am Herzen, vor allem, weil das System, das wir haben, zusehends zerfällt. Alle Umfragen zeigen, dass die Gesundheitsversorgung sogar das wichtigste innenpolitische Thema für Menschen ist, die wahrscheinlich zur Wahl gehen werden.

Gemeinsame Wertvorstellungen, Wirtschaftlichkeit und Wichtigkeit für die Wähler – das alles spricht dafür, die Gesundheitsreform zu einer vordringlichen Angelegenheit zu machen. Und alles, was wir über die wirtschaftliche Seite der Gesundheitsversorgung wissen, deutet darauf hin, dass allein eine Reform funktionieren wird, die nach jeder Definition liberal ist, weil durch staatliches Handeln die Ungleichheit und die Unsicherheit vermindert werden. Die Gesundheitsreform ist das natürliche Kernstück eines neuen New Deal. Wenn die Liberalen zeigen wollen, dass progressive Politik eine bessere, gerechtere Gesellschaft schaffen kann, dann müssen sie hier anfangen.

Bevor ich zu den Vorschlägen für die Gesundheitsreform komme, muss ich aber kurz auf die wirtschaftliche Seite der Gesundheitsversorgung eingehen.

Wir sind Nummer 37!

Wenn man sich an die Vergangenheit halten kann, wird die Hälfte der Amerikaner nächstes Jahr nur geringfügige Gesundheitsausgaben haben. Vielleicht werden sie sich einige Fläschchen Aspirin kaufen, vielleicht werden sie ein- oder zweimal zur Untersuchung gehen, aber sie werden nicht krank werden, jedenfalls nicht so krank, dass sie eine kostspielige Behandlung brauchen. Auf der anderen Seite wird eine Minderheit der Amerikaner gewaltige Gesundheitskosten auf sich laden, weil sie eine Bypassoperation, Dialyse oder Chemotherapie brauchen. Alles in allem werden 20 Prozent der Bevölkerung für 80 Prozent der Behandlungskosten verantwortlich sein. Allein im nächsten Jahr wird das kränkste eine Prozent der Bevölkerung einer ärztlichen Behandlung bedürfen, die im durchschnittlichen Fall über 150 000 Dollar kosten wird.[2]

Sehr wenige Amerikaner können es sich leisten, solche Beträge aus eigener Tasche zu bezahlen, besonders wenn die kostspielige Behandlung sich über Jahre hinzieht, wie es oft der Fall ist. Mittelschichtangehörige in Amerika und anderen hoch entwickelten Ländern kommen nur deshalb in den Genuss einer modernen Gesundheitsversorgung, weil jemand anders für den größten Teil der Kosten aufkommt, wenn eine kostspielige Behandlung nötig wird.

Die Vereinigten Staaten sind das einzige wohlhabende Land, in dem dieser »jemand anders« gewöhnlich eine private Versicherung ist. Überall sonst wird die Krankenversicherung größtenteils vom Staat und letzten Endes von den Steuerzahlern gewährleistet (mit teilweise abweichenden Details). Auch in den Vereinigten Staaten kommt eine steuerfinanzierte Versicherung – Medicare – für die Kosten aller auf, die 65 und älter sind, und ein anderes staatliches Programm – Medicaid – deckt teilweise, aber nicht vollständig die Kosten derer, die zu arm sind, um sich eine private Versicherung leisten zu können. Doch die große Mehrheit der Amerikaner, die eine Krankenversicherung haben, bekommt sie vom privaten Arbeitgeber bezahlt. Es liegt auch an diesem Vertrauen auf die private Versicherung, wenn die Vereinigten Staaten das einzige hoch entwickelte Land sind, in dem ein erheblicher Teil der Bevölkerung – rund 15 Prozent – überhaupt keine Versicherung hat.

Ein Wort zur Terminologie: Gegner der staatlichen Krankenversicherung sprechen zuweilen von »sozialisierter Medizin«, aber das ist irreführend – sozialisiert ist die *Versicherung*, und das ist etwas ganz anderes. In Kanada und den meisten europäischen Ländern sind die Ärzte freiberuflich tätig oder arbeiten überwiegend für private Krankenhäuser und Kliniken. Unter den großen

Ländern hat allein Großbritannien eine tatsächlich sozialisierte Medizin, in der der Staat die Krankenhäuser betreibt und die Ärzte staatliche Angestellte sind.

Wie schneidet nun das amerikanische Gesundheitssystem mit seiner einzigartigen Abhängigkeit von der privaten Versicherung gegenüber den Systemen anderer hoch entwickelter Länder ab? Das zeigt die Tabelle 7. Den Gesundheitsausgaben pro Kopf steht die durchschnittliche Lebenserwartung gegenüber, der einfachste Maßstab für das Funktionieren des Gesundheitssystems. Die Vereinigten Staaten geben für Gesundheitsversorgung pro Kopf fast doppelt so viel aus wie Kanada, Frankreich und Deutschland und fast zweieinhalb Mal so viel wie Großbritannien – aber unsere Lebenserwartung liegt am Ende des Feldes.

Tabelle 7: Vergleich der Gesundheitsversorgung in der westlichen Welt

	Ausgaben pro Person (in US-Dollar) 2004	Lebenserwartung (Jahre) 2004
Vereinigte Staaten	6102	77,5
Kanada	3165	80,2
Frankreich	3150	79,6
Deutschland	3043	78,9
Großbritannien	2508	78,5

Quelle: World Health Organization, ttp://who.int/research/en/.

Diese Zahlen sind so eindeutig und eine so schlagende Widerlegung der landläufigen Meinung, der private Sektor sei effizienter als der öffentliche, dass manche Politiker, Experten und Ökonomen sie schlicht leugnen. Unser Gesundheitssystem sei »das beste der Welt«, sagt der republikanische Präsidentschaftskandidat Rudy Giuliani – die Weltgesundheitsorganisation versetzt es allerdings in einem Vergleich auf Platz 37.[3] Die Europäer, sagt Tyler

Cowen, ein konservativer Ökonom, hätten riesige verborgene Kosten durch Wartezeiten und ungelegene oder unbequeme Sprechstunden – im Ländervergleich zeigt sich jedoch, dass sogar die Briten leichteren Zugang zu einem Arzt haben als die Amerikaner: Auf nicht lebenswichtige Operationen müssen sie tatsächlich länger warten als wir, aber sie haben es leichter, ohne Voranmeldung einen Arzt aufzusuchen, speziell nach Ende der Sprechstunde und an Wochenenden. Und bei den Deutschen und Franzosen gibt es keinerlei nennenswerte Wartezeiten.[4]

Kanadier, hören wir ununterbrochen, warten länger als Amerikaner auf eine Hüftgelenksprothese, und das stimmt. Da hat man sich aber ein eigenartiges Beispiel ausgesucht, denn die meisten Hüftgelenksprothesen werden in Amerika von Medicare bezahlt, und Medicare ist nun einmal ein staatliches Programm. Unklar ist allerdings, ob das allen bekannt ist – Gesundheitsexperten erzählen gern die Geschichte von dem ehemaligen Senator John Breaux, der einmal von einem Wähler aufgefordert wurde, dafür zu sorgen, dass der Staat seine Finger von Medicare lässt. Tatsächlich vergleicht man, wenn man die längere Wartezeit auf eine Hüftgelenksprothese moniert, zwei staatliche Versicherungssysteme miteinander, wobei das amerikanische großzügiger finanziert wird als das kanadische. Mit den angeblichen Vorzügen privater Unternehmen hat das nichts zu tun.

Ernster ist der Streitpunkt zu nehmen, wie weit der amerikanische Lebensstil die Gesundheitskosten in die Höhe treibt. Ezra Klein von *The American Prospect* nennt es die »Wir-essen-aber-mehr-Cheeseburger«-Doktrin, und es stimmt, dass Amerikaner stärker als Europäer zur Fettleibigkeit neigen, was wiederum die Behandlungskosten steigen lässt, besonders für chronische Leiden wie Diabetes. Wenn man die Zahlen aber genauer analysiert, zeigt sich, dass unterschiedliche Lebensstile und die von ihnen ausgelösten Krankheiten nur für einen Bruchteil des Kostenunterschieds zwischen den Vereinigten Staaten und allen anderen Ländern verantwortlich sind. Nach einer Studie des McKinsey Global Institute kann die unterschiedliche Häufigkeit bestimmter Erkrankungen in den Vereinigten Staaten und anderen hoch entwickelten Ländern nur für jährliche Behandlungskosten von knapp 25 Milliarden Dollar verantwortlich sein, und das sind weniger als 100 Dollar pro Kopf von den rund 3000 Dollar, die die Vereinigten Staaten jedes Jahr zusätzlich für Gesundheitsausgaben aufwenden.[5]

Noch etwas sollten Sie wissen: Wohl sind die *Ausgaben* der Amerikaner für medizinische Versorgung weit höher als die aller anderen, aber das heißt nicht, dass sie deutlich besser versorgt werden. Nimmt man die Zahl der Ärzte auf 100000 Einwohner, die durchschnittliche Zahl der Arztbesuche, die Zahl der im Krankenhaus verbrachten Tage, oder die Menge der rezeptpflichtigen Medikamente, die wir schlucken, so hebt sich die Gesundheitsversorgung der Amerikaner nicht von der anderer reicher Länder ab.[6] Was unsere Ausgaben für die Gesundheit angeht, sind wir einsame Spitze, aber wenn es um das geht, was wir tatsächlich für unser Geld bekommen, sind wir nur Mittelfeld.

All dem können wir entnehmen, dass das amerikanische System der Gesundheitsversorgung total ineffizient ist. Wie aber kommt ein tüchtiges, in vielen Bereichen technisch führendes Land zu einem so ineffizienten Gesundheitssystem? Vor allem, weil wir in ein System hineingeschlittert sind, in dem riesige Summen nicht für die Gewährung, sondern für die Versagung medizinischer Leistungen ausgegeben werden.

Einführungskurs in die Gesundheitsökonomie

Den Schlamassel des amerikanischen Gesundheitssystems versteht man vielleicht am besten, wenn man sich den Unterschied klar macht zwischen dem, was wir – damit meine ich die große Mehrheit der Amerikaner – von unserem System erwarten, und dem, was das System, wie es augenblicklich beschaffen ist, den Hauptakteuren an Anreizen gibt.

Es ist, wie ich gesagt habe, nahezu Konsens, dass alle Amerikaner eine grundlegende medizinische Versorgung erhalten sollten. Wer anderer Ansicht ist, behält das für sich, weil es politisch unannehmbar ist, zu sagen, dass es in Ordnung ist, wenn jemandem die Versorgung verweigert wird, weil er arm oder mit den falschen Genen geboren wurde. Private Versicherungen verdienen ihr Geld jedoch nicht damit, dass sie für Behandlungen bezahlen. Sie verdienen ihr Geld damit, dass sie Prämien kassieren und *nicht* für Behandlungen bezahlen, sofern man sie damit durchkommen lässt. In der Krankenversicherungsbranche werden tatsächliche Zahlungen, beispielsweise für die Kosten einer größeren Operation, denn auch wortwörtlich als »medizinische Verluste« bezeichnet.

Versicherungsgesellschaften versuchen, diese leidigen medizinischen Verluste im Wesentlichen auf zwei Wegen niedrig zu halten. Zum einen durch »Risikoselektion«, was man einigermaßen undurchsichtig auch als »Underwriting« bezeichnet. Beides sind Begriffe, mit denen man beschönigend die Weigerung umschreibt, Leuten eine Versicherung zu verkaufen, die sie wahrscheinlich brauchen werden, oder ihnen sehr hohe Prämien abzuverlangen. Die Versicherer überprüfen, wenn sie es können, Antragsteller sorgfältig auf Anzeichen, die erwarten lassen, dass sie eine kostspielige Behandlung benötigen – die Familiengeschichte, die Art ihrer beruflichen Tätigkeit und vor allem frühere Krankheiten. Beim geringsten Anzeichen für eine überdurchschnittliche Wahrscheinlichkeit, dass hohe Behandlungskosten entstehen werden, kann man die Hoffnung auf eine erschwingliche Versicherung vergessen.

Wenn jemand, der die Risikoselektion geschafft hat, dennoch eine Behandlung benötigt, kommt die zweite Verteidigungslinie ins Spiel: Die Versicherer suchen nach Wegen, die Zahlung zu vermeiden. Sie durchstöbern die Krankengeschichte des Patienten im Hinblick auf eine frühere Krankheit, von der sie behaupten können, er habe sie ihnen verschwiegen, womit der Leistungsanspruch verfällt. Mehr Gewicht hat in den meisten Fällen, dass sie die von

Ärzten und Krankenhäusern geltend gemachten Forderungen an-
fechten und nach Gründen suchen, warum sie für die angebotene
Behandlung nicht haften müssen.

Die Versicherer tun das alles nicht, weil sie üble Menschen sind.
Sie tun es, weil die Struktur des Systems ihnen kaum eine Wahl
lässt. Eine nette Versicherung, die nicht versuchen würde, kostspielige Kunden auszusondern, und die nicht nach Wegen suchen
würde, die Bezahlung einer Behandlung zu vermeiden, würde
überwiegend Risikokunden anziehen, die ihr all die Kosten aufhal-
sen würden, die andere Versicherer zu vermeiden trachten, und
sehr schnell den Betrieb einstellen. Wenn die Menschen, die all das
tun, nicht übel sind, dann sind es aber die Konsequenzen. Vergessen wir nicht, dass es nahezu einhellige Meinung ist, dass jeder eine
ausreichende Gesundheitsversorgung haben sollte, also eine ausreichende Versicherung. Aber so, wie unser System funktioniert,
wird Millionen von Menschen eine Versicherung verweigert oder
nur zu unerschwinglichen Preisen angeboten. Gleichzeitig wenden
die Versicherungen Riesensummen für die Überprüfung der Antragsteller und für den Kampf um die Bezahlung auf. Und die Erbringer der Gesundheitsdienstleistungen einschließlich der Ärzte
und Krankenhäuser wenden Riesensummen dafür auf, mit den
Versicherungen zu verhandeln und zu kämpfen, damit sie ihr Geld
bekommen. Es gibt eine ganze Branche, die sich »denial management« nennt: Firmen, die Ärzten in der Auseinandersetzung mit
Versicherungen helfen, die die Zahlung verweigern.

In einem allgemeinen System der Gesundheitsversorgung, in
dem der Staat als Versicherer agiert, entstehen solche Kosten nicht.
Wo jeder Anspruch auf eine Krankenversicherung hat, braucht
man die Leute nicht zu überprüfen, um Risikopatienten auszu-
schließen. Wo eine staatliche Agentur die Versicherung bereitstellt,
braucht man nicht darüber zu streiten, wer für eine Behandlung
zahlt: Wenn die Behandlung von der Versicherung gedeckt ist,
zahlt der Staat. Deshalb sind staatliche Krankenversicherungen
sehr viel weniger bürokratisch und haben niedrigere Verwaltungs-

kosten als private Versicherer. So wendet Medicare nur etwa 2 Prozent seiner Mittel für Verwaltung auf; bei privaten Versicherungen sind es etwa 15 Prozent. McKinsey Global schätzt, dass sich die Verwaltungsmehrkosten der amerikanischen Krankenversicherungsbranche im Vergleich zu den Kosten staatlicher Versicherungsprogramme in anderen Ländern im Jahr 2003 auf 84 Milliarden Dollar beliefen.

Und das ist genau genommen noch nicht einmal die Hälfte. Der McKinsey-Bericht räumt nämlich ein: »Diese Summe umfasst nicht die administrative Mehrbelastung für Krankenhäuser und Polikliniken durch die Vielzahl der Leistungsträger und Versicherungsprodukte. [...] Nicht eingeschlossen sind auch die zusätzlichen Kosten, die Arbeitgebern dadurch entstehen, dass sie die Personalabteilungen verstärken müssen, um die Krankenversicherungszusatzleistungen zu verwalten.«[7] Ein viel zitierter Vergleich zwischen dem amerikanischen und dem kanadischen System, der diese sonstigen Kosten abzuschätzen versuchte, kam zu dem Ergebnis, dass die gesamten Verwaltungskosten, die sowohl die Kosten der Versicherer als auch die der Erbringer von Gesundheitsdienstleistungen umfassen, sich in den Vereinigten Staaten auf 31 Prozent der Gesundheitsausgaben belaufen, verglichen mit weniger als 17 Prozent in Kanada. Das entspricht Mehrkosten von etwa 300 Milliarden Dollar oder einem Drittel des Unterschieds zwischen den amerikanischen und den kanadischen Gesundheitsausgaben.[8]

Wo ist das übrige Geld hingeflossen? Im Unterschied zu anderen hoch entwickelten Ländern haben die Vereinigten Staaten keine zentrale Behörde, die mit den Pharmaunternehmen die Medikamentenpreise aushandelt. So kommt es, dass Amerika tatsächlich weniger Medikamente pro Person verbraucht als der Durchschnitt der anderen Länder, aber weit mehr dafür bezahlt, was die Gesamtkosten des Gesundheitssystems um 100 Milliarden Dollar oder mehr aufbläht. Es gibt im amerikanischen System noch eine ganze Reihe von Fällen, in denen die Ineffizienz nicht so auffällt, zum Beispiel die falschen finanziellen Anreize, die dazu geführt haben, dass in vielen Polikliniken Computertomographen angeschafft wurden, obwohl das teure Gerät dort relativ selten genutzt wird.

Schließlich werden amerikanische Ärzte besser bezahlt als ihre Kollegen in anderen Ländern. Das ist jedoch, anders als die Verwaltung, die Medikamente und andere Probleme, keine erhebliche Ursache des Kostenunterschieds. Die Verfasser der Studie, in der die Verwaltungskosten in den Vereinigten Staaten und Kanada verglichen werden, schätzen, dass die höheren Gehälter der amerikanischen Ärzte nur mit 2 Prozent zu dem Unterschied der Gesamtkosten beitragen.

Das amerikanische System hat noch einen weiteren schrecklichen Mangel, den ich erwähnen sollte: Die Versicherer haben kaum einen Anreiz, für Vorsorgeuntersuchungen zu zahlen, obwohl das gewaltige Beträge für spätere Behandlungskosten einsparen könnte. Das bekannteste Beispiel ist Diabetes. Oft wollen die Versicherer nicht für eine Behandlung bezahlen, mit der sich die Krankheit im Anfangsstadium eindämmen ließe, aber sie bezahlen für die Fußamputationen, die allzu oft eine Folge eines nicht mehr zu kontrollierenden Diabetes sind. Das mag unlogisch erscheinen, aber man muss die Anreize für den Versicherer bedenken: Der Versicherer trägt die Kosten, wenn er für Vorsorgemaßnahmen zahlt, hat aber wenig Aussichten, die Vorteile zu ernten, da die Leute häufig den Versicherer wechseln oder von der privaten Versicherung zu Medicare übergehen, wenn sie 65 werden. Eine medizinische Maßnahme, die jetzt Geld kostet, aber künftig Geld spart, muss sich daher für das einzelne Versicherungsunternehmen nicht auszahlen. Allgemeine Systeme, die jeden lebenslang versichern, haben dagegen einen starken Anreiz, für Präventivmaßnahmen zu zahlen.

Bis hierher habe ich das amerikanische System so dargestellt, als wäre es ein Albtraum, was es für viele Leute auch ist. Dennoch haben etwa 85 Prozent der Amerikaner eine Krankenversicherung, und die meisten von ihnen werden anständig versorgt. Woran liegt es, dass das System dennoch so gut funktioniert?

Zum Teil liegt es daran, dass selbst in Amerika der Staat eine wesentliche Rolle in der Krankenversicherung spielt. 2005 waren 80 Millionen Amerikaner durch staatliche Programme versichert, die meisten durch Medicare und Medicaid; hinzu kamen andere Programme wie Gesundheitsversorgung für Veteranen. Das waren weniger als die 198 Millionen, die eine private Krankenversicherung haben, aber weil die beiden genannten Programme überwiegend für Ältere bestimmt sind, deren Behandlungskosten weit höher sind als die jüngerer Leute, bringt der Staat in Wirklichkeit mehr für die gesundheitliche Versorgung auf als die privaten Versicherer. Im Jahr 2004 wurden 44 Prozent der Gesundheitsausgaben in Amerika von staatlichen Programmen gedeckt und nur 36 Prozent von privaten Versicherungen; der Rest wurde überwiegend aus der eigenen Tasche bezahlt, und das gibt es überall.

Dass das amerikanische System so gut funktioniert, wie es der Fall ist, liegt zum anderen daran, dass die große Mehrheit der Amerikaner, die eine private Krankenversicherung haben, sie von ihrem Arbeitgeber bezahlt bekommen. Das ist teilweise auf die Geschichte zurückzuführen; im Zweiten Weltkrieg durften Firmen nicht die Löhne erhöhen, um Beschäftigte für sich zu gewinnen, und deshalb boten viele stattdessen einen Zuschuss zur Krankenversicherung an. Großenteils ist es auch das Resultat eines speziellen Steuervorteils: Zuschüsse zur Krankenversicherung unterliegen, anders als das Gehalt, nicht der Einkommen- oder der Lohnsummensteuer. Doch um diesen Steuervorteil zu erhalten, muss der Arbeitgeber all seinen Beschäftigten unabhängig von deren Krankengeschichte dieselben Krankenkassenleistungen anbieten. Die an die Beschäftigung gebundene Versicherung mildert daher bis zu einem gewissen Grad das Problem, dass Versicherer diejenigen aussondern, die wirklich eine Versicherung brauchen. Auch setzten sich große Arbeitgeber in einem gewissen Umfang für das Recht auf Behandlung ihrer Beschäftigten ein.

Aufgrund dieser Vorteile war die an die Beschäftigung gebundene Versicherung für viele Amerikaner lange eine gangbare Lösung des medizinischen Versorgungsproblems, eine Lösung, die gut genug war, um Forderungen nach einer grundlegenden Überholung des Systems abzuwehren. Aber jetzt versagt diese Lösung in ihrer bisherigen Form.

Eine schleichende Krise

An den Grundzügen des amerikanischen Gesundheitssystems hat sich nicht viel geändert, seit Lyndon B. Johnson 1965 Medicare und Medicaid schuf. Eine staatliche Versicherung für die Alten und Armen; eine beschäftigungsgebundene Versicherung für Arbeitnehmer mit guten Stellen in guten Firmen; eine persönliche Versicherung, wenn man sie denn bekommt, für diejenigen, die nicht das Glück haben, eine beschäftigungsgebundene Versicherung zu bekommen; ein furchterfülltes Leben ohne Versicherung für eine erhebliche Zahl von Amerikanern. Doch während die Grundzüge dieselben geblieben sind, haben sich die Zahlen geändert. Die beschäftigungsgebundene Versicherung löst sich langsam auf. Von denen, die herausfallen, fängt Medicaid einige, aber nicht alle auf. Und die Angst, seine Krankenversicherung zu verlieren, beherrscht mittlerweile die amerikanische Mittelschicht.

Die schleichende Krise des Gesundheitssystems begann in den achtziger Jahren, ließ in den neunziger Jahren zeitweise nach und ist jetzt mit voller Wucht zurückgekehrt. Die Krise beruht im Wesentlichen auf dem Rückgang der beschäftigungsgebundenen Versicherung. Noch im Jahr 2001 hatten 65 Prozent der amerikanischen Arbeitnehmer eine beschäftigungsgebundene Versicherung. 2006 waren es noch 59 Prozent, und nichts deutet auf ein Ende der Abwärtsentwicklung hin.[9] Der Rückgang der beschäftigungsgebundenen Versicherung beruht wiederum auf den steigenden Versicherungskosten: Die durchschnittliche Jahresprämie für eine Familienversicherung betrug 2006 über 11 000 Dollar, das ist mehr als ein Viertel des mittleren Arbeitnehmer-Jahreseinkommens.[10]

Das ist für geringer entlohnte Arbeitnehmer einfach zu viel – es reicht fast an das Jahreseinkommen eines zum Mindestlohn beschäftigten Vollzeit-Arbeitnehmers heran. Einer Studie zufolge waren sogar unter Amerikanern mit »mittelmäßigem Einkommen«, worunter Familienmitglieder mit einem jährlichen Einkommen von 20 000 bis 35 000 Dollar verstanden werden, über 40 Prozent innerhalb eines Zeitraums von zwei Jahren irgendwann unversichert.[11]

Warum wird die Versicherung teurer? Es liegt am medizinischen Fortschritt. Er macht es möglich, dass viele Krankheiten, die früher unheilbar waren, jetzt behandelt werden können, aber nur unter großem Aufwand. Die Versicherungen bezahlen für diese Behandlungen, kassieren dafür aber höhere Prämien.

Tabelle 8: Ausgaben für Gesundheitsversorgung

Jahr	Anteil am BIP
1960	5,2
1970	7,2
1980	9,1
1990	12,3
1993	13,7
2000	13,8
2005	16,0

Quelle: Centers for Medicare and Medicaid Services, http://www.cms.hhs .gov/NationalHealth ExpendData/.

Der Trend zu steigenden Gesundheitskosten ist schon Jahrzehnte alt. Tabelle 8 zeigt den Anteil der gesamten Ausgaben des amerikanischen Gesundheitswesens am BIP seit 1960; abgesehen von einer kurzen Episode, auf die ich noch eingehen werde, ist er stetig gestiegen. Doch solange die Behandlungskosten relativ niedrig waren, warfen die steigenden Ausgaben kaum ein Problem auf: Die Amerikaner schulterten die finanzielle Belastung und profitierten vom medizinischen Fortschritt.

Doch bis zu den achtziger Jahren waren die Behandlungskosten so sehr gestiegen, dass die Versicherung für viele Arbeitgeber unerschwinglich wurde. Da die Kosten weiterhin stiegen, gingen die Arbeitgeber dazu über, die Zusatzleistung für die Krankenversicherung zu streichen. Robin Wells und ich schrieben darüber im Jahr 2006:

Unser Gesundheitssystem trifft oft irrationale Entscheidungen, und mit steigenden Kosten verschärfen sich diese Irrationalitäten. Insbesondere hat das amerikanische System eine Tendenz, die Bevölkerung aufzuspalten in solche, die dazugehören, und andere, die draußen bleiben. Die Dazugehörigen, die eine gute Versicherung haben, erhalten alles, was die moderne Medizin zu bieten hat, und mag es noch so teuer sein. Die Außenstehenden, die eine kümmerliche oder gar keine Versicherung haben, erhalten sehr wenig. [...]

Im Gefolge der medizintechnischen Fortschritte gibt das System für die Dazugehörigen immer mehr aus. Die höheren Ausgaben für die Dazugehörigen macht es jedoch teilweise dadurch wett, dass es mehr Leute zu Außenseitern macht – es beraubt Peter der Grundversorgung, um für Pauls Behandlung nach neuestem Stand zu bezahlen. So haben wir das grausame Paradoxon, dass der medizinische Fortschritt für die Gesundheit vieler Amerikaner schlecht ist.[12]

Dieses grausame Paradoxon machte sich schon in den achtziger Jahren deutlich bemerkbar, und es führte dazu, dass wir eine Zeitlang eine starke Bewegung hatten, die nach einer Gesundheitsreform verlangte. Harris Wofford verdankte seinen überraschenden Sieg bei der außerordentlichen Wahl, die 1991 in Pennsylvania für den amerikanischen Senat stattfand, vor allem seiner Forderung nach Reformen im Gesundheitswesen. Bill Clinton griff dieses Thema ebenfalls auf, und es verhalf ihm 1992 zur Wahl.

Doch Clinton konnte sein Versprechen trotz aller Bemühungen nicht halten, und Wofford wurde 1994 von Rick Santorum geschlagen, einem eingefleischten Anhänger der Konservativen Bewegung. (Santorum erlitt seinerseits im Jahr 2006 eine derbe Niederlage. Er hat, wie in Kapitel 8 erwähnt, einstweilen Unterschlupf in einer konservativen Denkfabrik gefunden, wo er für ein Programm mit dem Titel »America's Enemies« verantwortet.) Warum ist die Gesundheitsreform unter Clinton gescheitert, und warum ist ihre Zeit jetzt wiedergekommen?

Anhaltende Hindernisse für eine Gesundheitsreform

Es gab im Jahr 1993 einige Monate, in denen eine grundlegende Gesundheitsreform unaufhaltsam erschien. Aber sie scheiterte – und dem Scheitern des Clinton-Plans folgte der republikanische Triumph bei der Wahl von 1994, eine Abfolge, die die Demokraten bis heute verfolgt und einschüchtert. Die Angst vor einem erneuten Debakel ist einer der Hauptgründe für die eingeschränkte Bereitschaft prominenter Demokraten, sich jetzt für eine allgemeine Krankenversicherung einzusetzen. Die Frage ist aber, welche Lehren wir tatsächlich aus 1993 ziehen sollten.

Es ist, glaube ich, hilfreich, die Gründe für Clintons Scheitern in drei Kategorien einzuteilen. Erstens gab es die anhaltenden Hindernisse für eine Reform, die heute dieselben sind wie damals. Zweitens hatte die Situation von 1993 Aspekte, die heute entfallen sind. Drittens gab es vermeidbare Irrtümer, Fehler, die Clinton beging, die aber nicht wiederholt werden müssen.

Beginnen wir mit den anhaltenden Hindernissen, von denen die unnachgiebige Opposition der Konservativen Bewegung das bedeutendste ist. William Kristol erklärte im ersten Strategiepapier einer berühmt gewordenen Serie, die er den Republikanern im Kongress zukommen ließ, die Republikaner sollten versuchen, den Clinton-Plan »zu Fall zu bringen«. Die Begründung lieferte er im *Wall Street Journal*: »Es wäre verheerend, würde Clintons Reformplan angenommen, *in welcher Form auch immer*. Er wäre gleichbedeutend mit einer beispiellosen Einmischung der Bundesregierung in die amerikanische Wirtschaft. Sein Erfolg würde die Wiedergeburt der zentralisierten wohlfahrtsstaatlichen Politik signalisieren.«[13] Der Plan, fuhr er fort, werde schlimme Folgen nach sich ziehen, aber seine größte Sorge war unverkennbar, dass die allgemeine Krankenversicherung tatsächlich funktionieren könnte, dass sie populär sein würde und dass sie eine Rechtfertigung staatlicher Intervention sein würde. Derselbe Gedankengang stand hinter dem Versuch von George W. Bush, die Sozialversicherung zu privatisieren: Am gefährlichsten sind aus der Sicht der Konservativen Bewegung jene staatlichen Programme, die bestens funktionieren und dadurch den Wohlfahrtsstaat legitimieren.

Wir brauchen nicht darüber zu spekulieren, ob die Konservative Bewegung in ihrer Opposition gegen künftige Gesundheitsreformen ebenso unnachgiebig sein wird – sie ist es schon, während ich dies schreibe, und sie argumentiert noch übertriebener als 1993. Als die britischen Behörden dahinterkamen, dass ein Ring muslimischer Ärzte, die beim Staatlichen Gesundheitsdienst arbeiteten, Terroranschläge geplant hatte, gab es einen zwischen Medien wie Fox News und konservativen Kommentatoren abgesprochenen Versuch, die Idee zu verbreiten, ein staatliches Gesundheitssystem fördere den Terrorismus. Kaum zu glauben, aber wahr.[14]

Genauso sicher kann man sein, dass die Versicherungsbranche sich einer Reform entschieden widersetzen wird, wie schon 1993. Von Clintons Debakel sind den meisten noch die sehr eindrucksvollen Werbespots der Versicherungslobby mit »Harry and Louise« in Erinnerung, die den Leuten einreden wollten, der Staat werde ihnen die freie Arztwahl nehmen. Dabei wird den meisten nicht klar sein, dass die Clintons vom Widerstand der Branche überrascht wurden, wollten sie doch die Versicherungsgesellschaften dadurch einbinden, dass sie ihnen wichtige Aufgaben im Rahmen des Systems übertrugen. Alle ernst zu nehmenden Reformpläne, die jetzt auf dem Tisch liegen und auf die im Folgenden eingegangen wird, sehen weiterhin eine wichtige Rolle für die privaten Versicherer vor – aber das wird die Branche nicht davon abhalten, genauso erbitterten Widerstand zu leisten wie seinerzeit. Tatsache ist, dass eine Gesundheitsreform nur gelingen kann, wenn sie die aufgeblähten Verwaltungskosten beschneidet, die die Versicherungsbranche uns abverlangt – und deshalb müssen die Versicherer zum Schrumpfen gezwungen werden, auch wenn sie weiterhin eine Rolle im System spielen werden. Freiwillig werden sie nicht zur Zusammenarbeit bereit sein.

Auch darüber ist jede Spekulation müßig. Was das politisch bedeutet, lässt sich schon in Kalifornien beobachten. Arnold Schwarzenegger, eine Neuauflage eines Eisenhowerschen Republikaners, hat eine allgemeine Krankenversicherung auf Staatsebene vorgeschlagen. Sein Plan lässt die Rolle der privaten Versicherungsunternehmen unangetastet, aber er würde sie durch Regulierung von der Risikoselektion abbringen. Und ob man es glaubt oder nicht – Blue Cross of California, die größte Versicherung des Staates, lässt Werbespots vom Typ »Harry and Louise« senden, in denen davor gewarnt wird, dass das Gesundheitswesen Kaliforniens durch »unüberlegte Reformen« Schaden nehmen könnte.

Entschiedener Widerstand ist auch von der Pharmaindustrie zu erwarten, und wahrscheinlich noch stärker als 1993, weil der Anteil der Arzneimittelkosten an den gesamten Behandlungskosten heute weit höher ist als vor 15 Jahren. Der Widerstand der Pharmaindustrie ist genau wie jener der Versicherer faktisch nicht zu vermeiden, weil die Pharmaunternehmen ein Teil des Problems sind – das amerikanische Gesundheitswesen ist auch deshalb so kostspielig, weil wir für rezeptpflichtige Medikamente weit mehr bezahlen als andere Länder, und ein allgemeines Gesundheitssystem würde früher oder später versuchen, diese Preise herunterzuhandeln.

So weit, so schlecht: Einige der Hauptquellen der Opposition gegen die Gesundheitsreform in den frühen neunziger Jahren werden heute nicht minder entschieden Widerstand leisten. Dennoch hat sich etwas Grundlegendes geändert, und der gegenwärtige Reformvorstoß wird standfester sein, nicht mehr so leicht durch Ereignisse zu kippen wie der Vorstoß vor 15 Jahren.

2008 ist nicht 1993

Wie ich in Kapitel 10 dargelegt habe, wurde Bill Clinton hauptsächlich deshalb gewählt, weil die amerikanische Wirtschaft darniederlag. Der Rezession von 1990–91 folgte eine lange Periode, in der kaum neue Arbeitsplätze entstanden, die sogenannte »jobless recovery«, eine wirtschaftliche Erholung ohne Beschäftigungsaufbau, die von den meisten wie eine Fortsetzung der Rezession empfunden wurde. Und die Krise des Gesundheitssystems empfanden die Leute als besonders akut, weil sie ihre Stelle verloren und die daran gebundene Krankenversicherung. Die Reformer des Gesundheitssystems kamen in die Klemme, als die wirtschaftliche Lage sich besserte, denn damit besserte sich auch die Lage der Krankenversicherung. Anfang 1994 hatte William Kristol es geschafft, die Republikaner zum Kampf gegen Clintons Plan zu bewegen, nicht nur wegen seiner Inhalte, sondern auch mit der Behauptung, von einer Krise des amerikanischen Gesundheitssystems könne keine Rede sein. Und tatsächlich besserte sich die Lage der Krankenversicherung zusehends, wie Tabelle 9 zeigt: Der Prozentsatz der Amerikaner mit beschäftigungsgebundener Versicherung stieg 1994 steil an, da Neueingestellte zusammen mit ihrer Stelle eine Versicherung bekamen. Die Hinhaltetaktik der Republikaner war großenteils deshalb erfolgreich, weil die Amerikaner vom Zustand des Gesundheitssystems einen besseren Eindruck hatten, als Clintons erstes Amtsjahr vorüber war.

Das wird sich diesmal einfach nicht wiederholen. Die ersten Jahre dieses Jahrzehnts waren, ähnlich wie die frühen neunziger Jahre, gekennzeichnet von einer Rezession und einer Erholung ohne Beschäftigungsaufbau. Doch die Arbeitsmarktlage begann sich 2003 zu bessern, und bis 2006 war die Arbeitslosenquote fast so tief gesunken wie auf ihrem Tiefpunkt in den späten neunziger Jahren. Doch hinsichtlich der Krankenversicherung verschlechterte sich die Lage weiter. Diesmal wird es nicht zu einer vorübergehenden Aufhellung des Bildes kommen, und deshalb werden die Obstrukteure nicht bestreiten können, dass es eine Krise gibt.

Tabelle 9: Beschäftigungsgebundene Versicherung

Jahr	Anteil der Versicherten (in %)
1987	62,1
1993	57,1
1994	60,9
2000	63,6
2005	59,5

Quelle: U.S. Bureau of the Census Health Insurance Tables, http://www.census.gov/hhes/www/hlthins/historic/hihistt1.html.

Es gab noch einen Faktor, der vorübergehend Erleichterung schuf, gerade als Clinton versuchte, den Leuten seinen Gesundheitsplan schmackhaft zu machen: Die Mitte der neunziger Jahre war das Goldene Zeitalter der HMOs. Hinter der Health Maintenance Organization (HMO) steckt ursprünglich die Idee, dass die herkömmliche Honorar-gegen-Leistung-Versicherung, bei der das Versicherungunternehmen jeden Arzt für eine zugelassene Behandlung bezahlt, die Ausgaben aufbläht: Die Ärzte entscheiden sich für eine beliebige Behandlung, deren medizinischer Nutzen in Frage steht, und die Patienten sind damit einverstanden, weil jemand anders dafür zahlt. Dies sollte mit der HMO durch »Managed Care« ersetzt werden, wobei die dem Netz der HMO angehörenden Ärzte einen Anreiz haben, die Kosten zu berücksichtigen, was sie veranlasst, auf teure Behandlungen, deren erwarteter medizinischer Nutzen gering ist, zu verzichten. Die Menschen würden diese Einschränkungen akzeptieren, so die Theorie, weil sie die Versicherung erheblich verbilligen würden.

Die Grundidee, bei ärztlichen Entscheidungen die Kosten zu berücksichtigen, ist sehr vernünftig. Der britische Staatliche Gesundheitsdienst (NHS), unter den größeren hoch entwickelten Ländern das einzige Beispiel einer wirklich sozialisierten Medizin, hat ein begrenztes Budget. Die in diesem System tätigen medizinischen Fachleute versuchen, das Beste aus diesem Budget herauszuholen, indem sie die Behandlungen nach dem medizinischen Nutzen bewerten, der mit einer bestimmten Summe zu erzielen ist, und Ausgaben mit geringem Nutzen limitieren. In den Vereinigten Staaten verfährt die Veterans Health Administration (VA), eine Art amerikanischer Miniversion des NHS, ganz ähnlich. Und sowohl das System des NHS als auch das der VA schneiden trotz sehr begrenzter Mittel bei der Erbringung einer effektiven Gesundheitsversorgung bemerkenswert gut ab.

Doch HMOs sind private, von Kaufleuten geführte Organisationen und keine öffentlichen, von Ärzten geführten Ämter. Anfangs schienen sie ihr Versprechen, die Kosten zu senken, einzulösen: Als die Zahl der HMOs in den neunziger Jahren zunahm, legte der langfristige Anstieg der Gesundheitskosten eine Pause ein, die in Tabelle 8 deutlich zu erkennen ist. Und in den neunziger Jahren führte die Kombination aus HMO-Kosteneinsparungen und einer boomenden Wirtschaft zu der großen, aber zeitlich begrenzten Verbesserung der Lage der Krankenversicherung, die in Tabelle 9 deutlich wird.

Doch am Ende konnten die HMOs keine nachhaltigen Einsparungen erzielen, aus einem einfachen Grund: Die Leute vertrauen ihnen nicht. Die Patienten des britischen Staatlichen Gesundheitsdienstes sind alles in allem bereit, eine gewisse Rationierung der Gesundheitsversorgung zu akzeptieren, weil sie verstehen, dass das staatliche Gesundheitssystem ein begrenztes Budget hat und von Ärzten geführt wird, die versuchen, das Beste aus diesem Budget zu machen. Die Amerikaner, die als Patienten Mitglieder einer

HMO sind, akzeptieren die Rationierung längst nicht so bereitwillig, weil sie wissen, dass dahinter der Buchhalter steht, der bestrebt ist, den Gewinn des Unternehmens zu maximieren. Wegen dieses Misstrauens und der Unzufriedenheit stieg der Anteil der Versicherten, die einer HMO angehören, seit Mitte der neunziger Jahre nicht mehr, während andere, mildere Formen von Managed Care weiterhin wuchsen. Außerdem wurden die Versicherer durch öffentlichen Protest und Anhörungen im Kongress gezwungen, von aggressiven Kostensenkungsbemühungen Abstand zu nehmen. Das führte erneut zu einem rapiden Anstieg der Behandlungskosten, und die beschäftigungsgebundene Versicherung ist erneut im Niedergang begriffen.

Aus alldem folgt, dass eine Gesundheitsreform heute nicht mehr so leicht angefochten werden kann wie 1993. Clinton hatte nicht genügend Zeit, die Reform zustandezubringen, bevor sich die allgemeine Aufmerksamkeit anderen Dingen zuwandte. Diesmal ist kaum etwas vorstellbar, das den Eindruck der Leute, dass etwas geschehen muss, abschwächen könnte und den Gegnern die Behauptung erlaubte, es gebe keine Krise.

Doch auch 1993 hätte Clinton die Gesundheitsreform durchsetzen können, wenn er nicht mehrere entscheidende Fehler gemacht hätte.

Fehler, die man nicht wiederholen sollte

Über die Persönlichkeit derer, die an Clintons Gesundheitsplan beteiligt waren, und ihre Schwächen ist viel geschrieben worden. Dazu möchte ich nicht noch etwas beitragen. Fassen wir lieber zwei Punkte ins Auge, in denen Clinton eindeutig Fehler gemacht hat.

Erstens hat er nicht früh genug angefangen. Matthew Holt, ein Analytiker des Gesundheitssystems, dessen Blog zur Gesundheitspolitik zur Pflichtlektüre auf diesem Gebiet geworden ist, hat in einem schonungslosen Vergleich Clintons gescheitertem Reform-versuch den gelungenen Vorstoß Lyndon B. Johnsons für Medicare gegenübergestellt. Johnson fertigte das Medicare-Gesetz am 30. Juli 1965 aus, weniger als neun Monate nach seinem Sieg in der Wahl von 1964. Clinton kam erst am 23. September 1993 dazu, seine erste landesweit ausgestrahlte Rede über das Gesundheitssystem zu halten.[15]

Diese lange Verzögerung war aus mehreren Gründen verheerend. Alles, was er durch die Wahl von 1992 an politischem Schwung gewonnen hatte, war bis zum Herbst 1993 verflogen, und die Regierung Clinton hatte sich bereits in kleinlichen Streitfragen wie der Rolle der Schwulen im Militär festgefahren, und zudem war sie durch diverse, von der Konservativen Bewegung fabrizierte Scheinskandale ins Stocken geraten. Zugleich wurde die Forderung nach einer Gesundheitsreform durch die wirtschaftliche Erholung geschwächt.

Warum hat Clinton sich nicht früher gerührt? Zum Teil war es eine Frage der Prioritäten: Seine erste Sorge galt den Haushaltsproblemen. Zudem war die Entstehung von Clintons Gesundheitsplan eine sperrige Angelegenheit, an der eine riesige, aber verschwiegene Projektgruppe beteiligt war, deren Führung es fertigbrachte, viele natürliche Verbündete zu entfremden. Doch vor allem war Clinton einfach nicht vorbereitet. Medicare war aus jahrelangen Diskussionen hervorgegangen; Clinton hatte nahezu nichts in der Hand. Im Präsidentschaftswahlkampf hatte er sich nicht näher zur Gesundheitsreform geäußert, und es hatte auch keine landesweite Debatte über das Thema gegeben, die den Boden dafür bereitet hätte.

Als der Clinton-Plan endlich fertig war, zeigte sich, dass er einen anderen Haken hatte: Gegner konnten ihn allzu leicht als einen Plan hinstellen, der die Amerikaner der freien Arztwahl beraubt hätte.

Der Clinton-Plan teilte die hinter Managed Care steckende Theorie, dass eine Beschränkung der Ausgaben für teure, aber medizinisch nutzlose Behandlungen zu gewaltigen Kosteneinsparungen führen würde. Er war ein Plan für eine allgemeine Krankenversicherung, aber er war auch ein Plan, faktisch jeden in HMOs zu lenken, die dann in »Managed Competition« miteinander konkurrieren würden. Gegner des Plans griffen sich sofort den Aspekt des Managed Care heraus: Der erste und verheerendste Werbespot von »Harry and Louise« warnte davor, dass »der Staat uns zwingen könnte, zwischen einigen wenigen, von staatlichen Beamten ersonnenen Versicherungsplänen zu wählen«.[16]

Wenn sie diese leidige Geschichte nicht wiederholen wollen, müssen Gesundheitsreformer von heute diese Fehler vermeiden. Sie müssen sofort loslegen: Falls und wenn ein(e) progressive(r) Präsident(in) und eine progressive Kongressmehrheit ihr Amt antreten, müssen sie zumindest die wichtigsten Elemente eines allgemeinen Gesundheitsplans schon beschlossen und ausführlich diskutiert haben. Deshalb ist es sehr gut, dass die Gesundheitsreform zu einem zentralen Thema des gegenwärtigen Präsidentschaftswahlkampfs geworden ist. Und sie müssen einen Plan vorlegen, der die Amerikaner beruhigt, dass sie eine gewisse Wahlfreiheit behalten werden, dass diejenigen, die derzeit eine gute Versicherung haben, nicht zu etwas Schlechterem gezwungen werden.

Wege zur Gesundheitsreform

Als Franklin D. Roosevelt die Sozialversicherung und die Arbeitslosenversicherung schuf, betrat er Neuland. Solche Programme hatte es in Amerika noch nie gegeben, und die wohlfahrtsstaatlichen Programme Deutschlands und Großbritanniens waren begrenzt und zudem in den Vereinigten Staaten kaum bekannt. Niemand konnte wissen, wie gut die Pläne des New Deal, die Amerikaner vor Risiken zu schützen, in der Praxis funktionieren würden. Heute dagegen gibt es in den meisten Ländern der westlichen Welt schon seit Jahrzehnten eine allgemeine Krankenversicherung, und wir haben inzwischen eine sehr genaue Vorstellung davon, was funktioniert.

Ezra Klein hat einen sehr guten Überblick über die Gesundheitssysteme in anderen hoch entwickelten Ländern erstellt, und seine ersten Absätze verdienen es, vollständig zitiert zu werden:

Mag die Medizin auch schwierig sein, so ist die Krankenversicherung doch eine einfache Sache. Die übrigen Industrieländer der Welt haben es schon kapiert, und sie haben dabei nicht 45 Millionen ihrer Landsleute unversichert und rund 16 Millionen unterversichert gelassen, und sie haben es nicht zugelassen, dass die Kostenspirale immer höher klettert und zu einer schweren Gefahr für ihre Volkswirtschaft wird.

Obendrein sind diese Erfolge kein Geheimnis und die Mechanismen nicht unbekannt. Wenn man Gesundheitsforscher fragt, was zu tun ist, werden sie seufzend etwas Ähnliches vorschlagen, wie es in Frankreich oder Deutschland existiert. Wenn man sie fragt, was ihrer Meinung nach getan werden kann, wird ihnen in ihrer Hoffnungslosigkeit, dem Widerstand der Versicherungsbranche und der Pharmaindustrie und der Konservativen und der Hersteller und all der anderen zu entgehen, nichts anderes bleiben, als auf Schlagworte und Umgehungslösungen zu verweisen, auf regionale Einkaufsvereinigungen und Krankensparverträge. Dass die Sache, wie man weiß, kompliziert ist, liegt nicht am Problem selbst, sondern an den Kräften, die den bestehenden Zustand erhalten wollen.[17]

Betrachten wir das französische System, das nach Ansicht der Weltgesundheitsorganisation das beste der Welt ist. Frankreich hat eine aus Steuern finanzierte Grundversicherung für alle. Das ist vergleichbar mit Medicare. Außerdem werden die Leute ermutigt, eine zusätzliche Versicherung abzuschließen, die weitergehende medizinische Ausgaben deckt – vergleichbar der Zusatzversicherung, die viele ältere Amerikaner über Medicare hinaus haben –, und die Armen erhalten Beihilfen für eine Zusatzversicherung, vergleichbar mit Medicaid, das Millionen älteren Amerikanern hilft.

Es verdient übrigens Beachtung, dass das kanadische System, auf das oft als ein Beispiel verwiesen wird, wie eine allgemeine Krankenversicherung in Amerika aussehen würde, ein Merkmal aufweist, das es weder im französischen System noch bei Medicare gibt: Es ist in Kanada nicht erlaubt, sich in Bereichen, die von der staatlichen Versicherung abgedeckt sind, medizinische Leistungen aus eigener Tasche zu kaufen. Dadurch, dass man wohlhabenden Kanadiern die Möglichkeit verwehrt, sich den Zugriff auf die knappen medizinischen Ressourcen durch höhere Zahlungen zu sichern, sollen die Kosten niedrig gehalten werden. Doch dies ist eindeutig kein Wesensmerkmal einer allgemeinen Krankenversicherung. Um es nochmals zu betonen: Durch Medicare versicherte ältere Amerikaner können sich genau wie die Franzosen über das hinaus, was der Staat absichert, so viele ärztliche Leistungen kaufen, wie sie wollen.

Das französische System ist nicht vollständig mit Medicare vergleichbar: Für manche Merkmale des französischen System gibt es in Amerika kein Gegenstück, jedenfalls noch nicht. Viele französische Krankenhäuser sind in öffentlicher Hand, müssen aber mit dem Privatsektor um Patienten konkurrieren. Frankreich legt zudem großen Wert auf Präventivbehandlung. Bei chronischen Leiden wie Diabetes oder Bluthochdruck übernimmt der Staat die gesamten Kosten – ohne Zuzahlung –, damit die Patienten nicht bei Behandlungen knausern, die späteren Komplikationen vorbeugen könnten.

Der entscheidende Punkt ist jedoch, dass das französische Gesundheitssystem, das alle erfasst und als das beste der Welt gilt, große Ähnlichkeit mit einer erweiterten und verbesserten Version von Medicare hat, einem vertrauten und beliebten Programm, nur eben erweitert auf die gesamte Bevölkerung. Dass eine amerikanische Version des französischen Systems mehr kosten würde als dieses, hat verschiedene Gründe: Unsere Ärzte werden zum Beispiel besser bezahlt, und wir sind dicker und daher anfälliger für einige kostspielige Krankheiten. Doch aufs Ganze gesehen würde Medicare für alle mit dem Problem der Unversicherten Schluss machen, und es würde fast sicher weniger kosten als unser derzeitiges System, das 45 Millionen Amerikaner ohne Versicherung lässt.

In einer von Fachleuten regierten Welt wäre die Sache damit erledigt. Die Amerikaner schätzen Medicare – geben wir es allen. Die Erweiterung würde aus höheren Steuern finanziert, aber das würde sich selbst für Amerikaner, die derzeit eine Versicherung haben, mehr als bezahlt machen, weil sie nicht mehr so hohe Prämien zu zahlen hätten. Das Problem hätte sich von allein gelöst! Doch zu unserem Glück oder Unglück wird die Welt nicht von Fachleuten regiert. Vorschläge, ein Single-Payer-System zu schaffen, mit anderen Worten Medicare für alle, stoßen auf eine Reihe gewichtiger politischer Hindernisse.

Das am häufigsten erwähnte Hindernis ist die unnachgiebige Opposition der Versicherungs- und der Pharmabranche gegen ein Single-Payer-System. Reformer sollten jedoch erkennen, dass diese Interessengruppen sich gegen jede ernsthafte Gesundheitsreform sträuben werden. Es gibt nichts, sie davon abzubringen.

Zwei weitere Hindernisse für eine Veränderung könnten jedoch mit geschickten Argumenten überwunden werden: die Notwendigkeit, Steuern zu erhöhen, und die verbreitete Befürchtung, Wahlmöglichkeiten zu verlieren. Zunächst das Problem der Steuern: Die Ausweitung von Medicare auf alle Amerikaner würde *eine Menge* zusätzlicher Steuereinnahmen erfordern, wahrscheinlich etwa 4 Prozent des BIP. Genaugenommen würden diese zusätzlichen Steuern keine echte finanzielle Belastung für das Land darstellen, denn sie würden an die Stelle der Versicherungsprämien treten, die die Leute bereits zahlen.

Dennoch wird es sehr schwierig sein, die Leute davon zu überzeugen, dass eine große Steuererhöhung unter dem Strich keine echte Erhöhung ihrer finanziellen Belastung darstellt, besonders angesichts der unredlichen Kampagne der Gegner, mit der ein solcher Vorschlag unvermeidlich zu rechnen hat. Auch die Durchsetzung von Steuererhöhungen im erforderlichen Umfang wird nicht einfach sein, selbst bei einer starken progressiven Mehrheit.

Ähnlich verhält es sich mit dem Problem, die Wahlfreiheit der Patienten zu bewahren. Eine Versicherung vom Typ Medicare würde weitgehend an die Stelle der Versicherung treten, die die Amerikaner schon haben, und sie hätten die Freiheit, sich zusätzlich zu versichern. Aber ein Plan, der die Leute automatisch in ein staatliches Versicherungssystem überführt, könnte leicht als ein Plan hingestellt werden, der ihnen die Wahlfreiheit nimmt. Die Reformgegner würden alles tun, dieses Missverständnis zu fördern.

Man muss dabei im Auge behalten, dass diese beiden Probleme *politische* und nicht ökonomische Einwände gegen ein Single-Payer-System sind. Dieses ist rein wirtschaftlich betrachtet der Weg, den wir einschlagen sollten. Ein Single-Payer-System mit seinen niedrigen Verwaltungskosten und seiner starken Fähigkeit, über Preise zu verhandeln, würde mehr Gesundheitsversorgung zu niedrigeren Kosten ergeben als die Alternative. Doch das Vollkommene kann der Feind des Guten sein. Es ist weit besser, mit einem Reformplan zu beginnen, der politisch machbar ist und einige der Vorteile eines Single-Payer-Systems erreicht, als auf die ideale Lösung zu warten.

Nun zu der guten Nachricht: Im Laufe der letzten Jahre haben Politikbeobachter und Politiker den Versuch einer Gesundheitsreform entwickelt, der ein machbarer Kompromiss zwischen wirtschaftlicher Effizienz und politischem Realismus zu sein scheint. Er umfasst vier Grundelemente:

- Einheitliche Einstufung
- Beihilfen für Familien mit niedrigem Einkommen
- Pflichtversicherung
- Wettbewerb zwischen öffentlichem und privatem Sektor

Ich werde zunächst die ersten drei erörtern, sodann erklären, was sie zusammen bewirken, und schließlich die Rolle des vierten erläutern.

Die einheitliche Einstufung verbietet es den Versicherern, von ihren Kunden unterschiedliche Prämien zu verlangen oder aufgrund ihrer Einschätzung des Erkrankungsrisikos einen Versicherungsvertrag gänzlich zu versagen.

Die »reine« einheitliche Einstufung, die in den Bundesstaaten New York und Vermont bereits Gesetz ist, verlangt von den Versicherern, jedermann Policen mit der gleichen Prämie anzubieten, und basta. Unter der »angepassten« einheitlichen Einstufung, die in Massachusetts, New Jersey und andernorts bereits Gesetz ist, dürfen die Prämien nach Kriterien wie Alter und Wohnort voneinander abweichen, nicht aber aufgrund der Krankengeschichte. Mit der einheitlichen Einstufung sollen Versicherer daran gehindert werden, Menschen mit früheren Krankheiten oder anderen Risikofaktoren eine Versicherung zu versagen; auch sollen dadurch die Verwaltungskosten gesenkt werden, weil die Versicherungsunternehmen nicht mehr Riesensummen dafür aufwenden, riskante Bewerber ausfindig zu machen und abzulehnen.

Beihilfen werden bereits gewährt, unter Medicaid. Den Reformentwürfen zufolge sollen diese Beihilfen auf viele ausgedehnt werden, die keinen Anspruch auf Medicaid haben, sich aber trotzdem eine Versicherung nicht leisten können, vor allem berufstätige Erwachsene mit niedrigem Einkommen.

Pflichtversicherung bedeutet, dass man eine Krankenversicherung haben muss, so wie Autobesitzer eine Kfz-Versicherung haben müssen. Damit will man dem Problem beikommen, dass Personen, die sich eine Versicherung leisten können, es aber lieber darauf ankommen lassen, irgendwann in der Notaufnahme auftauchen, wo für den Fall, dass etwas schiefgeht, vielfach die Steuerzahler die Zeche bezahlen müssen. Einige Pläne sehen außerdem eine Pflicht des Arbeitgebers vor, für die Krankenversicherung ihrer Beschäftigten aufzukommen.

Diese drei Elemente zusammen führen zu einem allgemeinen System der Gesundheitsversorgung, das über private Versicherungsunternehmen abgewickelt wird. Jenen, die aufgrund ihrer Krankengeschichte möglicherweise eine Versicherung versagt worden wäre, erhalten garantierten Zugang durch die einheitliche Einstufung, jenen, die sich andernfalls eine Versicherung nicht hätten leisten können, wird finanziell unter die Arme gegriffen, und jenen, die es vorgezogen hätten, unversichert zu bleiben, wird dies untersagt.

Massachusetts hat 2006 ein System nach diesen Grundsätzen eingeführt. Arnold Schwarzeneggers Plan für Kalifornien sieht ähnlich aus. Zwei aussichtsreiche Kandidaten für die Nominierung durch die Demokraten, John Edwards und Barack Obama, haben verwandte Pläne angekündigt, beide aber mit dem vierten Merkmal, auf das ich gleich eingehen werde.

Hat ein solches System, in dem eine allgemeine Gesundheitsversorgung über die privaten Versicherer realisiert wird, grundlegende Vorteile gegenüber dem Single-Payer-System? Unter wirtschaftlichen Aspekten nicht. Man kann es bestenfalls als einen Versuch betrachten, ein Single-Payer-System durch Regulierung und Beihilfen zu *simulieren*, aber die Simulation klappt nicht ganz. Ich habe solche Pläne einmal mit Rube-Goldberg-Vorrichtungen verglichen, die einfache Ziele auf komplizierte Weise erreichen. So erfordert es eine beträchtliche staatliche Bürokratie, die einheitliche Einstufung und die Versicherungspflicht durchzusetzen. Die Gesundheitsversorgung über private Versicherer laufen zu lassen erfordert ironischerweise mehr staatliche Einmischung, als ein einfaches staatliches Programm es täte.

Ein System aus einheitlicher Einstufung, Beihilfen und Pflichtversicherung hat dennoch politische Vorteile. Zuallererst erfordert es weit weniger zusätzliche Steuereinnahmen als ein Single-Payer-System, weil der größte Teil der Versicherungskosten weiterhin in Form von Prämien von Arbeitgebern und Privatpersonen getragen wird. Man braucht lediglich genügend Steuern, um Familien mit niedrigem Einkommen zu unterstützen. Plausiblen Schätzungen zufolge liegen die Steuereinnahmen, die für ein gemischtes allgemeines Versorgungssystem erforderlich wären, erheblich unter den entgangenen Einnahmen aufgrund der Steuersenkungen Bushs, die Ende 2010 auslaufen sollen. Man könnte einen solchen Plan einer allgemeinen Gesundheitsversorgung also realisieren, ohne eine Steuererhöhung beschließen zu müssen. Ein demokratischer Präsident und Kongress brauchen nur das Auslaufen der Steuersenkungen Bushs abzuwarten und die dann steigenden Einnahmen in die Gesundheitsversorgung zu stecken.

Zugleich könnten diejenigen, die mit ihrer privaten Versicherung zufrieden sind, nach einem solchen Plan daran festhalten. Die Versicherungsbranche würde versuchen, die Reform durch Angriffe auf die einheitliche Einstufung zu verhindern – diese war 1993 auch die Zielscheibe eines der Werbespots mit »Harry and Louise« –, aber sie würde dem Staat nicht vorwerfen können, die Leute zu Managed Care zu zwingen.

Wohl hat es den Anschein, dass eine allgemeine Gesundheitsversorgung auf der Grundlage privater Versicherungen leichter zu erreichen ist als ein Single-Payer-System, aber sie würde auf einige der Vorteile dieses Systems verzichten. Speziell die Verwaltungskosten wären höher, es gäbe immer noch eine Vielzahl von Versicherern und einen Kampf darüber, wer was zahlt. Ist es möglich, diese Probleme zu lösen?

Hier kommt das vierte Element ins Spiel. Die Pläne von Edwards und Obama lassen den Leuten die Möglichkeit, ihre private Versicherung beizubehalten, aber sie geben ihnen außerdem die Möglichkeit, einen staatlichen Versicherungsplan vom Typ Medicare zu wählen, zu einem Preis, der die tatsächlichen Kosten für den Staat ausdrückt. Die Möglichkeit, sich bei Medicare einzukaufen, schafft Wettbewerb zwischen öffentlichen und privaten Versicherungsplänen. Alles spricht dafür, dass die staatlichen Pläne, die die Gemeinkosten senken würden, weil hohe Aufwendungen für Werbung entfallen würden, sich in diesem Wettbewerb durchsetzen würden.

Als Medicare dazu überging, von Medicare Advantage – einer aus Steuern bezuschussten privaten Zusatzversicherung für Senioren – zu verlangen, auf einer versicherungsmathematisch gerechten Basis mit dem herkömmlichen Medicare-Programm zu konkurrieren, welkten die privaten Zusatzversicherungen dahin. (Sie begannen wieder zu expandieren, nachdem durch das Medicare-Modernisierungsgesetz von 2003 hohe Beihilfen für die private Versicherung eingeführt worden waren, die sich im Durchschnitt auf 1 000 Dollar jährlich pro Empfänger belaufen. Aber das ist eine andere Geschichte.) Würden die staatlichen Programme den Wettbewerb mit den privaten Versicherern durchgängig gewinnen, würden die Letzteren Marktanteile verlieren, und mit der Zeit würde sich ein Single-Payer-System herausbilden. Das wäre jedoch ein Ergebnis persönlicher Entscheidungen der Leute und kein staatliches Edikt, das irgendjemanden in staatliche Programme hineinzwingt.

Würde ein Plan in diesem Sinne Gesetz, entstünde ein System der Gesundheitsversorgung, das nicht ganz dem aller anderen gleicht, aber ein wenig dem deutschen System ähnelt, in dem miteinander konkurrierende, aber stark regulierte Krankenkassen für die Krankenversicherung verantwortlich sind. Das deutsche System ist wie das französische weit kostengünstiger als unseres, sorgt aber für eine allgemeine Versicherung und eine Versorgung von hoher Qualität. Auch unter allen Aspekten des Zugangs zu medizinischen Dienstleistungen schneidet es besser ab als das amerikanische System: Es ist leichter, unangemeldet einen Arzt aufzusuchen, in der Notaufnahme sind die Wartezeiten kürzer, und selbst Operationen, die nicht lebenswichtig sind, werden nicht so lange hinausgeschoben wie bei uns.[18]

Viele Details müssen noch geklärt werden, aber wichtig ist, dass eine allgemeine Krankenversicherung durchaus machbar ist, aus wirtschaftlicher, fiskalischer und sogar politischer Sicht.

Gesundheitsreform lohnt sich

Der wichtigste Grund für eine Reform der amerikanischen Gesundheitsversorgung ist einfach der, dass sie für die meisten Amerikaner die Lebensqualität verbessern würde. Es gibt Dutzende Millionen, die unter unserem derzeitigen System keine ausreichende Gesundheitsversorgung erhalten, weitere Millionen, deren Leben durch die finanzielle Last der Behandlungskosten zerstört wurde, und darüber hinaus viele, die noch nicht ihre Versicherung verloren haben oder infolge hoher Behandlungskosten bankrott gegangen sind, die aber in der Angst leben, sie könnte es als Nächste treffen. Und dabei ist das alles unnötig, denn alle anderen wohlhabenden Länder haben eine allgemeine Krankenversicherung. Eine Verminderung der Risiken, vor denen die Amerikaner stehen, würde sich selbst dann lohnen, wenn sie mit erheblichen Kosten verbunden wäre – aber in diesem Fall würden gar keine Kosten entstehen. Ein allgemeines System der Gesundheitsversorgung wäre billiger und besser als unser gegenwärtiges zersplittertes System.

Es gibt jedoch noch einen wichtigen Grund für die Gesundheitsreform. Es ist derselbe Grund, aus dem die Konservative Bewegung so sehr darauf bedacht war, Clintons Plan zu Fall zu bringen. Ein Erfolg dieses Plans, sagte Kristol, »würde die Wiedergeburt der zentralisierten wohlfahrtsstaatlichen Politik signalisieren« – womit er in Wahrheit meinte, dass eine allgemeine Krankenversicherung der Idee des New Deal, die Gesellschaft müsse ihren weniger begünstigten Mitgliedern helfen, neues Leben einhauchen würde. Das würde sie in der Tat – ein starkes Argument zu ihren Gunsten.

Kurz, die allgemeine Krankenversicherung könnte für einen neuen New Deal das sein, was die Sozialversicherung für den ursprünglichen New Deal war – ein Programm, das für sich allein schon von überragender Bedeutung ist, und zugleich eine Bekräftigung des Grundsatzes, dass wir die Hüter unserer Brüder sind. Für moderne Liberale sollte ein allgemeines System der Gesundheitsversorgung die höchste innenpolitische Priorität haben. Wenn sie das erreicht haben, können sie sich der umfassenderen, schwierigeren Aufgabe zuwenden, die Ungleichheit in Amerika einzudämmen.

Kapitel 12

Kampf gegen die Ungleichheit

Das Amerika, in dem ich aufgewachsen bin, war eine relativ gleiche Mittelschichtgesellschaft. Doch im Laufe der letzten Generation ist bei uns wieder eine Ungleichheit eingekehrt, wie es sie im Goldenen Zeitalter gab. In diesem Kapitel werde ich Schritte skizzieren, die dazu beitragen können, diese Veränderungen rückgängig zu machen. Ich werde aber wie bei der Erörterung der Gesundheitsversorgung mit der Frage nach den Werten beginnen. Warum sollten wir uns um die hohe und noch wachsende Ungleichheit sorgen?

Ein Grund, sich um die Ungleichheit zu sorgen, ist das schlichte Problem des Lebensstandards. Der Löwenanteil des wirtschaftlichen Zuwachses in Amerika ist, wie ich in Kapitel 7 ausführlich belegt habe, einer kleinen, wohlhabenden Minderheit zugeflossen. Das ging so weit, dass nicht einmal sicher ist, ob die Durchschnittsfamilie vom technischen Fortschritt und von der damit steigenden Produktivität überhaupt profitiert hat. Das Fehlen eines eindeutigen wirtschaftlichen Fortschritts für Familien mit geringem und mittlerem Einkommen ist allein schon ein gewichtiger Grund, sich um eine ausgeglichenere Einkommensverteilung zu bemühen.

Hinzu kommt jedoch der Schaden, den extreme Ungleichheit unserer Gesellschaft und unserer Demokratie zufügt. Seit der Gründung Amerikas hatten wir von uns die Vorstellung eines Landes ohne scharfe Klassenunterschiede – nicht einer nivellierten Gesellschaft vollkommener Gleichheit, aber einer Gesellschaft, in der der Abstand zwischen der wirtschaftlichen Elite und dem Durchschnittsbürger keine unüberbrückbare Kluft ist. Deshalb schrieb Thomas Jefferson: »Die kleinen Grundbesitzer sind der wertvollste Teil eines Staates.«[1] Wenn man das für unsere Verhältnisse in den Satz übersetzt, eine breite Mittelschicht sei der wertvollste Teil eines Staates, behält Jeffersons Aussage ihre unveränderte Gültigkeit. Die starke Ungleichheit, die aus uns ein Land mit einer erheblich geschwächten Mittelschicht gemacht hat, zerfrisst die sozialen Beziehungen und Einstellungen, eine Entwicklung, die immer deutlicher wurde, je tiefer Amerika in ein neues Goldenes Zeitalter hineinschlitterte.

Die Kosten der Ungleichheit

Eines der besten Argumente für die sozialen Kosten der Ungleichheit, das mir je untergekommen ist, stammt von einem Vertreter der Konservativen Bewegung, der das Gegenteil zu beweisen versuchte. Irving Kristol, einer der ersten neokonservativen Intellektuellen, veröffentlichte 1997 im *Wall Street Journal* einen Artikel unter der Überschrift »Income Inequality Without Class Conflict«. Kristol behauptete darin, wir sollten uns über die Einkommensungleichheit keine Gedanken machen, weil Klassenunterschiede, was auch immer die Zahlen sagen mögen, in Wirklichkeit so gut wie verschwunden seien. Heute, behauptete er,

wird die Einkommensungleichheit von einer noch größeren Gleichheit überdeckt. [...] In all unseren größeren Städten gibt es kein einziges Restaurant, in dem ein Chef beim Mittag- oder Abendessen absolut sicher sein kann, nicht zufällig seiner Sekretärin zu begegnen. Weiß man, wer neben einem sitzt, wenn man Erster Klasse fliegt? Man kann es nie wissen. Wenn man nach Paris reist, ist man umgeben von einem Haufen junger Leute, die mit ihren Kreditkarten protzen.[2]

Mit der Behauptung, die Einkommensungleichheit spiele keine Rolle, weil wir soziale Gleichheit haben, gab Kristol faktisch zu, dass die Einkommensungleichheit ein Problem *wäre*, wenn sie zu sozialer Ungleichheit führen würde. Und jetzt kommt's: Sie tut es tatsächlich. Kristols Fantasievorstellung von einer Welt, in der die Reichen genauso leben wie alle anderen und niemand sich sozial minderwertig fühlt, hat keinerlei Ähnlichkeit mit dem Amerika, in dem wir leben.

Die Lebensstile der Reichen und Berühmten sind wohl das Unwichtigste an der Sache, doch sei darauf hingewiesen, dass Kristols Bild von den Chefs, die sich mit der Mittelschicht gemein machen, in völligem Widerspruch zu der Berichterstattung von Robert Frank vom *Wall Street Journal* steht, zu dessen Aufgaben es gehört, über das Leben der Reichen zu schreiben. In seinem Buch *Richistan* schildert Frank, was er erfahren hat:

> Die Reichen von heute hatten ihr eigenes virtuelles Land geschaffen. [...] Sie hatten sich eine abgeschlossene Welt errichtet, mit einem eigenen Gesundheitssystem (concierge doctors), einem eigenen Reisenetz (Net Jets, destination clubs), einer eigenen Wirtschaft. [...] Die Reichen wurden nicht nur reicher, sie wurden zu finanziellen Ausländern, indem sie ihr eigenes Land innerhalb eines Landes schufen, ihre eigene Gesellschaft innerhalb einer Gesellschaft und ihre Wirtschaft innerhalb einer Wirtschaft.[3]

Tatsache ist, dass große Einkommensungleichheit große soziale Ungleichheit mit sich bringt. Und diese soziale Ungleichheit ist nicht bloß eine Sache von Neid und Kränkungen. Sie wirkt sich fühlbar negativ darauf aus, wie Menschen in diesem Lande leben. Es mag unwesentlich sein, dass die große Mehrheit der Amerikaner es sich nicht leisten kann, für eine Suite in einem der Luxushotels, die jetzt überall in der Welt aus dem Boden schießen, 11 000 Dollar pro Nacht hinzulegen.[4] Es ist aber sehr wohl von Bedeutung, dass Millionen von Mittelschichtfamilien sich Häuser kaufen, die sie sich eigentlich nicht leisten können, und dafür eine Hypothek aufnehmen, die sie nicht ohne Probleme bedienen können, weil sie ihre Kinder unbedingt auf eine gute Schule schicken möchten – und mit steigender Ungleichheit nimmt die Zahl der begehrten Schulbezirke ab, und es wird teurer, in ihnen zu wohnen.

Elizabeth Warren, Expertin für Konkurse an der Harvard Law School, und die Betriebsberaterin Amelia Warren Tyagi haben die steigende Zahl der Konkurse in den Vereinigten Staaten untersucht. Bevor es im Jahr 2005 durch ein neues Gesetz für Privatpersonen erschwert wurde, Konkurs anzumelden, erklärten sich alljährlich fünfmal so viele Familien zahlungsunfähig wie in den frühen achtziger Jahren. Das lag vermutlich daran, dass sie mehr Schulden aufnahmen – was Moralisten zu der Äußerung veranlasste, die Leute gäben zu viel für Luxusgüter aus, die sie sich nicht leisten können. Tatsächlich gaben Mittelschichtfamilien, wie Warren und Tyagi feststellten, *weniger* für Luxusgüter aus als in den siebziger Jahren. Die steigende Verschuldung beruhte hauptsächlich auf höheren Ausgaben für die Wohnung, die größtenteils durch den Wettbewerb verursacht wurden, in einen guten Schulbezirk zu kommen. Mittelschicht-Amerikaner gerieten nicht deshalb in einen erbarmungslosen Konkurrenzkampf, weil sie gierig oder dumm waren, sondern weil sie ihren Kindern in einer zunehmend ungleichen Gesellschaft eine Chance geben wollten.[5] Und sie machten sich zu Recht Sorgen, denn ein schlechter Start kann die Chancen eines Kindes für immer verderben.

Noch immer vertritt eine Mehrheit der Amerikaner die Ansicht, jeder könne sich seine Stellung in der Gesellschaft selber schaffen. Bei einer Umfrage stimmten 61 Prozent der Amerikaner der Aussage zu, dass »Leistung belohnt wird« – in Kanada waren es 49 Prozent und in Frankreich nur 23 Prozent.[6] Doch in Wirklichkeit herrscht in Amerika eine große Ungleichheit sowohl der Chancen als auch der Ergebnisse. Wir mögen glauben, mit Fleiß und Entschlossenheit könne man es zu etwas bringen, doch die Fakten sagen etwas anderes.

Viele Tatsachen sprechen dafür, dass der Aufstieg vom Tellerwäscher zum Millionär in der Realität eine Seltenheit ist. Besonders eindrucksvoll ist eine Studie des National Center for Education Statistics, in der der Bildungsgang von Amerikanern untersucht wurde, die im Jahr 1988 Achtklässler waren. Sie wurden eingeteilt

nach ihrer erkennbaren Begabung, die man durch einen Mathema-
tiktest ermittelte, und dem sozioökonomischen Status ihrer Eltern,
für den der Beruf, das Einkommen und der Bildungsgrad bestim-
mend waren.

Tabelle 10: Anteil der Achtklässler von 1988 mit College-Abschluss (in %)

	Leistung im untersten Quartil	Leistung im obersten Quartil
Eltern im untersten Quartil	3	29
Eltern im obersten Quartil	30	74

Quelle: National Center for Education Statistics, *The Condition of Education 2003*, S. 47.

Das wichtigste Ergebnis zeigt Tabelle 10. Es erstaunt nicht, dass
die Chance des Schülers, einen Collegeabschluss zu erreichen, mit
einer hohen Punktezahl beim Test und einem hohen Status der Eltern stieg. Aber der Status der Familie spielte eine größere Rolle.
Schüler, die bei der Prüfung im unteren Viertel landeten, aber aus
Familien kamen, die nach ihrem Status zum oberen Viertel gehörten – als ich Teenager war, nannten wir sie RKDs, »*ritch dumb
kids*« (»reiche dumme Kinder«) –, hatten eine größere Chance, das
College zu beenden, als Schüler, die leistungsmäßig im obersten
Viertel landeten, deren Eltern aber zum untersten Viertel gehörten.
Die Vorstellung, dass wir auch nur annähernd so etwas wie Chan-
cengleichheit haben, gehört demnach eindeutig ins Reich der Fantasie. Näher an der Wahrheit, wenn auch nicht die ganze Wahrheit
wäre die Feststellung, dass die Klasse – die ererbte Klasse – in der
Regel wichtiger ist als die Begabung.

Aber ist das nicht überall so? Nicht überall im gleichen Ausmaß. Ein internationaler Vergleich der intergenerationalen Mobilität, also der Aussichten, einen höheren Status zu erreichen als die
Eltern, wird dadurch erschwert, dass die in den einzelnen Ländern

erhobenen Daten nicht vollkommen miteinander vergleichbar
sind. Dennoch kann man sagen, dass der Aufstieg vom Tellerwäscher zum Millionär in Europa wahrscheinlicher ist als bei uns:
Am höchsten ist die Mobilität in den skandinavischen Ländern,
und die meisten Ergebnisse deuten darauf hin, dass die Mobilität
in den Vereinigten Staaten geringer ist als in Frankreich, Kanada
und möglicherweise sogar in Großbritannien. Nicht nur haben
Amerikaner keine gleichen Chancen, sondern die Chancen sind
auch noch ungleicher als in anderen westlichen Ländern.

Woran das liegt, ist leicht einzusehen. Schon dass wir als einziges Land keine allgemeine Krankenversicherung haben, benachteiligt Amerikaner, die die verkehrten Eltern haben: Weil amerikanische Kinder aus gering verdienenden Familien oft unversichert
sind, haben sie eher Gesundheitsprobleme, die ihre Lebenschancen
beeinträchtigen. Die gleiche Folge kann ungenügende Ernährung
haben, die auf das niedrige Einkommen und mangelnde soziale
Unterstützung zurückzuführen ist. Wenn das Leben der Eltern
eines Kindes zerrüttet ist, kann das ebenfalls seine Aufstiegschancen beeinträchtigen – und weil das soziale Sicherheitsnetz in Amerika so schwach ist, sind solche Fälle häufiger und, wenn sie eintreten, schlimmer. Hinzu kommen die sehr unterschiedliche Qualität
des amerikanischen Schulwesens und noch vieles mehr. Der Grundsatz »Gleichheit der Chancen, nicht Gleichheit der Ergebnisse«
klingt zwar großartig, aber die Unterscheidung ist letztlich fiktiv.
Eine Gesellschaft, in der die Ergebnisse sehr ungleich sind, ist mehr
oder weniger unvermeidlich eine Gesellschaft, in der auch die
Chancen sehr ungleich sind. Wenn Sie wirklich der Meinung sind,
dass alle Amerikaner einen Anspruch auf gleiche Startchancen haben sollten, dann ist das ein guter Grund, etwas gegen die Ungleichheit zu tun.

Die starke Ungleichheit Amerikas erlegt unserer Gesellschaft somit Kosten auf, die über die Einschränkung der Kaufkraft der
meisten Familien hinausgehen. Und noch auf andere Weise schadet
die Ungleichheit unserer Gesellschaft: Sie korrumpiert unser poli

tisches Leben. »Wenn es in diesem Land Männer gibt«, sagte Woodrow Wilson 1913, und heute wären seine Worte aus dem Munde eines Präsidenten nahezu undenkbar, »die reich genug sind, um die Regierung der Vereinigten Staaten zu besitzen, dann werden sie sie besitzen.«[7] Tja, jetzt gibt es sie, und sie tun es. Natürlich nicht ganz, aber es vergeht kaum eine Woche, ohne dass ein Fall bekannt wird, in dem Geld die amerikanische Politik auf groteske Weise verzerrt hat.

Ein spektakuläres Beispiel aus der Zeit, als dieses Buch in Druck ging, lieferten sogar einige Demokraten, indem sie Hedgefonds-Managern zu Hilfe eilten, denen eine unverschämte Steuervergünstigung gewährt wird. Durch eine gerissene Auslegung der Steuergesetze erlaubt man diesen Managern, von denen einige über eine Milliarde Dollar im Jahr verdienen, den größten Teil ihrer Einnahmen zum Steuersatz für Kapitalerträge zu versteuern, der nur 15 Prozent beträgt, während andere Großverdiener ihr Einkommen mit 35 Prozent versteuern. Das Steuerschlupfloch für Hedgefonds kostet den Staat jährlich über sechs Milliarden Dollar an entgangenen Steuereinnahmen, was grob den Kosten der Gesundheitsversorgung von drei Millionen Kindern entspricht.[8] Von dem Gesamtbetrag entfallen fast zwei Milliarden Dollar auf nur 25 Personen. Selbst konservative Ökonomen sind der Ansicht, die Steuervergünstigung sei ungerechtfertigt und solle abgeschafft werden.[9]

Dennoch findet die Steuervergünstigung machtvolle politische Unterstützung, und nicht nur von Republikanern. Senator Charles Schumer aus New York, der den Senatswahlkampf-Ausschuss der Demokraten leitet, ließ im Juli 2007 wissen, eine Abschaffung des Steuerschlupflochs für Hedgefonds befürworte er nur dann, wenn gleichzeitig andere altgewohnte Steuervergünstigungen abgeschafft würden. Das war, wie alle begriffen, eine taktische Abwehr, eine Reformblockade, ohne ausdrücklich nein zu sagen. Zudem hatten alle den Eindruck, dass Schumer, auch wenn er es abstritt, diese Haltung deshalb einnahm, weil die Demokraten von den Hedgefonds erhebliche Spenden für ihre Kampagnen erhalten.[10]

Das Hedgefonds-Steuerschlupfloch ist ein hervorragendes Beispiel dafür, wie die Konzentration der Einkommen in wenigen Händen das politische Leben korrumpiert. Den Hintergrund bildet die Stärkung der Konservativen Bewegung, einer zutiefst undemokratischen Kraft, durch die Einkommensungleicheit. Ursache der wachsenden Ungleichheit war, wie ich in Kapitel 7 dargelegt habe, großenteils der Rechtstrend unseres politischen Lebens, aber der ursächliche Zusammenhang funktioniert auch andersherum. Der neue Reichtum der Reichen hat deren Einfluss gemehrt, indem er die Institutionen der Konservativen Bewegung finanzierte und die Republikanische Partei noch stärker in den Bannkreis der Bewegung zog. Die Hässlichkeit unseres politischen Lebens ist in hohem Maße ein Ausdruck der Ungleichheit unserer Einkommensverteilung.

Eine hochgradige Ungleichheit belastet, um es noch allgemeiner zu fassen, die Bindungen, die uns als Gesellschaft zusammenhalten. Das Vertrauen, das die Amerikaner der Regierung und den Mitbürgern entgegenbringen, ist seit langem rückläufig. In den sechziger Jahren stimmten die meisten Amerikaner der Aussage zu: »Den meisten Menschen kann man vertrauen«; heute ist die Mehrheit anderer Meinung.[11] In den sechziger Jahren glaubten die meisten Amerikaner, die Regierung diene »dem Nutzen aller«; heute glauben die meisten, sie diene »einer Handvoll von Großinteressen«.[12] Und es gibt überzeugende Belege dafür, dass die wachsende Ungleichheit hinter unserem wachsenden Zynismus steckt, der dafür sorgt, dass die Vereinigten Staaten immer mehr einem lateinamerikanischen Land ähneln. Wie die Politikwissenschaftler Eric Uslaner und Mitchell Brown darlegen (und mit vielen Daten untermauern), »haben in einer Welt von Besitzenden und Habenichtsen diejenigen, die sich an den Enden des wirtschaftlichen Spektrums befinden, wenig Anlass zu glauben, dass ›man den meisten Menschen vertrauen kann‹. […] Das soziale Vertrauen ruht auf einem Fundament wirtschaftlicher Gleichheit«.[13]

Verringerung der Einkommensungleichheit: marktfremde Maßnahmen

Wenn es darum geht, wie Ungleichheit verringert werden kann, sollte man zwischen zwei Begriffen von Ungleichheit und zwei Arten von Maßnahmen zur Verringerung der Ungleichheit unterscheiden.

Der erste Begriff von Ungleichheit ist die Ungleichheit des Markteinkommens. Die Vereinigten Staaten sind natürlich eine Marktwirtschaft. Die meisten erzielen den größten Teil ihres Einkommens durch den Verkauf ihrer Arbeitskraft an einen Arbeitgeber; Einkommen entstehen außerdem durch die Marktrendite von Aktien, festverzinslichen Wertpapieren und Immobilien. Ein Maß der Ungleichheit ist daher die Ungleichheit der Einkommen, die die Leute durch den Verkauf von Dingen erzielen. Die schon sehr ungleiche Verteilung der Markteinkommen verstärkt sich noch. Das Markteinkommen ist heute sogar ebenso ungleich verteilt wie in den zwanziger Jahren des vorigen Jahrhunderts.

Aber das ist noch nicht die ganze Geschichte. Der Staat kassiert einen Teil des Markteinkommens in Form von Steuern und transferiert einen Teil dieser Einnahmen wieder an die Bürger, sei es durch direkte Zahlungen wie die Leistungen der Sozialversicherung, die für die Mehrheit der älteren Amerikaner die Haupteinkommensquelle sind, sei es durch Zahlungen für Güter und Dienstleistungen wie die Gesundheitsversorgung. Ein anderes Maß der Ungleichheit ist daher die Ungleichheit der verfügbaren Einkommen, der Einkommen nach Berücksichtigung von Steuern und staatlichen Transferleistungen. Im heutigen Amerika ist die Ungleichheit der verfügbaren Einkommen geringer als die Ungleichheit der Markteinkommen, weil wir einen Wohlfahrtsstaat haben, der sich im internationalen Vergleich allerdings bescheiden ausnimmt. Steuern und Transferleistungen, die den Lebensstandard der Reichen ein wenig beschneiden, während sie den weniger Begünstigten helfen, sind der Grund, warum Amerika im Jahr 2007 als nicht so ungleich *empfunden* wird wie das Amerika der zwanziger Jahre.

Ein Weg, die Ungleichheit in Amerika zu verringern, besteht nun darin, dies verstärkt zu tun: unsere marktfremden Maßnahmen auszuweiten und zu verbessern, die die Ungleichheit der Markteinkommen als gegeben hinnehmen, aber etwas tun, um ihre Auswirkungen zu mildern. Um zu zeigen, wie das funktionieren könnte, möchte ich das Beispiel eines Landes beschreiben, das zur Verringerung der Ungleichheit weit mehr tut als wir: Frankreich.

Wenn Sie eine Pechsträhne haben – oder wenn es Ihnen seit jeher dreckig geht –, ist es entschieden besser, ein Franzose und nicht ein Amerikaner zu sein. Wenn Sie in Frankreich Ihre Stelle verlieren und eine schlechtere annehmen müssen, brauchen Sie nicht zu befürchten, Ihre Krankenversicherung zu verlieren, weil der Staat für die Krankenversicherung sorgt. Wenn Sie längere Zeit arbeitslos sind, hilft Ihnen der Staat bei Lebensunterhalt und Obdach. Wenn Sie durch die Kosten der Aufzucht von Kindern knapp bei Kasse sind, bekommen Sie zusätzliches Geld vom Staat und Hilfe bei der Kinderbetreuung. Ein behagliches Leben wird Ihnen nicht garantiert, aber Ihre Angehörigen und speziell Ihre Kinder bleiben vor wirklich schmerzhaften materiellen Entbehrungen bewahrt.

Wenn es Ihnen dagegen richtig gut geht, hat es seine Nachteile, Franzose zu sein. Die Einkommensteuersätze sind etwas höher als in den Vereinigten Staaten, und die Beiträge, besonders der Betrag, der formal vom Arbeitgeber gezahlt, aber faktisch aus dem Lohn entnommen wird, sind weit höher. Auch die Lebenshaltungskosten sind hoch, weil Frankreich einen hohen Mehrwertsteuersatz hat. Für Leute mit hohen Einkommen werden diese Belastungen durch die Vorteile der staatlichen Krankenversicherung und sonstige Vergünstigungen nicht vollständig wettgemacht. Daher hat ein Franzose, dessen Vergütung (einschließlich der Beiträge, die sein Arbeitgeber zahlt) sich in dem Bereich bewegt, den wir als obere Mittelschicht oder höher einstufen würden, erheblich weniger Kaufkraft als ein Amerikaner, der dieselbe Vergütung erhält.

Frankreich verringert also die Ungleichheit durch umfangreiche marktfremde Maßnahmen, die den Bedrückten wohl tun, aber die Wohlhabenden ein wenig bedrücken. Darin ist Frankreich typisch für die nicht englischsprachigen westlichen Länder. Und selbst andere englischsprachige Länder tun mehr als wir, um die Ungleichheit außerhalb des Marktes zu verringern.

So geben die Vereinigten Staaten weniger als 3 Prozent des BIP für Programme aus, die die Ungleichheit unter denen verringern, die jünger als 65 sind. Um mit Kanada gleichzuziehen, müssten wir zusätzlich 2,5 Prozent des BIP aufwenden; um mit dem größten Teil Europas gleichzuziehen, wären zusätzlich 4 Prozent des BIP erforderlich; um mit den skandinavischen Ländern gleichzuziehen, zusätzliche 9 Prozent.[14] Amerikanische Programme verringern die Armut unter den Nichtbetagten um 28 Prozent, in Kanada sind es 54 Prozent, in Großbritannien 61 Prozent und in Schweden 78 Prozent.[15] Diese Zahlen geben den Unterschied zwischen den Vereinigten Staaten und allen anderen nicht hinreichend wieder, weil sie nicht berücksichtigen, dass allein Amerika versäumt, allen die gesundheitliche Versorgung zu garantieren.

Die Ungleichheit in Amerika könnte über die effektive Verringerung hinaus, die wir mit einer allgemeinen Krankenversicherung erreichen würden, auf »einfache« Weise verringert werden, wenn wir erheblich mehr tun würden, um den vom Pech Verfolgten durch diverse, aus höheren Steuern für die Begüterten finanzierte Formen öffentlicher Unterstützung zu helfen. Die zusätzlichen Ausgaben würden wohl überwiegend in eine Ausweitung bereits vorhandener Programme fließen: eine erhöhte Arbeitseinkommensteuergutschrift, ein großzügigeres Lebensmittelmarken-Programm, höhere Mietbeihilfen und dergleichen. Andere Punkte wie Kinderbeihilfe und Hilfe bei der Tagesbetreuung könnten hinzukommen. Auf die Frage, woher die zusätzlichen Mittel kommen könnten, gehe ich noch in diesem Kapitel ein.

Aber beseitigen hohe Steuern und ein ausgebauter Wohlfahrtsstaat nicht die Anreize zum Arbeiten und Verbessern? Das Bruttoinlandsprodukt pro Kopf in Frankreich beträgt nur 74 Prozent des amerikanischen. Ist das nicht ein zwingendes Argument dagegen, sich Frankreich anzunähern? Frankreich und andere Länder mit großzügigen Sozialprogrammen haben in der Tat schwere wirtschaftliche Probleme. Diese Probleme hängen jedoch nicht so einfach und so eng mit der Großzügigkeit von Sozialprogrammen zusammen, wie Sie vielleicht denken.

Frankreich hat tatsächlich ein weit geringeres BIP pro Kopf als die Vereinigten Staaten. Das beruht weitgehend darauf, dass ein geringerer Teil der Bevölkerung berufstätig ist – das französische BIP pro *Arbeitnehmer* liegt nur 10 Prozent unter dem amerikanischen.[16] Und dieser Unterschied beim BIP pro Arbeitnehmer beruht wiederum gänzlich darauf, dass französische Arbeitnehmer mehr Freizeit haben: Die Jahresarbeitszeit französischer Arbeitnehmer beträgt nur 86 Prozent derjenigen amerikanischer Arbeitnehmer.[17] Die Arbeitsproduktivität pro Stunde scheint in Frankreich etwas höher zu sein als in den Vereinigten Staaten.

Die eigentliche Frage ist, was an dem französischen Unterschied problematisch ist und was einfach darauf beruht, dass die Franzosen sich für andere und möglicherweise bessere Alternativen entschieden haben. Die kürzere Arbeitszeit in Frankreich scheint in die zweite Kategorie zu fallen. Der Urlaub ist in Amerika sehr kurz, und viele Arbeitnehmer bekommen überhaupt keinen Urlaub. Frankreich hat sich durch gesetzliche Urlaubsregelungen und in Tarifvereinbarungen grundsätzlich für Abschläge beim Einkommen und mehr Freizeit entschieden. Und es spricht einiges dafür, dass es den meisten aufgrund dieser Entscheidung besser geht. Nach einer kürzlich erschienenen Untersuchung über die unterschiedlichen Arbeitszeiten in Europa und den Vereinigten Staaten haben Umfragen ergeben, dass die Leute gern kürzer arbeiten würden, und Aussagen über die »Lebenszufriedenheit« scheinen im internationalen Vergleich darauf hinzudeuten, dass eine kürzere Arbeitszeit die Lebensqualität erhöht, obwohl sie mit einem geringeren Einkommen verbunden ist. Für den Einzelnen wird es jedoch sehr schwierig sein, mehr Freizeit bei geringerem Einkommen auszuhandeln. Es ist vielleicht nicht schlecht, wenn dieses Problem wie in Frankreich gesetzlich geregelt wird, sodass die Arbeitgeber Urlaub gewähren müssen, auch wenn dadurch das BIP sinkt.[18]

Die Franzosen arbeiten nicht nur kürzer als die Amerikaner, sie sind auch noch in geringerem Maß überhaupt berufstätig. Um genau zu sein, sind die Jungen und die Alten in Frankreich in der Regel nicht berufstätig. Von den französischen Erwachsenen im besten Alter, also denen zwischen 25 und 54, sind etwa 80 Prozent berufstätig, was ziemlich genau den amerikanischen Verhältnissen entspricht. Von den Franzosen zwischen 15 und 24 sind dagegen nur 25 Prozent berufstätig, in den Vereinigten Staaten 54 Prozent, und von denen zwischen 55 und 64 sind in Frankreich nur 41 Prozent berufstätig, bei uns dagegen 62 Prozent.[19] Die Frage ist, ob diese niedrige Beschäftigungsquote als Problem betrachtet werden muss.

Die niedrige Beschäftigungsquote junger Leute in Frankreich ist weniger problematisch, als es erscheinen mag. Es ist zum Teil auf gesetzliche Bestimmungen zurückzuführen, die es Arbeitgebern erschweren, Mitarbeiter zu entlassen, sodass sie zögern, überhaupt erst jemanden einzustellen. Doch bei genauerem Zuschauen zeigt sich, dass andere Gründe für die niedrige Beschäftigung junger Leute wichtiger sind. Die Franzosen setzen in stärkerem Maß als die Amerikaner den Schulbesuch fort: Einwohner Frankreichs zwischen 15 und 19 besuchen zu 92 Prozent die Schule, in der Altersgruppe von 20 bis 24 sind es 45 Prozent; in den Vereinigten Staaten lauten die entsprechenden Zahlen 84 beziehungsweise 35 Prozent. Und von den französischen Studenten gehen nur 10 Prozent nebenher arbeiten, in den Vereinigten Staaten dagegen 20 Prozent. Es ist vermutlich die Kombination aus unentgeltlicher Bildung und staatlicher Unterstützung, die es jungen Franzosen aus einkommensschwachen Familien erlaubt, sich auf ihr Studium zu konzentrieren, während junge Amerikaner entweder das Studium abbrechen oder sich durchboxen müssen. Das spricht eher für als gegen das französische System.[20]

Wenn sie das beste Alter erreichen, gehen die Franzosen, wie wir gesehen haben, im gleichen Maß wie wir ein Beschäftigungsverhältnis ein – eine Tatsache, die in völligem Widerspruch zu dem Bild von französischen Müßiggängern steht, wie es in amerikanischen Medien gern gezeichnet wird. Ein ernstes Problem – und es ist, um das klar zu sagen, ein sehr wichtiges Problem – haben die Franzosen nur mit der niedrigen Beschäftigungsquote und der niedrigen Beteiligung am Arbeitsmarkt von älteren Arbeitnehmern. Das ist Ausdruck einiger politischer Fehlentscheidungen, speziell der vor einem Vierteljahrhundert getroffenen Entscheidung, das Alter, in dem Franzosen Anspruch auf unverkürzten Rentenbezug haben, auf 60 abzusenken. Das hat einerseits die Frühverrentung gefördert und andererseits dem Steuerzahler erhebliche Lasten aufgebürdet.

Die Franzosen machen also Fehler. Es macht aber einen großen Unterschied, ob man sagt: »Frankreich hat bezüglich der Rente falsche Entscheidungen getroffen«, oder ob man sagt: »Die französisch Wirtschaft wird durch einen ausufernden Wohlfahrtsstaat gelähmt«. Es ist ganz und gar irreführend, wenn man sich unter Hinweis auf das Beispiel Frankreichs dagegen wendet, dass wir mehr tun, um den Armen und Benachteiligten zu helfen.

Was die Angleichung kostet

Angenommen, wir würden uns darauf einigen, dass die Vereinigten Staaten dem Beispiel anderer hochentwickelter Länder folgen, die mit ihrem Steuer- und Sozialsystem mehr tun als wir, um die Ungleichheit zu verringern. Die nächste Frage ist, was aus dieser Entscheidung folgen würde.

Zunächst müssten etliche der Steuersenkungen zugunsten der Reichen, die seit 1980 von der Konservativen Bewegung durchgesetzt wurden, zurückgenommen werden. Tabelle 11 zeigt die Veränderung von drei Steuersätzen, die sich stark auf das oberste eine Prozent der amerikanischen Bevölkerung auswirken, auf alle anderen dagegen kaum. Zwischen 1979 und 2006 wurde der Spitzensteuersatz auf das Arbeitseinkommen halbiert, fast ebenso stark wurde der Steuersatz auf Kapitalerträge gesenkt, und der Steuersatz auf Unternehmensgewinne sank um mehr als ein Viertel. Hohe Einkommen werden in Amerika heute weit geringer besteuert als früher. Eine Anhebung der Steuern für die Reichen auf ein früheres Niveau kann teilweise, aber wirklich nur teilweise die Mittel für ein stärkeres Sicherheitsnetz aufbringen, das die Ungleichheit einschränken würde.

Der erste Schritt zur Wiederherstellung eines progressiven Steuerverlaufs besteht darin, Bushs Steuersenkungen für die sehr Wohlhabenden Ende 2010 auslaufen zu lassen, wie es jetzt vorgesehen ist. Allein dadurch würde das Steueraufkommen erheblich steigen. Das parteiunabhängige Urban-Brookings Joint Tax Policy Center schätzt, dass ein Auslaufen der Bush'schen Steuersenkungen für Personen mit Einkommen von über 200 000 Dollar ab 2012 jährlich etwa 14 Milliarden Dollar erbringen würde. Das reicht, um die Beihilfen zu finanzieren, die bei Einführung einer allgemeinen Krankenversicherung erforderlich wären. Eine zur Finanzierung der Gesundheitsreform genutzte Zurücknahme der Steuersenkungen würde die Ungleichheit erheblich verringern. Dabei würden die Spitzeneinkommen nur in bescheidenem Umfang sinken. Ließe man Bushs Steuersenkungen für Amerikaner mit Jahreseinkommen von über 200 000 Dollar auslaufen, würde das Nachsteuereinkommen des reichsten einen Prozents der Amerikaner nach Schätzung des Tax Policy Center gegenüber dem Einkommen bei Aufrechterhaltung der Steuersenkungen um etwa 4,5 Prozent sinken. Amerikaner mit mittlerem und geringerem Einkommen erhielten derweil eine garantierte Gesundheitsversorgung, einer der wichtigsten Aspekte einer wirklichen Mittelschichtzugehörigkeit.[21]

Tabelle II: Drei Spitzensteuersätze (in %)

	Spitzensatz auf Arbeitseinkommen	Spitzensatz auf langfristige Kapitalerträge	Spitzensatz auf Unternehmensgewinne
1979	70	28	48
2006	35	15	35

Quelle: Urban-Brookings Tax Policy Center, http://taxpolicycenter.org/tax facts/tfdb/tftemplate.cfm.

Ein anderer Schritt, dem politisch eigentlich nichts entgegensteht, bestünde im Stopfen der auffälligsten Steuerschlupflöcher im amerikanischen System. Dazu gehört die oben erwähnte Vorschrift, die es Finanzmauschlern wie den Managern von Hedgefonds erlaubt, ihre Einnahmen als Kapitalerträge einzuordnen, die statt mit 35 Prozent nur mit 15 Prozent zu versteuern sind. Zu den großen Steuerschlupflöchern gehören ferner Vorschriften, die es Unternehmen, insbesondere Pharmaunternehmen, erlauben, verbuchte Gewinne in andere Länder mit niedrigen Steuersätzen zu verschieben, was weitere Milliarden kostet; nach einer neueren Studie entgehen dem Staat durch die von multinationalen Unternehmen praktizierte Steuervermeidung Einnahmen von rund 50 Milliarden Dollar im Jahr.[22]

Jenseits der Aufhebung von Bushs Steuersenkungen und des Stopfens offenkundiger Steuerschlupflöcher wird es politisch schwieriger. Doch manchmal ändern sich die Ansichten rasch, was das politisch Machbare betrifft. Ende 2004 hielt man es für durchaus möglich, dass die Sozialversicherung, das Kernstück des New Deal, privatisiert und damit faktisch auslaufen würde. Heute scheinen die Sozialversicherung gesichert und eine allgemeine Krankenversicherung erreichbar zu sein. Sollte sie zustandekommen und die Idee des New Deal, dass der Staat etwas Gutes bewirken kann, neuen Schwung bekommen, wird man Dinge, die jetzt vom Tisch zu sein scheinen, vielleicht nicht mehr so ausgefallen finden.

Dass Steuererhöhungen an der Spitze, die über die Zurücknahme von Bushs Steuersenkungen hinausgehen, sehr wohl möglich sind, erkennt man sowohl im historischen Rückblick als auch im internationalen Vergleich. Schon vor Bushs Steuersenkungen waren die amerikanischen Spitzensteuersätze historisch gesehen niedrig; in Clintons Amtszeit betrug der Steuersatz für die oberste Einkommensstufe nur 39,6 Prozent, verglichen mit 70 Prozent in den siebziger Jahren und 50 Prozent selbst *nach* Reagans Steuersenkung im Jahr 1981. Auch im Vergleich mit europäischen Ländern ist der amerikanische Spitzensteuersatz niedrig. So liegt der Spitzensteuersatz in Großbritannien bei 40 Prozent und entspricht damit ungefähr dem der Clinton-Jahre. In Großbritannien zahlen Arbeitgeber aber außerdem einen Teil des Sozialversicherungsbeitrags, ähnlich wie bei unserem FICA-Beitrag, der auf alle Arbeitseinkommen fällig ist. (Bei uns wird der größte Teil der Beiträge nur auf Einkommen bis zu 97 500 Dollar erhoben.) Sehr gut bezahlte britische Arbeitnehmer müssen sich daher mit einem effektiven Steuersatz von 48 Prozent abfinden. In Frankreich sind die effektiven Spitzensteuersätze sogar noch höher. Außerdem werden Kapitalerträge in Großbritannien wie normales Einkommen besteuert, sodass der effektive Steuersatz auf Kapitalerträge für Leute mit hohem Einkommen 40 Prozent beträgt, verglichen mit 15 Prozent in den Vereinigten Staaten.[23] Eine Besteuerung der Kapitalerträge als normales Einkommen würde in den Vereinigten Staaten zu erheblich höheren Steuereinnahmen führen und den Umfang des steuerlichen Missbrauchs wie etwa durch das Steuerschlupfloch für Hedgefonds einschränken.

Außerdem galt es vom New Deal bis in die siebziger Jahre als normal und angemessen, dass Personen mit sehr hohem Einkommen mit einem »Super-Steuersatz« belegt wurden. In den siebziger Jahren unterlagen nur ganz wenige Leute dem Spitzensteuersatz von 70 Prozent, ganz zu schweigen von Spitzensteuersätzen von 90 Prozent und mehr in den Eisenhower-Jahren. Früher wurde argumentiert, ein Steuerzuschlag auf sehr hohe Einkommen diene keinem realen Zweck außer der Bestrafung der Reichen, weil dabei nicht viel Geld zusammenkäme, aber das trifft nicht mehr zu. Die obersten 0,1 Prozent der Amerikaner, eine Klasse mit einem Mindesteinkommen von 1,3 Millionen Dollar und einem durchschnittlichen Einkommen von etwa 3,5 Millionen Dollar, nehmen heute über 7 Prozent aller Einkommen ein – nach nur 2,2 Prozent im Jahr 1979.[24] Ein Steuerzuschlag auf dieses Einkommen würde einen erheblichen Steuerbetrag abwerfen, der genutzt werden könnte, um vielen Menschen zu helfen. Nach der Zurücknahme von Bushs Steuersenkungen und der Einführung einer allgemeinen Krankenversicherung sollte der nächste Schritt daher in einem breiteren Vorstoß bestehen, das amerikanische Steuersystem wieder progressiver zu gestalten, und die Steuereinnahmen sollten dafür genutzt werden, die Leistungen für Familien mit unterem und mittlerem Einkommen aufzustocken.

Doch realistisch betrachtet würde das nicht für Sozialausgaben reichen, wie sie in anderen hoch entwickelten Ländern üblich sind, und selbst das relativ bescheidene Niveau Kanadas würden wir damit nicht erreichen. In anderen hoch entwickelten Ländern werden nicht nur die Reichen höher besteuert, sondern auch die Mittelschicht – durch höhere Sozialversicherungsbeiträge und die Mehrwertsteuer, die aber beide nicht progressiv verlaufen. Zur Verminderung der Ungleichheit tragen sie indirekt, aber wirksam bei: Aus ihnen werden Sozialleistungen finanziert, und diese Leistungen sind für Leute mit geringerem Einkommen mehr wert als ein bestimmter Einkommensprozentsatz.

Politisch wird es nach Jahrzehnten einer steuer- und staatsfeindlichen Propaganda schwer fallen, die Öffentlichkeit davon zu überzeugen, dass Familien mit mittlerem Einkommen sich besser stellen, wenn sie für ein stärkeres soziales Netz etwas höhere Steuern zahlen. Ich persönlich würde es zwar gern sehen, wenn die Vereinigten Staaten über die Gesundheitsversorgung hinaus 2 bis 3 Prozent des BIP für Sozialausgaben vorsehen würden, aber darauf wird man wohl noch warten müssen, bis die Liberalen bewiesen haben, dass das Leben der Menschen mithilfe des Staates besser und sicherer gestaltet werden kann. Auch aus diesem Grund wäre die Gesundheitsreform, so wichtig sie an sich ist, von zusätzlichem Nutzen: Sie würde den Weg für ein umfassenderes progressives Programm frei machen. Dies ist zugleich der Grund der finsteren Entschlossenheit der Konservativen Bewegung, einen Erfolg der Gesundheitsreform zu vereiteln.

Verringerung der Marktungleichheit

Mit marktfremden Maßnahmen lässt sich die Ungleichheit erheblich vermindern. Aber das sollte nicht allein im Mittelpunkt unseres Interesses stehen. Die Große Kompression führte auch zu einer deutlichen Verminderung der Ungleichheit der Markteinkommen. Zum Teil wurde das durch Lohnkontrollen während des Zweiten Weltkriegs erreicht, eine Erfahrung, die sich hoffentlich nicht wiederholen wird. Gleichwohl gibt es mehrere Maßnahmen, die wir ergreifen können.

Der erste Schritt wurde schon getan: Der Kongress beschloss im Jahr 2007 nach zehn Jahren wieder eine Erhöhung des Mindestlohns. In den fünfziger und sechziger Jahren war der Mindestlohn im Schnitt halb so hoch wie der Durchschnittslohn. Doch die Inflation hatte die Kaufkraft des Mindestlohns bis 2006 so sehr ausgehöhlt, dass er real auf den tiefsten Punkt seit 1955 gesunken war und nur noch 31 Prozent des Durchschnittslohns betrug. Dank der neuen demokratischen Kongressmehrheit soll das Minimum von derzeit 5,15 Dollar pro Stunde bis 2009 auf 7,25 Dollar steigen. Damit ist die Kaufkraftminderung nicht vollständig wettgemacht, aber es ist ein wichtiger erster Schritt.

Häufig werden gegen eine Erhöhung des Mindestlohns zwei Einwände erhoben, die einander leicht widersprechen. Eine Erhöhung des Mindestlohns, hört man einerseits, werde die Beschäftigung vermindern und die Arbeitslosigkeit erhöhen. Andererseits wird gesagt, dass eine Erhöhung des Mindestlohns kaum oder gar nicht zur Erhöhung der Löhne beitrage. Glaubt man jedoch den Tatsachen, so wird sich eine Mindestlohnerhöhung in bescheidenen positiven Effekten niederschlagen.

Was die Beschäftigung angeht, so haben David Card aus Berkeley und Alan Krueger aus Princeton, zwei führende amerikanische Arbeitsökonomen, in einer klassischen Studie keinen Anhaltspunkt dafür gefunden, dass eine Erhöhung des Mindestlohns in dem Umfang, wie er in den Vereinigten Staaten praktiziert wurde, Arbeitsplatzverluste nach sich gezogen hätte.[25] Ihre Arbeit wurde heftig attackiert, weil sie zum einen dem Einführungskurs in die Volkswirtschaftslehre zu widersprechen scheint und weil sie zum anderen für viele ideologisch beunruhigend war. Dennoch hat sie sich gegen wiederholte Angriffe hervorragend behauptet, und sie wird fortlaufend durch neue Befunde bestätigt. So liegt der Mindestlohn im Bundesstaat Washington um fast 3 Dollar pro Stunde über dem im angrenzenden Idaho; Erfahrungen von Unternehmen in der Nähe der Staatsgrenze deuten offenbar darauf hin, dass Washington eher noch mehr Arbeitsplätze geschaffen hat, auf Kosten von Idaho. »Kleinunternehmer in Washington sagen«, hieß es in der *New York Times*, »ihr Geschäft sei viel besser gelaufen, als sie erwartet hätten. [...] Teenager aus Idaho fahren über die Grenze, um in Fast-Food-Restaurants in Washington zu arbeiten.«

Alle empirischen Befunde sprechen dafür, dass Mindestlohnerhöhungen *in dem zu erwartenden Umfang* nicht zu nennenswerten Arbeitsplatzverlusten führen. Eine Erhöhung des Mindestlohns auf, sagen wir, 15 Dollar pro Stunde würde wahrscheinlich Arbeitsplatzverluste nach sich ziehen, weil die Kosten der Beschäftigung in einigen Branchen dramatisch steigen würden. Aber das steht überhaupt nicht zur Debatte.

Mindestlohnerhöhungen können sich jedoch ganz erheblich auf die Löhne am unteren Ende der Skala auswirken. Nach Einschätzung des Economic Policy Institute werden die 10 Prozent des amerikanischen Arbeitspotenzials, die am geringsten entlohnt werden, immerhin 13 Millionen Arbeitnehmer, von der gerade beschlossenen Mindestlohnerhöhung profitieren. 5,6 Millionen von ihnen erhalten gegenwärtig weniger als den neuen Mindestlohn und würden direkt profitieren. Der Rest sind Arbeitnehmer, die mehr als den neuen Mindestlohn verdienen; sie würden von den Nebenwirkungen des höheren Mindestlohns profitieren.

Der Mindestlohn ist jedoch nur für gering verdienende Arbeitnehmer interessant. Ein breiterer Vorstoß zur Verminderung der Marktungleichheit muss bei den Einkommen weiter oben auf der Skala ansetzen. Das wichtigste Instrument in dieser Beziehung wird wohl eine Beendigung der seit 30 Jahren betriebenen, einseitig gegen die Gewerkschaften gerichteten Regierungspolitik sein.

In Kapitel 8 habe ich zu zeigen versucht, dass der drastische Rückgang der amerikanischen Gewerkschaftsbewegung nicht, wie oft behauptet, eine unausweichliche Folge der Globalisierung und des verstärkten Wettbewerbs war. Im internationalen Vergleich erkennt man, dass der Niedergang der amerikanischen Gewerkschaften ein Einzelfall ist, denn auch andere Länder waren den gleichen globalen Zwängen ausgesetzt. Um es noch einmal zu sagen: Der gewerkschaftliche Organisationsgrad war 1960 mit 32 Prozent der Lohn- und 30 Prozent der Gehaltsempfänger in Kanada und den Vereinigten Staaten praktisch identisch. 1999 war der Organisationsgrad in Amerika auf 13 Prozent gesunken, in Kanada dagegen unverändert. Der gewerkschaftliche Niedergang in Amerika ist, wie ich in Kapitel 8 dargestellt habe, nicht auf Marktkräfte zurückzuführen, sondern auf das von der Konservativen Bewegung geschaffene politische Klima, das es den Arbeitgebern erlaubte, gewerkschaftsfeindliche Aktivitäten zu entfalten und Arbeitnehmer abzustrafen, wenn sie gewerkschaftliche Organisationsbemühungen unterstützten. Ohne dieses veränderte politische Klima wären weite Teile der Dienstleistungswirtschaft, speziell Einzelhandelsriesen wie Wal-Mart, heute wahrscheinlich gewerkschaftlich organisiert.

Ein neues politisches Klima könnte die Gewerkschaftsbewegung wiederbeleben – und die Wiederbelebung der Gewerkschaften sollte ein wichtiges Ziel der progressiven Kräfte sein. Wir brauchen nicht nur neue Gesetze wie den Employee Free Choice Act, der es Arbeitgebern schwerer machen würde, Arbeitnehmer so weit einzuschüchtern, dass sie eine Gewerkschaft verschmähen. Wichtig ist auch, das bereits geltende Arbeitsrecht anzuwenden. Schon nach geltendem Recht waren die gewerkschaftsfeindlichen Aktivitäten, die zum Rückgang des gewerkschaftlichen Organisationsgrades führten, größtenteils verboten. Die Arbeitgeber waren aber der zutreffenden Meinung, dass sie straflos davonkommen würden.

Wie stark eine frisch gestärkte Gewerkschaftsbewegung die Ungleichheit verringern würde, lässt sich schwer sagen. Vergleiche mit anderen Ländern lassen den Schluss zu, dass sie eine Menge bewegen würde. Innerhalb der westlichen Welt hat die Lohnungleichheit am stärksten in den Vereinigten Staaten und Großbritannien zugenommen, den beiden Ländern, in denen die Gewerkschaftszugehörigkeit stark zurückging. (Die britischen Arbeitnehmer sind immer noch stärker organisiert als die amerikanischen, aber sie hatten einmal einen Organisationsgrad von über 50 Prozent.) Trotz der engen Verflechtung zwischen der kanadischen und der amerikanischen Wirtschaft hat die Lohnungleichheit in Kanada offenbar weit weniger zugenommen, was man wohl in nicht geringem Maß dem Fortbestehen einer starken Gewerkschaftsbewegung zuschreiben darf. Gewerkschaften steigern die Löhne ihrer Mitglieder, die sich überwiegend in der Mitte der Lohnskala befinden, und sie neigen dazu, die Löhne ihrer Mitglieder einander anzugleichen. Am wichtigsten ist wohl, dass sie ein Gegengewicht zum Management bilden und soziale Normen durchsetzen, die sehr hohe und sehr niedrige Löhne auch unter den nichtorganisierten Kollegen begrenzen. Im Übrigen mobilisieren sie ihre Mitglieder, für progressive Gesetze zu stimmen. Würde die große Kluft weitgehend rückgängig gemacht, wenn es gelänge, in Amerika wieder auf den gewerkschaftlichen Organisationsgrad von früher zu kommen? Wir wissen es nicht, aber es könnte sein, und das Wiederaufleben der Gewerkschaften sollte ein wichtiges Ziel progressiver Politik sein.

Eine Wiederbelebung der Gewerkschaftsbewegung ist nicht die einzige Veränderung, die zu einer Verminderung der extremen Ungleichheit der Entlohnung beitragen könnte. Es gab, wie in Kapitel 8 erwähnt, nach dem Ende des Zweiten Weltkriegs während einer ganzen Generation noch andere Faktoren, die von einem Ausufern der Gehälter abschreckten. Das politische Klima war dagegen: Sehr hohe Managergehälter führten immer wieder zu öffentlichen Untersuchungen, Anhörungen im Kongress und sogar zu Interventionen des Präsidenten. Aber das alles endete in der Amtszeit Reagans.

Wie die geschichtliche Erfahrung außerdem lehrt, sollte eine neue progressive Mehrheit sich nicht scheuen, unverschämte Spitzengehälter im privaten Sektor in Frage zu stellen. Moralischer Druck hat in der Vergangenheit gewirkt und könnte erneut wirksam sein.

Eine neue Große Kompression?

Die Große Kompression, die plötzliche Verringerung der wirtschaftlichen Ungleichheit in den Vereinigten Staaten während der dreißiger und vierziger Jahre, vollzog sich in einer Krisenzeit. Der heutige Zustand Amerikas ist besorgniserregend, aber wir haben weder eine große Wirtschaftskrise noch einen Weltkrieg. Wir sollten daher nicht erwarten, dass Veränderungen ebenso drastisch sein oder ebenso plötzlich eintreten werden wie vor 70 Jahren. Wenn es heute zu einer Verminderung der Ungleichheit kommt, wird sie eher einer Großen Mäßigung als einer Großen Kompression ähneln.

Dennoch ist es sowohl wissenschaftlich als auch praktisch-politisch möglich, die Ungleichheit zu verringern und Amerika wieder zu einem Land der Mittelschicht zu machen. Und der Zeitpunkt, damit zu beginnen, ist jetzt.

Kapitel 13

Das Gewissen eines Liberalen

Es gehört zu den scheinbaren Paradoxien Amerikas am Beginn des 21. Jahrhunderts, dass diejenigen unter uns, die sich liberal nennen, in einem gewichtigen Sinn konservativ sind, während jene, die sich konservativ nennen, zum größten Teil äußerst radikal sind. Liberale möchten die Mittelschichtgesellschaft wiederherstellen, in der ich aufgewachsen bin; jene, die sich konservativ nennen, möchten uns ins Goldene Zeitalter zurückversetzen und ganze 100 Jahre Geschichte ungeschehen machen. Liberale verteidigen altbewährte Institutionen wie die Sozialversicherung und Medicare; jene, die sich konservativ nennen, möchten diese Institutionen privatisieren oder aushöhlen. Liberale möchten unsere demokratischen Grundsätze und die Rechtsstaatlichkeit in Ehren halten; jene, die sich konservativ nennen, möchten dem Präsidenten diktatorische Befugnisse erteilen und haben es gebilligt, dass die Regierung Bush Personen ohne Anklage einsperrt und der Folter unterwirft.

Der Schlüssel zum Verständnis dieser Paradoxie ist die Geschichte, die ich in diesem Buch beschrieben habe. Adlai Stevenson erklärte schon 1952, etwas verfrüht, wie sich herausstellen sollte:

Die seltsame Alchemie der Zeit hat die Demokraten irgendwie in die wahrhaft konservative Partei des Landes verwandelt, die Partei, die das Beste bewahren und auf diesen Fundamenten solide und sicher weiterbauen möchte. Die Republikaner verhalten sich dagegen wie die radikale Partei, die Partei der Rücksichtslosen und Verbitterten, entschlossen, die Institutionen niederzureißen, die zu einem festen Bestandteil unseres gesellschaftlichen Gefüges geworden sind.[1]

Er wollte damit sagen, dass die Demokraten zu Verteidigern der
Sozialversicherung, der Arbeitslosenversicherung und einer starken Gewerkschaftsbewegung geworden waren, jener Institutionen
des New Deal, die eine Mittelschichtgesellschaft geschaffen und
getragen hatten, während die Republikaner sich bemühten, diese
Institutionen zu zerstören.

Stevensons Beschreibung der Republikaner war der Realität um
einige Jahre voraus. In den Jahren, die auf seine Rede folgten, steuerten Eisenhowers »moderne« Republikaner ihre Partei in eine andere Richtung, als sie von der alten Garde verfolgt wurde, die immer noch den New Deal bekämpfte, und in den folgenden 20 Jahren
wurde die Grand Old Party überwiegend von Männern geführt, die
die Errungenschaften des New Deal akzeptierten. Doch mit dem
Aufstieg der Konservativen Bewegung wurde der Angriff auf diese
Errungenschaften wiederaufgenommen. Die großen innenpolitischen Kämpfe der letzten 15 Jahre – Newt Gingrichs Versuch, Medicare die Luft abzuschnüren, George W. Bushs Versuch, die Sozialversicherung zu privatisieren – waren genau das, was Stevenson
beschrieben hatte: die Partei der Rücksichtslosen und Verbitterten
bei dem Versuch, Institutionen zu schleifen, die Wesensbestandteile
des gesellschaftlichen Gefüges des modernen Amerika sind.

Und es ging in diesem Kampf um die Bewahrung sowohl unserer
Demokratie als auch unseres gesellschaftlichen Gefüges. Der New
Deal hat nicht nur eine Mittelschichtgesellschaft geschaffen. Er hat
Amerika auch seinen demokratischen Idealen nähergebracht, indem er den arbeitenden Amerikanern reale politische Macht gab
und die Vorherrschaft der reichen Elite beendete. Freilich stützte
sich der New Deal auf eine Vernunftehe mit Verfechtern der Rassentrennung im Süden, doch am Ende machte das Ethos des New
Deal die Demokraten unausweichlich zur Partei der bürgerlichen
und politischen Rechte. Das Sozialversicherungsgesetz von 1935
führte durch eine zwanglose Weiterentwicklung 30 Jahre später
zum Wahlrechtsgesetz. Dem Liberalismus geht es mit anderen Worten nicht nur um den Wohlfahrtsstaat – es geht ihm auch um die

Demokratie und die Rechtsstaatlichkeit. Ihnen stehen jene gegenüber, die sich konservativ nennen und eine politische Strategie verfolgen, die letztlich darauf beruht, die mangelnde Bereitschaft einiger Amerikaner auszubeuten, ihren Mitbürgern gleiche Rechte zu gewähren, jenen, die mit ihnen nicht die Hautfarbe, nicht den Glauben und nicht die sexuellen Präferenzen teilen.

Die Konservative Bewegung war, wie ich in diesem Buch belegt habe, antidemokratisch, mit einem Hang zum Autoritarismus von Anfang an, als die *National Review* Francisco Franco rühmte und das Recht der Weißen im Süden verteidigte, den Schwarzen das Wahlrecht vorzuenthalten. Diese antidemokratische, autoritäre Einstellung ist nicht verschwunden. Wenn Liberale und Konservative im heutigen Amerika über das Wahlrecht aneinandergeraten, dann versuchen die Liberalen stets, Bürgern zu ihrem Wahlrecht zu verhelfen, während die Konservativen stets versuchen, einen Teil der Bürger am Wählen zu hindern. Wenn sie über die Vorrechte des Staates aneinandergeraten, verteidigen die Liberalen immer die Einhaltung rechtsstaatlicher Regeln, während die Konservativen darauf bestehen, dass die Machthaber tun können, was sie wollen. Nach 9/11 war die Regierung Bush bemüht, ein ganz und gar unamerikanisches politisches Klima zu fördern, in dem jegliche Kritik am Präsidenten als unpatriotisch galt – und die amerikanischen Konservativen haben das mit wenigen Ausnahmen bejubelt.

Ich glaube an eine relativ gleiche Gesellschaft, getragen von Institutionen, die Extreme des Reichtums und der Armut begrenzen. Ich glaube an die Demokratie, die bürgerlichen Freiheiten und die Herrschaft des Rechts. Das macht mich zu einem Liberalen, und ich bin stolz darauf.

Der Liberalismus und die progressive Bewegung

Viele Menschen, die lebhaft am aktuellen politischen Leben teilnehmen, teilen die Überzeugungen, die ich gerade beschrieben habe, bezeichnen sich aber lieber als Progressive und nicht als Liberale. Das ist bis zu einem gewissen Grad eine Reaktion auf die jahrzehntelange Propagandakampagne der Konservativen Bewegung, die es wirklich geschafft hat, dass Amerikaner das Wort »liberal« verachten, der es jedoch nicht gelungen ist, die Zahl der Befürworter einer liberalen Politik zu verringern. Umfragen zeigen immer wieder, dass relativ wenige Amerikaner, in der Regel weniger als 30 Prozent, sich als Liberale bekennen. Andererseits befürworten die Amerikaner mit großer Mehrheit politische Positionen, wie wir normalerweise liberal nennen würden, zum Beispiel eine gesicherte Gesundheitsversorgung für jeden Amerikaner.

Doch »progressiv« ist nicht bloß ein neues Wort für das, was bisher als »liberal« verstanden wurde. Der eigentliche Unterschied zwischen den Bezeichnungen, jedenfalls nach meinem Verständnis, das von vielen geteilt wird, ist der Unterschied zwischen Denken und Handeln. Liberale glauben an Institutionen, die die Ungleichheit und Ungerechtigkeit begrenzen. Progressive beteiligen sich explizit oder stillschweigend an einer politischen Koalition, die diese Institutionen verteidigt und auszuweiten versucht. Sie sind, ob es Ihnen bewusst ist oder nicht, ein Liberaler, wenn Sie glauben, dass die Vereinigten Staaten eine allgemeine Krankenversicherung haben sollten. Sie sind ein Progressiver, wenn Sie sich mit dafür einsetzen, dass eine allgemeine Krankenversicherung geschaffen wird.

Eine der wichtigen Veränderungen in der politischen Landschaft Amerikas während der Bush-Jahre war das Zusammenwachsen einer progressiven Bewegung, die in einigen, aber nur einigen Punkten der Konservativen Bewegung ähnelt. Sie besteht wie die Konservative Bewegung aus einer Ansammlung von Institutionen, die mit einer großen Partei verbunden, aber nicht mit ihr identisch ist: Viele Demokraten sind Progressive, und die meisten Progressiven unterstützen die Demokraten, aber die Bewegung reicht weit über die Partei hinaus. Sie umfasst Teile der alten New-Deal-Koalition, vor allem die Gewerkschaften, eine Reihe von Denkfabriken und neuartige Gruppierungen wie die »*Netroots*«, die von Bloggern und progressiven Websites wie Daily Kos zusammengehaltene virtuelle Gemeinschaft, die inzwischen mit regelmäßigen Postings führender demokratischer Politiker bedacht wird. In anderer Hinsicht gibt es jedoch deutliche Unterschiede zwischen der progressiven Bewegung und der Konservativen Bewegung. Die Progressiven sind längst nicht so stark zentralisiert. Zwar wittern die Rechten hinter allem die verborgene Hand von George Soros, doch die Wahrheit ist, dass es bei den Linken nichts gibt, was mit der koordinierten Finanzierung der Konservativen Bewegung vergleichbar wäre.

Was aus den progressiven Institutionen eine Bewegung macht, ist nicht das Geld, sondern die Selbstwahrnehmung. Viele Amerikaner mit mehr oder weniger liberalen Ansichten *betrachten* sich jetzt selbst als Mitglieder einer gemeinsamen Bewegung, die sich in den Zielen einig ist, die Ungleichheit einzuschränken und die demokratischen Grundsätze zu verteidigen. Ihre größte Verachtung spart sich die Bewegung für Demokraten auf, die sich nicht den Rechten entgegenstemmen, die bei der Privatisierung der Sozialversicherung oder der Eskalation im Irak nachgeben.

Während der Clinton-Jahre gab es keine progressive Bewegung in diesem Sinne – und das Land musste dafür büßen. In der Rückschau erkennt man, dass Clinton nie ein wohldefiniertes Programm hatte. Er wusste genau genommen nicht, was er tun sollte. Als er sein Amt antrat, waren seine Berater von der Idee eines Handelskrieges mit Japan besessen, einer Idee, die keinen rechten Sinn machte, überhaupt nicht durchdacht war und keine reale Grundlage hatte. Es hat viele Gründe gegeben, warum Hillary Clintons Gesundheitsplan gescheitert ist, aber die entscheidende Schwäche bestand darin, dass es kein Versuch war, die Ziele einer breiten Bewegung zu verwirklichen – es war ein persönliches, in Abgeschiedenheit entwickeltes Unternehmen, ohne eine unterstützende Koalition. Und nach dem Sieg der Republikaner im Jahr 1994 konnte Bill Clinton politisch nur noch wenig bewegen. Er führte die Regierung gut, aber er brachte kein größeres Programm voran, und er baute keine Bewegung auf. Das könnte erneut passieren, aber falls es dazu kommt, werden die Progressiven sich zu Recht betrogen fühlen.

Das progressive Programm

Liberal sein heißt, in einem gewissen Sinne konservativ zu sein – es bedeutet, dass wir wieder zurückwollen zu der Mittelschichtgesellschaft, die wir einmal waren. Ein Progressiver zu sein bedeutet dagegen eindeutig, dass man Fortschritte machen möchte. Das mag wie ein Widerspruch klingen, ist aber keiner. Die traditionellen Ziele des Liberalismus voranzubringen erfordert eine neue Politik.

Betrachten wir als Beispiel die Übernahme der Kosten für rezeptpflichtige Medikamente durch Medicare, von der man sagen kann, sie sei eine konservative Maßnahme mit dem Ziel, an der ursprünglichen Aufgabenstellung von Medicare festzuhalten. Medicare hatte von Anfang an die Aufgabe, den größeren Teil der Gesundheitskosten zu decken. Anfangs waren Medikamente nicht darin eingeschlossen, weil sie seinerzeit kein großer Ausgabenposten waren. Als die medikamentöse Behandlung chronischer Krankheiten für viele Ältere zu einer gewaltigen Kostenbelastung wurde, befand sich der ursprüngliche Schwerpunkt von Medicare – die Deckung der Krankenhauskosten – nicht mehr im Einklang mit seiner eigentlichen Aufgabenstellung, und um nicht die ursprüngliche Absicht zu verfehlen, wurde die Übernahme der Kosten für rezeptpflichtige Medikamente unumgänglich.

Mit gewissen Einschränkungen kann man etwas Ähnliches über die allgemeine Krankenversicherung sagen. Mit dem Sozialversicherungsgesetz von 1935 wurden eine Rentenversicherung und ein gemischtes, teils vom Bund, teils von den Einzelstaaten finanziertes System der Arbeitslosenversicherung geschaffen. Das umfassendere Ziel des Gesetzes bestand jedoch laut der offiziellen Selbstdarstellung der Sozialversicherungsverwaltung darin, »einige der schwer wiegenden Probleme wirtschaftlicher Unsicherheit zu lösen, die in einer Industriegesellschaft entstehen«.[2] Mit dieser Zielsetzung passt es sehr gut zusammen, wenn Familien gegen die schwere Kostenbelastung durch gesundheitliche Versorgung abgesichert werden. Franklin D. Roosevelt hatte sogar erwogen, die Krankenversicherung in das Gesetz einzubeziehen, nahm aber aus politischen Gründen davon Abstand. Mit der Einführung einer allgemeinen Krankenversicherung würde man also das Vermächtnis von Franklin D. Roosevelt vollenden. Die Gesundheitsversorgung bedeutet für die Sozialversicherung dasselbe wie die Medikamente für Medicare: Früher ein relativ kleiner Kostenfaktor, kann man heute wohl sagen, dass die Unsicherheit wegen der Behandlungskosten das größte finanzielle Risiko darstellt, vor dem erwerbstätige Amerikaner stehen. Und wenn wir es als unser Ziel betrachten, eine Mittelschichtgesellschaft aufrechtzuerhalten, kommen wir um eine garantierte Krankenversicherung nicht herum: Vor 30 Jahren mag die beschäftigungsgebundene Versicherung für die meisten ausgereicht haben, doch heute ist sie vollkommen unzureichend. Eine Gesellschaft, in der 40 Prozent der Bevölkerung entweder keine oder nur eine ungenügende Versicherung haben, sodass sie gezwungen sind, eine Behandlung wegen der Kosten aufzuschieben, ist keine Mittelschichtgesellschaft.[3]

Ein progressives Programm würde daher erhebliche Veränderungen in der staatlichen Politik erfordern, aber es wäre alles andere als radikal. Sein Ziel bestünde darin, das Werk des New Deal zu vollenden, und das hieße auch, die Sozialversicherung auszuweiten, damit vermeidbare Risiken gedeckt sind, deren Bedeutung in den letzten Jahrzehnten stark zugenommen hat. In wirtschaftlicher Hinsicht würde die Realisierung dieses Programms keine Probleme aufwerfen. Es würde darauf hinauslaufen, amerikanischen Bürgern jenen Schutz vor finanziellen Risiken und persönlichem Pech zu gewähren, den Bürger anderer hoch entwickelter Länder schon genießen.

Bei einem Blick auf die gegenwärtige politische Landschaft fällt einem auf, wie wohlformuliert das progressive Programm ist – und wie tief die Konservative Bewegung intellektuell heruntergekommen ist. Während ich an diesem Buch schrieb, diskutierten die Präsidentschaftskandidaten der Demokraten über Pläne für eine allgemeine Krankenversicherung, über neue Wege zur Armutsbekämpfung, über Möglichkeiten, Hauskäufern, die in Schwierigkeiten geraten sind, zu helfen, und vieles mehr. Die republikanischen Bewerber trugen dagegen überhaupt nichts Konkretes vor – allenfalls konkurrierten sie untereinander darum, wer am ehesten wie Ronald Reagan klingt und wer sich am stärksten für die Folter erwärmt. Die Demokratische Partei ist in dem Maße, wie sie die progressive Bewegung vertritt, zur Partei der Ideen geworden.

Die eigene Sache betreiben

Das progressive Programm ist klar und erreichbar, aber es wird auf scharfen Widerstand stoßen. Das politische Leben Amerikas ist heute entscheidend davon geprägt, dass die Republikanische Partei in den Händen der Konservativen Bewegung ist, die von Amerika ein ganz anderes Wunschbild hat als die progressive Bewegung. Wegen dieses beherrschenden Einflusses der Konservativen ist die Lieblingsvorstellung politischer Kommentatoren, wir könnten durch den Konsens beider Parteien Fortschritte machen, schlicht albern. In der Frage der Gesundheitsreform, die für Progressive die oberste innenpolitische Priorität hat, kann es keinen Kompromiss geben zwischen Republikanern, die Medicare abwürgen möchten, und Demokraten, die eine garantierte Krankenversicherung für alle wollen. Sollte dem Kongress der Plan einer Gesundheitsreform zugeleitet werden, werden die Führer der Konservativen Bewegung genauso wie 1993 handeln: Sie werden die Republikaner auffordern, den Plan mit allen Mitteln zu verhindern, weil eine gelungene Gesundheitsreform die Agenda der Konservativen untergraben würde. Und wahrscheinlich werden die meisten Republikaner mitmachen.

Ein Progressiver zu sein bedeutet also, nicht auf die Zusammenarbeit beider Parteien zu hoffen, sondern seine eigene Sache zu betreiben, jedenfalls auf absehbare Zeit. Ein progressives Programm kann nur verwirklicht werden, wenn die Demokraten sowohl die Präsidentschaft als auch eine hinreichend große Mehrheit im Kongress haben, um den Widerstand der Republikaner zu überwinden. Und um eine solche politische Überlegenheit zu erreichen, bedarf es einer Führung, die die Gegner des progressiven Programms für ihre Obstruktionspolitik politisch büßen lässt, einer Führung, die es wie Franklin D. Roosevelt begrüßt, wenn Interessengruppen uns voller Hass daran hindern wollen, unsere Gesellschaft zu verbessern.

Mit wachsendem Erfolg der neuen progressiven Bewegung wird die Notwendigkeit eines einseitigen parteipolitischen Handelns nachlassen. In den fünfziger Jahren konnte man für die Sozialversicherung und für Gewerkschaften sein und dennoch guten Gewissens für Eisenhower stimmen, weil die Republikanische Partei die Errungenschaften des New Deal schließlich (aber nur vorübergehend) akzeptiert hatte. Wir dürfen die Hoffnung haben, dass eine solche politische Haltung irgendwann wieder einkehrt, die Hoffnung auf zwei vernünftige Parteien, die das Beste, was wir in unserem Land haben, akzeptieren, aber darum wetteifern, wer besser dafür sorgen kann, dass alle Amerikaner anständig leben können, und ehrlich miteinander umgehen.

Ein aktiver Liberaler zu sein bedeutet einstweilen, ein Progressiver zu sein, und ein Progressiver zu sein bedeutet, für die Sache der eigenen Partei einzutreten. Das Ziel ist jedoch nicht die Herrschaft einer Partei, sondern die Wiederherstellung einer wirklich lebendigen, kämpferischen Demokratie. Denn einem Liberalen geht es letztlich um die Demokratie.

Anmerkungen

1. Wie es früher war

1 Was wir über die langfristige Entwicklung der Ungleichheit wissen, entstammt zum großen Teil der bahnbrechenden Arbeit von Thomas Piketty und Emmanuel Saez, »Income Inequality in the United States, 1913–1998«, *Quarterly Journal of Economics* 118, Nr. 1 (Februar 2003), S. 1–39.

2 Nolan McCarty, Keith Poole und Howard Rosenthal, *Polarized America: The Dance of Ideology and Unequal Riches*. Cambridge, MA: MIT Press 2006.

3 Claudia Goldin und Robert Margo, »The Great Compression: The Wage Structure in the United States at Mid-Century«, *Quarterly Journal of Economics*, 107, Nr. 1 (1992), S. 1–34.

4 Siehe insbesondere Ian Dew-Becker und Robert Gordon, »Where Did the Productivity Growth Go? Inflation Dynamics and the Distribution of Income«, *Brookings Papers on Economic Activities*, Nr. 2 (2005), S. 67–127, sowie Frank Levy und Peter Temin, »Inequality and Institutions in 20th-Century America«, MIT Department of Economics Arbeitspapier Nr. 07-17 (Juni 2007).

5 Thomas Piketty und Emmanuel Saez, »The Evolution of Top Incomes: A Historical and International Perspective«. National Bureau of Economic Research Arbeitspapier Nr. 11955, Januar 2006.

6 William Greider, »Rolling Back the 20th Century«, *The Nation* (12. Mai 2003).

2. Das Lange Goldene Zeitalter

1 Bradford DeLong, »Robber Barons«, econ161.berkeley.edu/Econ_Articles/carnegie/DeLong_Moscow_paper2.html.

2 Vito Tanzi und Ludger Schuhknecht, *Public Spending in the 20th Century*. Cambridge: Cambridge University Press 2000.

3 Wilson galt vor seiner Bewerbung um die Präsidentschaft als ein Bourbon, machte aber vor der Wahl seinen Frieden mit Bryan. Praktisch rückte er die Regierung ein wenig nach links, denn er nahm gegenüber den Gewerkschaften eine relativ tolerante Haltung ein und führte die Einkommensteuer ein. Er war aber kein Franklin D. Roosevelt.

4 Statistische Angaben über die Wahlkampffinanzierung aus *Historical Statistics of the United States*, Series Y 187–188, US Bureau of the Census 1975.

5 Für einen Überblick über die Fakten siehe Peter H. Argersinger, »New Perspectives on Election Fraud in the Gilded Age«, *Political Science Quarterly* 100, Nr. 4 (Winter 1985–86), S. 669–87.

6 »Col. Dudley's Letter: ›Divide the Floaters into Blocks of Five‹«, *New York Times*, 3. November 1888, S. 1.

7 Detaillierte Tabellen über Einwanderer und ihre Rolle in der Bevölkerung findet man in »Historical Census Statistics on the Foreign-born Population of the United States: 1850-1990«, U.S. Census Population Division Arbeitspapier Nr. 29, 1999.

8 Thomas E. Watson, »The Negro Question in the South«, *The Arena* 6 (Oktober 1892), S. 540–50.

9 Arthur M. Schlesinger, Jr., *The Crisis of the Old Order*, Boston: Houghton Mifflin 1957, S. 94–100.

10 Ibid., S. 126–29.

11 Jacob Metzer, »How New Was the New Era? The Public Sector in the 1920s«, *Journal of Economic History* 45, Nr. 1 (März 1985), S. 119–26.

12 Zitiert in David Khoudour-Casteras, »The Impact of Bismarck's Social Legislation on German Emigration Before World War I« (Fotokopie, University of California, Berkeley, 2004). Deutsches Zitat entnommen aus: Reichstagsdrucksache 1882, Nr. 19, S. 31, zitiert nach Brackmann, Kurt, *Handbuch der Sozialversicherung* 17. Nachtragslieferung, Sankt Augustin 1965. S. 89.

13 David M. Cutler und Richard Johnson, »The Birth and Growth of the Social-Insurance State: Explaining Old-age and Medical Insurance Across Countries«, *Kyklos* 57, Nr. 4 (2004), 475–504.

14 Schlesinger, *Crisis of the Old Order*, S. 126–27.

15 Zitiert in ibid., S. 303.

3. Die Große Kompression

1 Alvin Josephy, »The U.S.: A Strong and Stable Land«, *Time*, 14. September 1953.

2 »The Glittering Domains of LI's Royalty«, www.newsday.com/ entertainment/localguide/north-shore-nassau/ny-dligold,0,7095725.story?cool =ny-explore-nsn-utility.

3 Piketty und Saez, »Income Inequality«.

4 Einkommen des mittleren Fünftels der Familien aus *Historical Statistics of the United States*, Series G 328, berichtigt um den Verbraucherpreisindex durch das Bureau of Labor Statistics, bls.gov.

5 *Historical Statistics*, B 402, ibid.

4. Die Politik des Wohlfahrtsstaates

1 Dwight D. Eisenhower an Edgar N. Eisenhower, 8. November 1954, eisenhower memorial.org/presidential-papers/first-term/documents/1147.sfn.

2 Siehe Schlesinger, *Crisis of the Old Order*, S. 136.

3 J. J. Wallis, P. Fishback und S. Kantor, »Politics, Relief, and Reform: The Transformation of America's Social Welfare System during the New Deal«, National Bureau of Economic Research Arbeitspapier Nr. 11080, Januar 2005.

4 Jan Leighley und Jonathan Nagler, »Unions, Voter Turnout, and Class Bias in the U.S. Electorate, 1964–2000«, *Journal of Politics* 69, Nr. 2 (Mai 2007), S. 430–41.

5 Das Berechnungsverfahren ist erheblich komplizierter, als ich es dargestellt habe, aber dem Sinne nach ähnlich. Siehe McCarty, Poole und Rosenthal, *Polarized America*.

6 Siehe John R. Petrocik, »Reformulating the Party Coalitions: The ‚Christian Democratic' Republicans« (Vortrag vor dem Center for Research in Society and Politics, 1. August 1998), Tabelle 2.

5. Die sechziger Jahre: Ein Wohlstand mit Haken

1 »Economic Mobility: Is the American Dream Alive and Well?« Pew Economic Mobility Project, Mai 2007.

2 Frank Levy und Peter Temin, »Inequality and Institutions in 20th-century America«, MIT, Arbeitspapier 2007.

3 Eine Onlineversion ist abrufbar unter www.wadsworth.com/history_d/templates/student_resources/0534607411/sources/old/ch29/29.4.nixon.html.

4 Steven Levitt, »Understanding Why Crime Fell in the 1990s«, *Journal of Economic Perspectives* 18, Nr. 1 (2004), S. 163–90.

5 Erstmals festgehalten wurde dieses Phänomen von John F. Kain, »Housing Segregation, Negro Employment, and Metropolitan Decentralization«. *Quarterly Journal of Economics* 82 (1968), S. 175–97, doch wirklich stichhaltige statistische Beweise für den Effekt wurden erst nach 1970 gefunden.

6 Ronald Reagan, *An American Life*, Simon & Schuster, 1990, S. 147.

7 Im Jahr 1970, nach zehn Jahren eines rapiden Zuwachses, beliefen sich die AFDC-Zahlungen auf 4,9 Milliarden Dollar, während die Zahlungen an Sozialversicherungsempfänger 39 Milliarden Dollar betrugen. Daten von der Social Security Administration, www.ssa.gov/policy/docs/statcomps/supplement/2005/9g.html.

8 Ibid.

9 *Time*, 23. November 1970.

10 Mickey Kaus, »The Ending of the Black Underclass«, Slate.com, 3. November 1999. slate.com/id/1003938/.

11 Harris Poll, Januar 1971, www.ropercenter.uconn.edu/data_access/ipoll/ipoll.html.

12 Rede unter www.watergate.info/nixon/silent-majority-speech-1969.shtml.

13 Philip Klinkner und Thomas Schaller, »A Regional Analysis of the 2006 Election«, *Forum* 4, Nr. 3 (2006), www.bepress.com/forum/vol4/iss3/art9.

6. Die Konservative Bewegung

1 Leitartikel, *National Review,* 24. August 1957.

2 William F. Buckley, »Yes, and Many Thanks, But Now the War Is Over«, *National Review*, 26. Oktober 1957.

3 Paul Preston, »*The Conqueror of His Country*«, *New York Times*, 27. Dezember 1987.

4 Rede von Senator Joseph McCarthy vor dem Senat am 14. Juni 1951 aus *Congressional Record: Proceedings and Debates of the 82nd Congress, First Session*, Bd. 97, Teil 5 (May 28, 1951 – June 27, 1951), S. 6556 – 603.

5 Richard Hofstadter, »The Paranoid Style in American Politics«, *Harper's Magazine*, November 1964, S. 77 – 86.

6 Der Ausdruck stammt von Lisa McGirr, *Suburban Warriors: The Rise of the New American Right*. Princeton: Princeton University Press, 2001.

7 Peter Viereck, »The New Conservatism: One of Its Founders Asks What Went Wrong«, *New Republic*, 24. September 1962.

8 Jacob Hacker, *The Divided Welfare State*, Cambridge: Cambridge University Press 2002.

9 www.time.com/time/time100/builder/profile/reuther2.html.

10 Rick Perlstein, *Before the Storm: Barry Goldwater and the Unmaking of the American Consensus*. New York: Hill & Wang 2001, Kap. 1.

11 Paul Krugman, »Who Was Milton Friedman?« *New York Review of Books*, 15. Februar 2007.

12 Irving Kristol, »American Conservatism, 1965-1995«, *The Public Interest* (Herbst 1995), S. 80 – 96.

13 Ibid.
14 Dan Balz, »Team Bush: The Iron Triangle«, *Washington Post*, 23. Juli 1999, S. C1.
15 Franklin Foer, »Swimming with Sharks«, *New Republic*, 3. Oktober 2005, S. 20.
16 Posting auf der Huffington Post, www.huffingtonpost.com/rick-perl stein/i-didnt-like-nixon-_b_11735.html, 5. Dezember 2005.

7. Die große Kluft

1 »Public Says Work Life Is Worsening, but Most Workers Remain Satisfied with Their Jobs«, Pew Center for People and Press, Labor Day 2006, pewresearch.org/assets/social/pdf/Jobs.pdf.
2 Dean Baker vom Center for Economic Policy Research schätzt, dass der »verwendbare« Produktivitätszuwachs – der Zuwachs des pro Arbeitsstunde erzeugten Nettowerts, korrigiert um steigende Verbraucherpreise – zwischen 1973 und 2006 47,9 Prozent betrug. Doch die Lohnnebenkosten stiegen wegen steigender Lohnsummensteuern, steigender Krankenversicherungskosten und anderer Faktoren, sodass der für Löhne verfügbare Betrag um etwa 36 Prozent stieg. Dean Baker, »The Productivity to Paycheck Gap: What the Data Show«, unter www.cepr.net, April 2007.
3 Edward Lazear, Rede vor dem Hudson Institute, »The State of the U.S. Economy and Labor Market«, Washington, D.C., 2. Mai 2006.
4 Piketty und Saez, »Income Inequality«.
5 Levy und Temin, »Inequality and Institutions«.
6 Siehe zum Beispiel Reed Abelson, »Wal-Mart's Health Care Struggle Is Corporate America's, Too«, *New York Times*, 29. Oktober 2005.
7 Siehe Piketty und Saez, »The Evolution of Top Incomes«.
8 Siehe Andrea Brandolini und Timothy Smeeding, »Inequality Patterns in Western-Type Democracies: Cross-Country Differences and Time Changes«, Luxembourg Income Study Arbeitspapier Nr. 458, April 2007. Ein Versuch, die Erhebungsdaten zu systematisieren, der zu ähnlichen Ergebnissen wie Piketty und Saez führt, findet sich unter www.tcf.org/list.asp?type=NC&pubid=1403.
9 Carola Frydman und Raven Saks, »Historical Trends in Executive Compensation, 1936–2003«, Federal Reserve Bank of New York, 2005.
10 Siehe Xavier Gabaix und Augustin Landier, »Why Has CEO Pay Increased So Much?« National Board of Economic Research Arbeitspapier Nr. 12365, Juli 2006.
11 *Pay Without Performance: The Unfulfilled Promise of Executive Compensation*. Harvard University Press, 2004.

12 Michael C. Jensen und Kevin J. Murphy, »CEO Incentives – It's Not How Much You Pay, but How«, *Harvard Business Review* (Mai/Juni 1990), S. 138–53.

13 Ibid.

14 money.cnn.com/magazines/fortune/fortune_archive/2001/06/25/305448/index.htm.

15 Ibid.

16 »U.S.-Style Pay Deals for Chiefs Become All the Rage in Europe«, *New York Times*, 16. Juni 2006, S. A1.

17 Sherwin Rosen, »The Economics of Superstars«, *American Economic Review* 71, Nr. 5 (Dezember 1981), S. 845–58.

8. Die Politik der Ungleichheit

1 Die Republikaner betonten seinerzeit, dass sie *keine* Kürzungen von Medicare beabsichtigten, weil nach ihrem Vorschlag die pro Senior verausgabten Dollar-Beträge weiterhin steigen würden. Die Ausgabensteigerungen wären jedoch weit hinter den Behandlungskosten zurückgeblieben, sodass ihr Vorschlag in Wirklichkeit auf starke Kürzungen hinauslief. Ein ähnlich ausweichendes Verhalten kennzeichnete die Debatte über die Sozialversicherung im Jahr 2005.

2 Nach dem Kolumnisten David Broder von der *Washington Post*, dem »Doyen des Washingtoner Pressecorps«, der während des längsten Teils der Bush-Ära beide Parteien gleichermaßen für die Zwietracht verantwortlich macht.

3 American National Election Studies, »The ANES Guide to Public Opinion and Electoral Behavior«, Tabelle 2B-4, www.electionstudies.org/nesguide/toptable/tab2b_4.htm.

4 »Special Message to the Congress Proposing a Comprehensive Health Insurance Plan«, 6. Februar 1974, www.presidency.ucsb.edu/ws/index.php?pid=4337.

5 Thomas Edsall, *The New Politics of Inequality*. New York und London: W. W. Norton, 1984, S. 73.

6 Francis X. Clines, »Watt Asks That Reagan Forgive ›Offensive‹ Remark About Panel«, *New York Times*, 23. September 1993.

7 Decedents, www.taxpolicycenter.org/TaxFacts/TFDB/TFTemplate.cfm?Docid=52&Topic2id=60; distribution, www.taxpolicycenter.org/TaxFacts/TFDB/TFTemplate.cfm?Docid=50&Topic2id=60.

8 Michael Graetz und Ian Shapiro, *Death by a Thousand Cuts*. Princeton: Princeton University Press, 2005, S. 222-24.

9 Robert Dreyfuss, »Grover Norquist: Field Marshal of the Bush Plan«, *The Nation*, 14. Mai 2001.

10 William Greider, »Rolling Back the 20th Century«, *The Nation*, 26. Mai 2003.
11 www.sourcewatch.org/index.php?title=National_Center_for_Policy_Analysis.
12 www.sourcewatch.org/index.php?title=Ethics_and_Public_Policy_ Center; www.epcc.org/news/newsid.2818/news_detail.asp.
13 www.sourcewatch.org/index.php?title=National_Center_for_Public_Policy_Research.
14 Nicholas Confessore, »Welcome to the Machine«, *Washington Monthly*, Juli / August 2003, Titelgeschichte.
15 David Maraniss und Michael Weisskopf, »Speaker and His Directors Make the Cash Flow Right«, *Washington Post*, 27. November 1995, S. A01.
16 Stuart Butler und Peter Germanis, »Achieving a Leninist Strategy«, *Cato Journal* 3, Nr. 2 (Herbst 1983), S. 547–61.
17 Edsall, *New Politics of Inequality*, S. 74.

9. Massenzerstreuungswaffen

1 Siehe Larry Bartels, »What's the Matter with *What's the Matter with Kansas?*«
2 Wie in fast allen Dingen, die mit staatlicher Finanzierung zu tun haben, ist es ein bisschen komplizierter. Medicare Part A, der Teil, der die Krankenhauskosten deckt, wird durch eine proportionale Steuer auf alle Arbeitseinkommen (aber nicht auf Kapitaleinkommen wie Dividenden und Kapitalerträge) finanziert. Der Rest von Medicare wird aus dem allgemeinen Steueraufkommen finanziert, also größtenteils aus der persönlichen Einkommensteuer, einer stark progressiven Steuer, die hauptsächlich von den reichsten 10 Prozent der Haushalte gezahlt wird.
3 Siehe Karen Smith und Eric Toder, »Lifetime Distributional Effects of Social Security Retirement Benefits«, Vortrag bei der Third Annual Joint Conference for the Retirement Research Consortium, »Making Hard Choices About Retirement«, 17.–18. Mai 2001, Washington, D.C.
4 Thomas Frank, *Was ist mit Kansas los? Wie die Konservativen das Herz von Amerika eroberten.* Berlin: Berlin Verlag 2005.
5 »,Welfare queen' Becomes Issue in Reagan Campaign«, *New York Times*, 15. Februar 1976, S. 51.
6 Werner Sombart, *Warum gibt es in den Vereinigten Staaten keinen Sozialismus?* Tübingen: Mohr 1906, S. 126 (Reprint Wissenschaftliche Buchgesellschaft Darmstadt, 1969).
7 Alberto Alesina, Edward Glaeser und Bruce Sacerdote, »Why Doesn't the

US Have a European-Style Welfare State?« National Bureau of Economic Research Arbeitspapier Nr. 8524, Oktober 2001.

8 Siehe Jill Quadagno, *One Nation Uninsured: Why the U.S. Has No Health Insurance*. Oxford University Press 2005.

9 Nachfrageergebnisse unter www.nytimes.com/packages/pdf/politics/ 20041107_px_ ELECTORATE.xls.

10 Thomas Schaller, *Whistling Past Dixie: How Democrats Can Win Without the South*. New York: Simon & Schuster 2006.

11 Klinkner und Schaller, »A Regional Analysis«.

12 Siehe zum Beispiel eine *Time*-Umfrage im März 2005, www.srbi.com/time_ poll_arc13.html.

13 »Rove Criticizes Liberals on 9/11«, *New York Times*, 23. Juni 2005, S. A13.

14 Rick Perlstein, »Why Democrats Can Stop the War«, *Salon*, 24. Januar 2007, www.salon.com/opinion/feature/2007/01/24/perlstein/index_np.html.

15 Landesweite Umfrage für RNC/NRCC, 21. Oktober-15. November 1979, Daten vom Roper Center for Public Opinion Research. Auch zwei Harris-Umfragen von 1978 zeigen, dass die Parteien dicht beieinander liegen. Siehe www.ropercenter.uconn.edu/data_access/ipoll/ipoll.html.

16 Ole R. Holsti, »A Widening Gap Between the U.S. Military and Civilian Society? Some Evidence, 1976–96«. *International Security* 23 (Winter 1999): S. 5–44.

17 Rosa Brooks, »Weaning the Military from the GOP«, *Los Angeles Times*, 5. Januar 2007, S. A23.

18 Siehe Christopher Gelpi, Jason Reifler und Peter Feaver, »Iraq the Vote« (Fotokopie, Duke University, 2005).

19 Thomas Edsall, *Building Red America*. New York: Basic Books 2006, S. 21.

20 »Periscope«, *Newsweek*, 19. August 2002, S. 4.

21 Michelle Goldberg, *Kingdom Coming: The Rise of Christian Nationalism*. New York: W. W. Norton 2006).

22 Marvin Olasky, *The Tragedy of American Compassion*. Regnery 1992, S. 227.

23 Goldberg, *Kingdom Coming*, S. 150.

24 »Bush Choice for Family-Planning Post Criticized«, *Washington Post*, 17. November 2006, S. A01.

25 Goldberg, *Kingdom Coming*, S. 7.

26 McCarty, Poole und Rosenthal, *Polarized America*, S. 124–27. www.pfaw. org/pfaw/general/default.aspx?oid=1625.

28 »How America Doesn't Vote«, *New York Times*, 15. Februar 2004, Sektion 4, S. 10.

29 »Criticism of Voting Law Was Overruled«, *Washington Post*, 17. November 2005, S. A01.

30 »Was Campaigning Against Voter Fraud a Republican Ploy?« McClatchy Washington Bureau, 1. Juli 2007, www.mcclatchydc.com/homepage/story/17532 .html.

10. Die Politik der Gleichheit

1 Update von McCarty, Poole und Rosenthal unter www.voteview.com/hou110.htm.

2 Siehe Sydney Ludvigson, »Consumer Confidence and Consumer Spending«, *Journal of Economic Perspectives* 18, Nr. 2 (Spring 2004), S. 29–50. Aktuelle Daten von www.pollingreport.com.

3 *Trends in Political Values and Core Attitudes, 1987–2007*, Pew Research Center for People and the Press, März 2007, people-press.org/reports/pdf/312.pdf.

4 Chris Hedges, *War Is a Force That Gives Us Meaning*. New York: PublicAffairs 2002.

5 Den besten Überblick über die Tollheiten des Wiederaufbaus gibt Rajiv Chandrasekaran, *Imperial Life in the Emerald City: Inside Iraq's Green Zone*. New York: Knopf 2006. Über die Polizeiakademie »Heralded Police Academy a ›disaster‹«, *Washington Post*, 28. September 2006, S. A01.

6 Ruy Texeira und John Judis, »Back to the Future: The Re-emergence of the Emerging Democratic Majority«, *American Prospect*, Juni 2007.

7 John Judis, »Continental Divide: Why the Immigration Bill Will Never Become Law«, *New Republic*, 23. Mai 2007.

8 bluetiderising.blogspot.com/2007/07/kansas-republicans-unveil-unity-pledge.html.

11. Die Notwendigkeit einer Gesundheitsreform

1 Molly Ivins, »Bucking the Texas Lockstep«, *Washington Post*, 15. Mai 2003, S. A29.

2 Die Zahl basiert auf Kaiser Family Foundation, *Trends and Indicators in the Changing Health Care Marketplace*, Dokument 1.11. www.kff.org/insurance/7031/index.cfm.

3 World Health Organization, *The World Health Report 2000*, abrufbar unter www.who.int/whr/2000/en/index.html.

4 Commonwealth Fund, »Mirror, Mirror on the Wall: An Update on the

Quality of American Health Care Through the Patient's Lens«, www.com-monwealthfund.org/publications/publications_show.htm?doc_id=364436.

5 McKinsey Global Institute, *Accounting for the Cost of U.S. Health Care*, Januar 2007, www.mckinsey.com/mgi/rp/healthcare/accounting_cost_health-care .asp.

6 Gerard F. Anderson et al., »It's the Prices, Stupid: Why the U.S. Is So Diffe-rent from Other Countries«, *Health Affairs* 22, Nr. 3 (2003), S. 89 – 105.

7 McKinsey, *Accounting for the Cost*, S. 18.

8 Steffie Woolhandler, Terry Campbell und David U. Himmelstein, »Costs of Health Care Administration in the United States and Canada«, *New England Journal of Medicine* (August 2003), S. 768-75.

9 Kaiser Family Foundation, *Employer Health Benefits Annual Survey 2006*, Dokument 3.1, kff.org/insurance/7527/index.cfm.

10 Kaiser Family Foundation, *op. cit.*, Dokument 1.11.

11 *Commonwealth Fund Biennial Health Insurance Survey*, 2005, www.com-monwealthfund.org/surveys/surveys_show.htm?doc_id=367929.

12 Paul Krugman und Robin Wells, »The Health Care Crisis and What to Do About It«, *New York Review of Books*, 53 Nr. 5 (23. März 2006), www.nybooks .com/articles/18802.

13 William Kristol, »How to Oppose the Health Care Plan – and Why«, *Wall Street Journal*, 11. Januar 1994, S. A14.

14 Für *Fox News* siehe thinkprogress.org/2007/07/05/fox-news-universal-health-care-breeds-terrorists/. Für Versuche der Kommentatoren, dieselbe Geschichte zu verbreiten, siehe rawstory.com/news/2007/Conservative_bloggers_try_to_link_Michael_0702.html.

15 Matthew Holt, www.thehealthcareblog.com/the_health_care_blog/2005/07/policypoltics_w.html.

16 Die Spots sind jetzt abrufbar auf YouTube, youtube.com/watch?v=Dt31nhleeCg.

17 Ezra Klein, »The Health of Nations«, *American Prospect*, 7. Mai 2007, www.prospect.org/cs/articles?article=the_health_of_nations.

18 Commonwealth Fund, *Mirror, Mirror on the Wall: An International Update on the Comparative Performance of American Health Care*, Mai 2007, www.commonwealthfund.org/publications/publications_show.htm?doc_id=482678.

12. Kampf gegen die Ungleichheit

1 Thomas Jefferson, Brief an James Madison, 28. Oktober 1785, press-pubs.uchicago.edu/founders/documents/v1ch15s32.html.

2 Irving Kristol, »Income Inequality Without Class Conflict«, *Wall Street Journal*, 18. Dezember 1997, S. A22.

3 Robert Frank, *Richistan: A Journey Through the American Wealth Boom and the Lives of the New Rich*. New York: Crown Publishers 2007, S. 3-4.

4 »Suites for the Sweet«, *Newsweek International*, 2.-9. Juli, *www.msnbc. msn.com/id/19388720/site/newsweek*, Teil eines Sonderberichts über »Secret Habits of the Super Rich.«

5 Elizabeth Warren und Amelia Warren Tyagi, »What's Hurting the Middle Class«, *Boston Review*, September/Oktober 2005, bostonreview.net/ BR30.5/warrentyagi.html.

6 Tom Hertz, *Understanding Mobility in America*. Center for American Progress 2006, www.americanprogress.org/issues/2006/04/b1579981.htm.

7 Woodrow Wilson, *The New Freedom*. New York: Doubleday 1913, heruntergeladen von Project Gutenberg, www.gutenberg.org/files/14811/14811-h/14811-h.htm.

8 »Tax Breaks for Billionaires«, Economic Policy Institute Policy Memorandum Nr. 120, www.epi.org/content.cfm/pm120.

9 Siehe zum Beispiel Jessica Holzer, »Conservatives break with GOP Leaders on a Tax Bill«, *The Hill*, 18. Juli 2007, thehill.com/leading-the-news/conservatives-break-with-gop-leaders-on-a-tax-bill-2007-07-18.html.

10 »In Opposing Tax Plan, Schumer Supports Wall Street Over Party«, *New York Times*, 30. Juli 2007, S. A1.

11 Eric M. Uslaner und Mitchell Brown, »Inequality, Trust, and Civic Engagement«, *American Politics Research* 33, Nr. 6 (2005), S. 868–94.

12 *The ANES Guide to Public Opinion and Electoral Behavior*, Tabelle 5A.2, electionstudies.org/nesguide/toptable/tab5a_2.htm.

13 Uslaner und Brown, »Inequality, Trust, and Civic Engagement«.

14 Irwin Garfinkel, Lee Rainwater und Timothy Smeeding, »Equal Opportunities for Children: Social Welfare Expenditures in the English-speaking Countries and in Western Europe«, *Focus* 23, Nr. 3 (Frühling 2005), S. 16–23.

15 Timothy M. Smeeding, »Public Policy, Economic Inequality, and Poverty: The United States in Comparative Perspective«, *Social Science Quarterly* 86, Suppl. 1 (Dezember 2005), S. 955–83.

16 Bureau of Labor Statistics, »Comparative Real Gross Domestic Product per Capita and per Employed Person«, ftp://ftp.bls.gov/pub/special.requests/ ForeignLabor/ flsgdp.txt.

17 Siehe Organization for Economic Cooperation and Development (OECD) Statistical Index, dx.doi.org/10.1787/075816831582.

18 Alberto Alesina, Ed Glaeser und Bruce Sacerdote, »Work and Leisure in the U.S. and Europe: Why So Different?« National Bureau of Economic Research Arbeitspapier Nr. 11278, April 2005.

19 OECD Statistical Index, *op. cit.*

20 Daten von OECD *Education at a Glance*, www.oecd.org/dataoecd/ 46/22/ 37368734.xls.

21 Tax Policy Center, »Options to Extend the 2001–2006 Tax Cuts, Static Impact on Individual Income and Estate Tax Liability and Revenue ($ billions), 2008-17«, Tabelle T07-0126, taxpolicycenter.org/TaxModel/tmdb/ Content/PDF/T07-0126 .pdf.

22 Kimberly A. Clausing, »Multinational Firm Tax Avoidance and U.S. Government Revenue« (Arbeitspapier, Wellesley College, Wellesley, MA, 2007).

23 OECD Tax Database, www.oecd.org/ctp/taxdatabase.

24 Piketty und Saez, vorläufige Zahlen 2005, elsa.berkeley.edu/~saez/ TabFig-2005prel.xls.

25 David Card und Alan B. Krueger, »Minimum Wages and Employment: A Case Study of the Fast-Food Industry in New Jersey and Pennsylvania«, *American Economic Review* 84, Nr. 4 (1994), S. 772–93.

13. Das Gewissen eines Liberalen

1 Zitiert in Viereck, »The New Conservatism«.

2 www.ssa.gov/kids/history.htm.

3 Ergebnisse einer Umfrage von Consumer Reports, September 2007, www. consumer reports.org/cro/health-fitness/health-care/health-insurance-9-07/ overview/0709_ health_ov.htm.

Dank

Zuallererst Dank an Robin Wells, meine Frau und häufige Ko-autorin. Sie hat sich an allen Phasen dieses Projekts stark beteiligt: der Formulierung der Ideen, den Recherchen und dem Entwurf der einzelnen Kapitel. Im Grunde ist es genauso gut ihr Buch wie meines.

Dank auch an zwei Historiker: Sean Wilentz hat einen ersten Entwurf gründlich gelesen, viele meiner Missverständnisse korrigiert und mich auf den richtigen Weg gebracht. Rick Perlstein hat einige der grundlegenden Ideen mit mir besprochen und mir Einblick in eine erste Fassung seines fantastischen, in Kürze erscheinenden Buches *Nixonland* gewährt, wodurch ich die entscheidende Übergangsperiode der Nachkriegswirtschaft sehr viel besser verstand.

Dank auch an Drake McFeely vom Verlag Norton, der mit Formulierungen half und beim Endspurt auf der Zielgeraden übernatürliche Ruhe bewahrte.

Schließlich möchte ich, auch wenn niemand bei der *New York Times* direkt an diesem Buch beteiligt war, ein Wort des Dankes an all jene bei der *Times* richten – besonders Gail Collins, der Redakteurin der Kommentarseite von 2001 bis 2006 –, die mir beigestanden haben, als auf Kritiker der Regierung Bush enormer Druck ausgeübt wurde, ihre Stimmen zu dämpfen.

Register